뜨겁게 투자하고
차갑게 승부하라

뜨겁게 투자하고 차갑게 승부하라

초판 1쇄 인쇄일 2022년 3월 22일 • 초판 1쇄 발행일 2022년 3월 28일
지은이 이태철
펴낸곳 도서출판 예문 • 펴낸이 이주현
기획이사 정도준 • 편집부 김유진, 최희윤 • 마케팅부 김현주
등록번호 제307-2009-48호 • 등록일 1995년 3월 22일 • 전화 02-765-2306
팩스 02-765-9306 • 홈페이지 www.yemun.co.kr
주소 서울시 강북구 솔샘로67길 62(미아동, 코리아나빌딩) 904호

ISBN 978-89-5659-439-2 13320

뜨겁게 투자하고
차갑게 승부하라

수익률 2200배의 비밀, BHAG 레버리지 집중투자법

이태철 지음

예문

'치열하게 공부하고, 냉정하되 과감하게 결정하자.'는 투자 철학을 가지고 있는 입장에서 저자의 투자관에 매우 공감한다. 그의 오랜 실전 투자 경험, 풍부하고 건고한 투자 지식, 과감한 판단력은 2만 명 넘게 참가한 '한화투자증권 실전투자대회 1억 리그' 우승의 타이틀이 결코 우연이 아님을 증명해준다. 우승자의 투자관을 경험하고, 그 노하우를 참고하고픈 MZ세대에게 특히 일독을 권한다.

— 김민수 본부장 한화투자증권 WM 본부

저자와는 증권사 직원과 고객으로 인연을 맺었다. 처음 만났을 때부터 시장을 보는 관점, 종목 선정 기준과 투자 철학이 확고한 데 깊은 인상을 받았다. 그러한 투자 인사이트들이 뼈 아픈 실패 경험에서 비롯된 것임은 시간이 지나서야 알았다. 이 책에는 더 많은 투자자들이 시행착오를 줄이고 성공 확률을 높이기를 간절히 바라는 저자의 마음이 담겨 있다. "팔고 싶은 마음을 조절하고, 사고 싶은 마음을 절제하는 것이 투자의 시작과 끝"이라는 저자의 철학을 마음에 새긴다면, 반드시 성공 투자의 길을 걸을 수 있을 것이다. 진솔한 투자의 지침서이자 성공 가이드로써 필독을 권한다.

— 박미희 이사 미래에셋증권

바야흐로 주식투자 인구 1,400만 시대이다. 시장 참여자의 30퍼센트는 주린이인 시대, 앞만 보고 투자하고 있다면 반드시 이 책을 읽으며 자신의 투자를 뒤돌아보기를 추천한다. 투기에 가까운 투자는 절대 성공할 수 없다. 투자다운 투자를 할 때, 주식투자는 단순한 재테크를 넘어 삶의 질을 향상시키는 수단이 된다. 이 책은 투자다운 투자가 무엇인지를 알려준다. 주식투자를 오래 해온 분들에게는 자신의 투자를 재점검할 기회를 제공하며, 주식투자를 시작한 지 얼마 안 된 분들, 자녀들에게 주식공부를 시키고픈 부모님들께는 훌륭한 투자 가이드가 되어준다. 나 역시 이제 막 은퇴하시고, 주식투자를 시작해볼까 하시는 나의 아버님께 첫 배움의 도서로 이 책을 추천하고자 한다. **—김수완 부장** 하나금융투자 PB센터

고객과 직원으로 만나 실제 주식시장에서 저자를 지켜본 사람으로써 그의 투자 철학과 노하우를 응집한 이 책의 출간이 무척 반갑다. 저자는 많은 금융시장 대가들의 발자취를 쫓으면서도 역발상적인 사고로 자신만의 철학을 세우고 매매 전략을 취하여 성공한 분이다. 실전에서 성공하길 간절히 원하는 분이라면 이 책을 꼭 보셨으면 한다. 우리 신입 직원들에게도 주식 입문서로 활용할 생각이다. **—이원우 센터장** IBK투자증권

저자의 실패와 성공을 진실하게 녹여낸 이 책을 통해, 독자들은 주식시장의 함정과 성공적인 투자 비법을 모두 경험할 수 있을 것이다. 이런 간접 경험이 반복적인 투자 실패의 굴레에서 벗어나, 성공적인 주식투자의 초석이 되리라 확신한다. 주식을 처음 시작하는 투자자, 테마주와 급등주에 갇혀있는 투자자, 변동성이 강한 시장에서 방향을 잡지 못하고 불안함을 느끼는 투자자들에게 소중한 길잡이가 되어줄 것이다. **—문창길 지점장** 한국투자증권 천안점

곁에서 직접 지켜보며 감탄해온 이태철 대표의 투자 노하우가 그대로 담겨 있는 책이다. 실사례 위주로 쓰인 책의 내용도 재미있지만, 상세하게 적힌 저자의 경험과 철학은 그야말로 최고의 비법을 농축해놓은 '투자의 정석'과 같다고 생각된다. 신선한 투자 이론과 실제 경험에서 나온 노하우가 결합된 최고의 투자서이다! 꼭 읽어본 후 주식투자에 임하시길 강력히 권해드린다. **—노임선 부지점장** KB증권 천안점

담대한
거인 투자자로의 길,
그 새로운 시작을 위하여

———● 새로운 출발은 기대감을 갖게 하는 동시에 걱정도 들게 한다. 얼마 전 나는 평생직장으로 여겼던 공직을 그만뒀다. 그 이유는 투자 소득이 근로 소득을 추월했기 때문이다. 두려운 마음도 들지만 설렘에 더 방점을 찍기로 했다. 무엇보다 경제적 자유를 이뤘기 때문에 공무원을 그만둘 수 있었음을 밝혀둔다.

다음은 퇴직하며 가까운 지인들에게 돌린 퇴직 인사이다.

눈 한 번 깜짝이니 시간이 이렇게 흘렀습니다.
큰 탈 없이 20년을 채운 것만 해도 감사할 따름입니다.
정년이 한참 남았는데 왜 이리 빨리 그만두고 나가는지 걱정해주시고 의아해하실 분이 계신 줄 압니다. 저도 퇴직을 결정하기까지 갈등과 진통이 있었습니다. "도전하자!"는 내면의 소리와 "위험하니 하지 마!"라는 충고가 뒤엉켜 무척 혼란스러웠습니다.

생활의 터전을 바꾸는 것이 여간 어려운 일이 아니었습니다. 그럼에도 불구하고 새로운 삶에 대한 열망이 커 사표를 내게 되었습니다. 이곳에서 근무하며 많이 경험하고 배웠습니다.

좋은 분들 덕분에 더욱 많이 성장하게 된 것 같습니다. 감사드립니다.

일일이 찾아뵙고 인사드리지 못하고 떠나는 점 혜량해주시기 바랍니다.

행복과 사랑이 가득한 직장 생활 보내시기 바랍니다.

직장 생활을 하며 주식투자를 한다는 것은 매우 어려운 일이다. 특히 단기투자를 하다 보면 업무에 집중하기 어려워 직장 생활에 나쁜 영향을 미치기도 한다. 단기투자는 시장의 움직임에 일일이 반응하고 대응해야 한다. 그래서 직장인이 단기투자로 큰 성과를 올리는 것은 절대 불가능하다는 점을 강조하고 싶다.

IMF 직후인 1998년 당시 나는 아버지가 돌아가시고 받은 유산으로 무작정 주식투자를 시작했다가 크게 손실을 입고 주식시장을 떠났다. 공무원 시험 공부에 매진할 수밖에 없었다. 공무원이 되고 어느 정도 여유가 생기자 2004년, 또다시 주식투자에 공부도 없이 뛰어들어 깡통 계좌를 찼다. 그때 정말 주식을 하지 않겠노라 맹세했다. 깡통 계좌의 기억이 희미해질 무렵인 2008년 다시 주식투자를 시작했는데, 리먼브라더스 사태로 촉발된 금융위기 때문에 눈물을 흘렸다. 아파트 담보대출을 받아 투자했기 때문에 충격이 매우 컸다. "이제 주식시장에 기웃거리지 않겠다." 또 다짐했다. 2011년에는 충남대학교 대학원에 진학하여 '통일북한학'을 전공하였다. 논문을 쓰고 책 읽으며 공부하느라 주식투자 실패의 아픔을 잊고 지낼 수 있었다.

2014년 어느 날, 지난 내 주식투자에 문제가 많았다는 생각이 들었다. 테마주, 급등주 같이 잘 알지도 못하는 종목을 매수하는 등 원칙 없이 투자했었다. 무리하게 대출을 받아 투자하여 조급증이 있었고, 또 조그마한 외부 공포에도 발작처럼 손절하여 그 손실이 커졌던 것이다. 과거의 투자 실패 원인을 깨닫고 용돈이나 벌자는 생각으로 주식투자를 시작하였다. 당시 내가 가지고 있던 비상금은 300여만 원이 채 안 되었다. 그때 분석하고 매수한 종목이 '웅진 씽크빅'이었다. 어느 정도 가격이 올라 매도하자 수익률이 15% 정도 되었다.

제대로 분석해 투자하면 다시 실패를 반복하지 않을 것이라는 생각이 들었다. 은행에서 3천만 원을 대출하고 심리적 부담을 받지 않기 위해 3년 이자를 떼 놓고 투자를 했다. 2015년이 되자 수익금은 5천만 원을 넘어갔다. 그리고 좋은 종목을 발견하면 은행 대출, 주식 담보대출, 주식 신용·융자 등 풀 레버리지를 이용하여 시드머니를 키웠다.

바쁜 와중 2019년에 ≪우리는 누구나 1인 CEO이다 성안당 펴냄≫를 집필하였고, 2020년에는 ≪기본으로 혁신하라 경향BP 펴냄≫를 저술하였다.
주식투자로도 성과가 커지며 '2019 키움영웅전 실전투자대회 1억 클럽'

주식 용어

금융장세 경기부양, 금리하락 등으로 시중 자금의 증시 유입이 촉진되어 시장이 강세를 띄는 활황장세이다. 유동성장세라고도 한다.

에서 수익률 2위를 하였고, 최근에는 한화투자증권에서 개최한 '2021 실전투자대회 1억 리그'에서 1위를 하였다. 코로나19 팬데믹 이후 금융장세®가 이어졌다. 주식시장에 막대한 돈이 흘러들어왔다. 이러한 주식시장의 흐름을 읽고 과감한 투자로 계좌 중 하나는 1년 6개월 만에 2,490%의 수익을 얻었다. 최종 수익률은 2,200배가 넘는다. 이 부분은 뒤에서 따로 설명할 예정이다.

나는 이러한 투자 성과가 지난 실패에 대한 정확한 처방 덕분도 있지만, 무엇보다도 나만의 투자 철학을 정립했기에 가능했다고 생각한다. 성공한 중소기업의 여러 CEO들을 만나며 기업 경영과 성공에 대한 진수를 배웠다. 그리고 ≪한비자≫, ≪손자병법≫, ≪정관정요≫ 등 동양고전을 비롯해 피터 드러커, 이나모리 가즈오 등의 자기경영에 대한 독서가 도움이 된 것이 아닌가 싶다. 또한 워런 버핏, 제럴드 로브, 피터 린치, 제시 리버모어, 하워드 막스 등 세계적 투자자들과 고레카와 긴조, 강방천, 존 리, 박성득 등 일본과 우리나라 투자 고수들로부터 주식투자 비법을 배웠다.

처음에는 멘토 없이 주식투자를 하여 실패도 겪었지만, 독학으로 주식투자 원리를 깨달으며 주위 동료들에게 도움을 주기도 하였다. 투자하며 온라인에서 만난 인연들에게도 방법을 전수하며 내 투자법은 더욱 성장하였다. 주식투자가 죄악시되는 우리나라 사회 분위기에서 괜한 오해를 사기도 하였지만 내 투자 방법이 옳다 확신하며, 수십 년을 손해만 보던 지인들의 계좌를 복구시켜 행복을 얻기도 하였다.

　이 책은 그동안 주식투자 과정에서 숱하게 넘어지며 배운 내 투자비결의 결정체라 할 수 있다. 기본적 분석 없이 차트 기술로만 세계적 부자가 된 투자자는 단 한 명도 없다고 확신한다. 월스트리트 역사상 가장 위대한 개인 투자자였던 제시 리버모어◆도 비극으로 생을 마감했다.

잠깐 상식

제시 리버모어
Jesse Livermore, 1877~1940
기술적 분석과 추세 매매의 선구자. 저서 ≪How to trade in stocks≫는 국내에 여러 제목으로 출간되어 있다.

　투자의 목적은 행복이라고 생각한다. 아무쪼록 이 책을 읽는 독자가 성공적인 주식투자를 하기 바라는 마음에 집필했음을 말씀드리며, 이를 통해 큰 성과를 얻기를 바란다.

2022년 3월
이태철

CONTENTS

제 1 부
개미 투자, 필패의 경로에서 벗어나라

THINK DIFFERENT

제 2 부

흔들림 없는 투자의 기본, 투자 철학을 세워라

제3부
BHAG 투자 전략으로 거인이 될 준비를 하라

제 4 부
부자 되는 투자자의 무기, 고수의 멘탈을 장착하라

제1부

개미 투자,
필패의 경로에서 벗어나라

1장

당신도
패착의 함정에
빠져 있지 않은가

여러분은 겁낼 필요가 없다. 누구나 주식투자를 잘할 수 있다.

피터 린치 Peter Lynch

투자자들이 악재에 과민반응을 보이며 보유 주식을 투매하게 되면 매수할 수 있는
저가 주식의 양이 증가하게 된다. 이 주식들이야말로 바겐 헌터의 목표가 된다.
바겐 헌터들은 감정적인 매도자들이 제공하는 기회를 최대한 이용할 줄 안다.

존 템플턴 John Templeton

"시장에서 승리를 거두는 방법은 간단하다. 제대로 분석해 저평가 종목을
매수하고, 앞으로 상승한다는 신뢰만 있으면 된다. 스트레스받지 말아야 한
다. 잊고 지내면 어느새 주가가 올라가 있을 것이다."

이렇게 이야기하면 내가 만난 대부분의 초보 투자자들은 실소를 지으며
되묻곤 한다. "그걸 모르는 사람이 어디 있나요? 내가 사는 종목에 대해 확
신이 없으니 그게 문제죠?"

어떤 경우에는 좋은 주식을 몰라보고 매도하고, 어떤 경우에는 진즉 팔아야 할 주식을 매도하지 못하고 오랫동안 보유한다. 참 환장할 노릇이다. 우리가 봉착하는 문제의 대부분은 알면서도 이렇게 행동한다는 것이다. 대부분의 투자자가 잘못된 습관들과 문제들을 바로잡지 못하고 너무나 쉽게 잘못을 반복한다. 왜 우리는 주식시장 앞에서 위태로워지는가? 돈을 잃게 만드는 위험 요인을 먼저 제거해야만 돈을 버는 다음 단계로 나아갈 수 있다.

"지피지기 백전불태 知彼知己, 百戰不殆"라는 말이 있다. ≪손자병법≫ 모공편 마지막 부분에 나오는 말로 손무는 다음과 같이 전략을 소개하고 있다.

知彼知己　百戰不殆 (지피지기 백전불태)

不知彼而知己　一勝一負 (부지피이지기 일승일부)

不知彼不知己　每戰必殆 (부지피부지기 매전필태)

이를 해석하면 '적을 알고 나를 알면 백 번 싸워도 위태로움이 없다. 적을 알지 못하고 나를 알면 한 번 이기고 한 번 진다. 적을 모르고 나를 모르면 싸움마다 반드시 위태롭다.'는 의미이다.

손무는 매번 이기는 것 百戰百勝이 아니라 자신을 위태롭지 않게 하는 것의 중요성을 말하고 있다. 이를 위해 무엇보다 '나'라는 존재가 어떤 사람인지 정확히 아는 것이 필요하다. 적을 모르더라도 나를 알기만 하면 승률이 50%는 된다. 나를 안다고 자신이 임하는 전쟁에서 무조건 이길 수 있는 것은 아니다. 내가 하는 싸움의 승패를 최소한 무승부로 만들 수 있다. 그러나 나도 모르고 상대도 모르면 전쟁에서 무조건 질 수밖에 없다.

오랫동안 주식투자를 하며 너무나 많은 개미 투자자들이 자신이 어떤 투자자인지 모르고, 투자하는 시장도 이해하지 못하면서 불나방처럼 주식투자에 뛰어들어 쓰라리게 패배하는 하는 것을 목격하고 있다. 대부분의 개미들이 패가망신敗家亡身의 길로 가고 있다. 땀 흘려 모은 자신의 소중한 자산을 하루아침에 잃고 나락으로 떨어지는 사람이 너무나도 많다. 이는 자신뿐만 아니라 가족의 삶 또한 저버리는 매우 위험한 일이다.

게임에서 운으로 이기는 비결은 절대 없다. 열심히 공부한 사람이 시험에 떨어지는 경우는 있어도 전혀 노력하지 않은 사람이 시험에 합격할 수는 없는 것처럼 말이다. 전략 없이 무모하게 뛰어들어서는 백 번 싸워봐야 백 번 진다. 물론 '지피지기'한다고 반드시 백전백승할 수 있는 것은 아니다. 다만 그 승리 확률을 높일 수 있을 뿐이다.

나는 주식투자를 하며 나 자신이 어떤 사람인지 알려고 노력하고 있다. 주식시장에 참여하는 사람으로서 올바른 판단을 해야 시장에서 좌절하지 않을 수 있기 때문이다. 그리고 기관, 외국인, 개미 투자자들의 속성도 이해하려고 노력한다. 기업과 CEO에 대한 공부도 열심히 하고 있는 중이다.

독자들도 알다시피, 주식시장은 조울증 환자처럼 변덕이 너무 심하다. 알아야 할 것들이 너무나도 많다. 그 알고 모름이 어느 정도인지 알기 위해 무엇보다 공부가 필요하다. 나 또한 마찬가지였다. 아무런 준비 없이 시장에 참여한 초기에는 내가 무엇을 알고 무엇을 모르는지 백지상태였다. 모든 것이 너무나 혼란스러웠다. 오로지 돈 벌겠다고 무모하게 덤비는 돈키호테와 같은 존재였다. 몇 차례 실패를 겪었으나, 나는 탐욕과 공포가 가득한 주식시장에서 좌절하지 않았다. 지피知彼와 지기知己를 하려고 진심을 다했다. 그러다 보니 어느새 투자 실력이 올라갔다. 지식을 채워가다 보니 어느덧 모르는 부분보다 아는 분야가 조금씩 많아졌다. 수많은 변수들과 변덕으로 혼돈이 가득한 주식시장에서 크게 위태로워지지 않을 수 있었다. 성공 확률을 높일 수 있었다.

문제 인식이 가장 먼저다

어떤 분야에서 성공하려면 내가 무엇을 알고 무엇을 모르는지, 나의 행동이 어떤 결과를 낼 것인지를 아는 능력이 있어야 한다. 이것을 메타인지 Metacognition라고 한다. 메타인지는 자신의 인지 과정에 대해 관찰하고 판단하는 정신 작용을 말한다. '생각에 대한 생각'이라 할 수 있다. 주식투자의 세계에서 메타인지가 높은 사람은 자신이 하는 투자의 문제점을 인지하고 이를 개선함으로써 투자 성공확률을 높일 수 있다. 단순한 시세의 변동에는 전혀 흔들리지 않는 마음을 갖게 된다.

메타인지가 떨어지는 사람은 '안다고 느끼는 것'과 '아는 것'을 착각하기 쉽다. 아는 것 같은데 모르며, 모르는 것 같은데 알고 있는 것도 있다. 내가 알고 있는지 모르는지를 확인하는 좋은 방법 중 하나는 모의로 시험을 보는 것이다. 공부할 때 문제지를 풀어보는 것이 효과적인 것처럼 말이다.

주식투자에 있어 내 실력을 테스트해보는 좋은 방법은 실전투자에 앞서 모의투자를 해보는 것이다. 그런데 모의투자와 실전투자는 전혀 다르다. 모의투자에는 투자자의 돈이 개입되지 않으므로 감정이 들어가지 않는다. 근본적인 차이가 있다. 불안과 탐욕이 훨씬 줄어들기 때문에 성과가 잘 나올 수 있다.

어느 날 한 후배와 대화하다 그가 좋은 '사업 아이템'을 가지고 있는 것을 알고 다음과 같이 말했다.

"사업을 직접 해보는 게 어때?"

"남의 돈 벌어주는 것과 내 돈 버는 것은 달라요."

실제로 돈이 들어가면 자기 객관화가 잘 되지 않는다. 감정이 개입되어 사업을 이끌어가기 어려운 사람이 많다. 자기 사업을 잘하는 사람이 있고, 남의 사업을 잘 뒷받침하는 사람이 있는 것이다.

어떤 사람이 '내가 사업을 하면 성공할 수 있을 것'이라는 자신감에 다니던 회사를 그만두고 벤처기업을 창업했다. 그는 과연 사업에 성공할 수 있을까? 결론적으로는 성공보다는 실패할 확률이 높다고 보면 된다. 왜냐하면 우리나라 벤처기업 생존률은 10%에 불과하기 때문이다. 기업 경영은 자금 조달과 운용, 제품 개발, 홍보, 인력 등 다양한 이슈들과 관련되어 있다. 실패하는 기업들은 이런 다양한 요인이 복합적으로 결부되어 위기를 맞는다. 그런데 그중에서도 대표이사의 자질로 인한 문제가 가장 크게 나타나는 경향이 있다. 대개 창업자가 준비 부족의 상태에서 사업을 시작해 문제가 발생한 경우가 많다.

벤처기업의 무덤이라는 '데스밸리'를 통과한 기업조차도 창업주가 오만과 독선에 가득 차 합리적인 판단을 하지 못하고 직원에 대한 갑질 등 온갖 불합리한 행태를 부리는 경우도 많다.

주식투자에 있어서도 마찬가지다. 모든 문제는 투자자인 나의 문제이다. 시장 자체는 잘못이 없다. 주식시장은 과다한 정보를 제공함으로써 판단을 흐리게 하는 곳이다. 원래 그러한 곳이기 때문에 제대로 판단을 못한 사람도 나요, 손실을 보고 있는 사람도 나다. 자신이 투자에서 중요한 '의사결정' 자체를 못하는 사람이라는 생각이 들면 주식투자를 해서는 안 된다.

개인 투자자가 매수하는 주식은 대부분 지인의 추천에 의한 것이다. 직장 동료가 어느 특정 종목에 대한 호재 이야기를 할 땐 듣지 않다가 주가가 계속 올라가면 그제야 신경 쓰이기 시작한다. 그래서 늘 마지막에 매수에 동참한다. 주가가 고점을 찍으며 하락하면 그때 '손절' 또는 '존버'를 고민하며 주식을 매도해야 할지 지인에게 묻고 또 묻는다. 그 주식을 추천했던 지인 또한 고점이 자신의 본전이라는 생각이 들어 매도를 결정하지 못한다. 주식을 매도하고 매수하는 행위가 정말 어렵다. 이래저래 판단을 못해 주가는 계속 빠진다. 대다수가 이런 상태다.

문제는 그 대다수가 자신의 상태를 인지하지 못한다는 것이다. 결국 명명백백 실패로 이어지는 길 위에 서서 승부수를 던지길 반복한다. 당장은 버는 것 같아 보여도 결국에는 지고 마는 게임을 한다.

자신이 가진 문제를 파악하고, 거기서 빠져나오는 것만으로도 일단 '돈 잃는 패턴'을 끊을 수 있다. 지금부터는 많은 투자자가 빠지기 쉬운 10가지 문제를 소개하려고 한다. 이른바 패착의 함정이다. 나 또한 한때 겪었고 지금도 많은 주변 투자자들에게서 쉽게 발견되는 문제들로써, 이런 패착의 함정들을 인지하고 벗어나는 것이 이기는 투자를 위한 첫걸음이라 생각한다.

패착의 함정 ❶ 타조 증후군

타조는 위험한 상황에 처하면 머리를 모래 속에 박고 '나는 안전할 거야'라고 안심하는 습성이 있다. 주변 상황은 위기에 처했는데 자기만 머리를 박고 모른 척하는 아주 어리석은 행동을 통칭하여 타조 증후군Ostrich Syndrome이라 한다.

보통 사람들은 자신의 투자에 실수가 있음을 알게 되었을 때, 이를 받아들이고 손실을 확정하길 무척 힘들어한다. 주가가 올라갈 것으로 판단하고 매수했으나 생각대로 오르지 않고 오히려 하락을 계속하는 경우, 당신은 어떤 행동을 해왔는가? 아예 주가 확인을 하지 않거나 심지어 주식 앱을 삭제하지는 않았는가? 이 같은 경향을 가진 투자자가 너무 많다. 손실을 인정하는 것이 두렵기 때문이다. 그렇다고 문제가 해결되지 않는다. 이런 식으로 현실을 부정하거나 문제를 외면하면 오히려 심각한 화를 입게 된다.

그런데 의외로 이런 상황에 처한 사람들이 너무나도 많다. 2020년 3월 코로나 패닉 당시 주식 반대매매 규모가 하루 평균 137억 원에 달했다. 2008년 8월 리먼브라더스 금융위기 이후 11년 만에 최대치였다. 최근 주가가 급락하면서 증권사에서 돈을 빌려 주식을 산 뒤 이를 갚지 못해 강제 처분되는 반대매매 규모가 크게 늘어난 것으로 나타났다. 반대매매는 장 시작과 함께 하한가로 매도되기 때문에 개인 투자자로서는 손실 폭이 커질 수밖에 없다.

반대매매까지 가는 상황이 발생하는 이유가 무엇일까? 이는 개인 투자자의 현실 부정 심리도 무시할 수 없다. 나중에 들은 얘기다. 내 지인 중 한 명도 "나는 괜찮겠지!"라며 현실을 부정하다가 반대매매로 막대한 손실을 경험했다고 한다. 현실을 외면하고 도망가면 공든 탑도 무너질 수 있다.

패착의 함정 ❷ 매몰 비용의 오류

매몰 비용의 오류란, 그동안 들인 돈이 아까워 결과가 만족스럽지 않을 것으로 예상되는데도 불구하고 계속 투자하고 노력을 들이는 것을 말한다. 이는 기업 경영에서 주로 나타나는 문제이다. 효과성이 없을 것으로 판단되면 더 이상 자금을 추가 투입하면 안 된다. 합리적인 의사결정을 한다면 이런 문제가 발생하지 않아야 한다. 그런데 잘못된 결정인 줄 알면서도 추가 매수를 하는 경우가 많다. 단지 그동안 들인 돈이 아깝다는 이유로 말이다.

보유한 종목이 상장폐지가 우려되는 상황에서도 투자금이 아까워 주식을 팔지 못하는 경우를 상당히 많이 보았다. 막상 주식을 팔려고 하면 그동안 투입된 돈과 함께 주식창에 떠 있는 파란색 마이너스 금액이 가슴을 쓰리게 하고 손절을 가로막는다.

본인이 잘못했다고 판단되면 손해 본 금액을 생각하지 말고 곪은 상처를 도려내듯이 과감히 주식을 처분해야 한다. 그렇지 않으면 곪은 부분이 온몸으로 퍼져 패혈증이 발생하고 전신을 파괴하게 된다. 과감한 손절은 다시 한번 재기할 수 있는 기회를 준다. 반면 매몰비용의 오류에 빠지면 주식에 전 재산을 털려 회복할 수 없는 상황에 이를 수밖에 없다.

대표적인 사례로 콩코드 여객기 개발 사업을 들 수 있다. 1969년 프랑스는 초음속 여객기 개발 계획을 발표했다.

"천문학적인 비용이 드는 콩코드 여객기 개발은 경제성이 없다."

많은 전문가와 학자들의 우려하는 목소리가 높았다. 그러나 당시 프랑스 정부는 천문학적 비용이 들어간 여객기 개발을 중단하길 주저했다. 결국 1976년 콩코드 여객기는 완성되었다. 하지만 기체 결함과 만성적인 적자에 허덕이다가 2000년대 초반에 결국 사업이 중단되었다. 이런 이유로, 매몰비용을 고려한 의사결정의 오류를 '콩코드 오류'라고도 부르게 됐다.

패착의 함정 ❸ 앵커링 효과

대다수의 사람들은 종전에 자신이 봤던 가격을 기준으로 생각하는 경향이 크다. 상승 여력이 매우 큰 데도 불구하고 매수에 참여하지 못하는 경우가 많다. 업사이드Up-side가 큰 종목을 조기에 매도하는 이유는 종전 가격이 깊이 인식되었기 때문이다. 텐배거Ten Bagger 종목에서 조기 하차하게 되는 이유도 이것 때문이다. 전문가들도 많이 하는 실수다.

> **주식 용어**
>
> **업사이드(업사이드 포텐셜)** 어떤 종목이나 지수에 대하여 기대할 수 있는 가격 상승 잠재력.

신라젠은 9천 원대 초반에서 152,300원까지 상승했던 종목이다. 고점 15만 원대를 찍고 하락하다가 5만 원대에서 10만 원 초반까지 반등하던 때가 있었다. 지인 중 한 명도 7만 원 초반 대에 매수하였다. 15만 원 이상 상승할 거라 믿었고 주변 사람들에게도 추천했다. 그가 매수한 이후에도 계속 상승하여 주가가 102,400원을 찍었다. 그러다 하락하기 시작했다. 계속 하락하는데도 불구하고 '목표가'가 15만 원 이상이었기 때문에 잘 버티기만 하면 반드시 올라갈 것으로 생각했다. 곧 매수 가격 이하로 떨어졌지만 걱정이 없었다. 5만 원 초반 대에 물 타기를 하였다. 그런데 5만 원 이하로 주가가 떨어졌다. 4만 원대에 대량으로 물 탔다. 그러다 심리적 지지선인 4만 원도 무너지자 멘붕이 왔다. 결국 견디지 못하고 3만 원대에 매도하였다.

> **주식 용어**
>
> **물 타기** 일정한 간격으로 같은 주식을 계속 매입하는 행위. 대개는 상승을 기대하고 매입한 주식이 하락세인 경우 평단가를 낮추기 위해 실행한다.

"목표가가 15만 원 이상이었기 때문에 매도하지 못했고 주변 사람들에게 추천까지 하다 보니 스스로 거기에 세뇌된 것 같아요."

그는 이 투자 실패로 그동안 모은 재산을 크게 잃었다.

패착의 함정 ❹ 확증편향

확증편향은 원래 가지고 있는 생각이나 신념을 확인하려는 경향성이다. 쉬운 말로 '사람은 보고 싶은 것만 본다.'가 바로 확증편향이다.

사람들은 자신의 입맛에 따라 정보를 받아들이는 경향이 많다. 어떤 종목과 지나치게 사랑에 빠져서 자기 생각과 다른 의견은 배척하곤 한다. 자신의 판단이 잘못돼 손실이 커지고 있는데도 불구하고 문제를 제대로 인식하지 못한다. 예를 들어 A라는 기업이 획기적인 신제품을 개발하기 위해 연구비 100억을 들여 90%의 공정을 마무리하였는데, 마감 시점에 B라는 기업이 더 싸고 질 좋은 제품을 이미 개발했다는 소식이 들려왔다. A기업은 어떤 판단을 해야 할 것인가? 대부분의 경우 지금까지 들인 돈이 아까우니 일단 시판을 밀어붙이자고 할 것이다. 하지만 해당 제품의 경쟁력이 없는 만큼 개발 후 양산하면, 손실은 기존 연구비 100억 원에 마케팅 비용과 생산비까지 더해져 천문학적 금액이 될 것이다. 이런 경우에는 기존의 연구비를 과감히 손실 처리하고 경쟁력 있는 다른 부분에 집중하는 것이 기업이 조기에 회생하는 지름길이라고 할 수 있다.

주식투자에 있어서도 잘못된 투자인 줄 알면서도 혹시나 하는 마음으로 소위 '물 타기'를 계속하는 사람들이 있다. 잘못된 물 타기로 패가망신하는 경우도 많으니 조심스럽게 접근해야 한다.

패착의 함정 ❺ 손실 회피

대부분 투자자들이 주식투자 초기에 겪는 오류이다. 상승하는 종목과 하락하는 종목을 함께 보유하고 있을 때, 상승 종목을 팔고 하락 종목을 추가 매수하는 경우가 매우 많이 발생한다. 하락 종목을 매도하고 올라가고 있는 종목을 사야 하는데 말이다. 현실에서는 추가 매수를 통해 손실을 더 키우는 경우가 다반사이다. 이런 일이 반복되면 투자가 어려워진다.

많은 사람들이 손실을 줄이기보다는 더 크게 만드는 결정에 치우친다. 오히려 더 잘못된 판단에 이르는 것은 왜일까? 이는 '인간은 손실에 더 큰 심리적 반응을 보인다.'는 전망 이론과도 관련이 깊다. 손실과 이득이 똑같이 발생하였을 때, 사람들은 손실에 대략 2.5배 정도 더 크게 반응한다고 한다. 결국 손실 회피는 인간의 본능적 심리라고도 할 수 있지만, 우리는 학습을 통해 이를 이겨낼 수 있어야만 한다. 손실이 난 종목이 저평가라는 확신이 없다면 과감히 손절하고 이익이 난 종목으로 불 타기 하는 것도 수익을 극대화하는 방안 중 하나이다.

> **주식 용어**
> **불 타기** 주가가 올라갈 때 추가 매수하는 것.

패착의 함정 ❻ 후회 회피

잘못된 상황이 계속되는 데도 '내가 팔고 나면 주가가 오르는 게 아닐까' 생각하며, 매도한 것을 나중에 후회할까 두려워 이를 방치하는 경우가 많다. 투자자 중 상당수가 이렇다. 초보일 때 나도 급등하는 주식에 관심을 가졌다. 그러다 고점에 물리면 곧바로 손해를 보더라도 매도해야 했는데 그러지 못했다. "매도하고 난 후 올라가면 어떡하지!" 하는 생각 때문이었다. 그러나 세상이 그리 호락호락하지 않다. 원칙 매매가 필요하다. 아무 이유 없이 테마성으로 오른 종목은 올라갔던 자리만큼 하락한다. 제자리로 돌아온다.

최근 회자되는 사례로 코로나 치료제 개발 열풍을 들 수 있다. 중소 제약사, 바이오 벤처 등 모두 20여 개 사가 개발에 뛰어들었다. 개발 중인 치료제가 코로나 증상에 효과가 있다는 소문만으로 일부 종목은 주가가 저점 대비 거의 20배 이상 상승하기도 했다. 3상까지 임상이 진행되지 않았음에도 이미 코로나 치료제가 나온 것처럼 지나친 사랑에 빠진 사람이 많았다. 흔히들 연인 사이에도 사랑에 빠지면 단점은 보이지 않고 장점만 눈에 들어오게된다고 한다. 주식시장에서 가장 위험한 것이 종목과 사랑에 빠지는 것이다. 좋은 주식이라도 지나친 낙관론에 빠져 있지 않은지 스스로 경계하고, 객관적인 시각으로 바라봐야 할 것이다. 이후 코로나 관련주들의 주가는 대주주의 블록딜과 코로나19 치료제 유효성 확보 실패 논란 등으로 심한 경우 고점 대비 1/10 토막 난 상태이다.

패착의 함정 ❼ 일희일비

주가가 올라가면 기분이 상승하고 주가가 내려가면 기분이 하강한다. 오르면 더 오를 것 같고 떨어지면 더 떨어질 것 같다. 오르다 조금만 떨어지면 더 떨어질 것 같아 "어제 매도할 걸" 하며 후회의 감정이 든다. 주저하다 못 산 주식이 오르면 "그때 살 걸" 하고 생각한다. 이런 사람을 '껄무새'라고 한다. 불안감이 커지게 되면 자칫 뇌동 매매*로 갈 가능성이 크다. 일상생활에도 큰 영향을 미치게 되어 온종일 주식만 쳐다보게 된다.

> **주식 용어**
>
> **뇌동 매매** 다른 투자자들의 움직임이나 언론 보도 등에 부화뇌동하여 매매하는 것.

주식투자를 하다 보면 본인의 행동으로 인해 손해를 보는 경우도 있고 이익을 얻는 경우도 있다. 문제는 지나치게 후회의 감정에 매몰될 때 발생한다. 초보자의 경우 이런 감정이 자연스러우나 이를 극복하지 못하면 우울증이 올 수 있다. 심한 경우 "이때 팔았다면 최고점에 이익을 얻었고 얼마를 벌었을 텐데."라는 후회 속에서 하루하루를 보내게 된다. 이런 사람은 투자를 잘할 수 없다. 본인의 판단에 신뢰가 무너져 단타를 반복하다 손실이 커지는 경우가 일상다반사다. 후회할 시간에 투자 대가들의 주식 관련 책을 읽고 실력을 쌓는 게 성공의 지름길임을 잊어서는 안 된다.

패착의 함정 ❽ 초심자의 행운

주식투자에 있어 가장 위험한 사례 중 하나가 초보일 때 우연치 않게 수익이 난 경우이다. 처음 해본 투자로 수익을 크게 얻으면 "나는 주식에 소질이 있다."라는 자만심에 빠져 더 큰 베팅을 하는 경우가 많다. 자신의 실력으로 수익을 냈다 생각하고 지나치게 우쭐해져 은행 대출 등으로 금액을 늘려 투자하기도 한다. 그러나 행운은 결코 반복적으로 오지 않는다.

얼마 후 시장이 강세장에서 약세장으로 전환되거나 횡보하게 되면 급격히 수익률이 떨어진다. 그러면 손실을 만회해야 한다는 조급함이 들면서 무리하게 매매하기 시작한다. 매매가 많아지면 손실 폭이 더욱 커진다. 대체로 이때가 가장 위험하다. 손실을 만회하기 위해 급등주나 테마주를 찾아 매매하는 것은 나락으로 가는 길임을 명심해야 한다.

코로나19 팬데믹 이후 주식시장에 들어온 동학개미들이 많다. 상승장엔 누구나 수익을 낸다. 그러나 요즘 주식시장이 좋지 못하면서, 팬데믹 이후 막대한 부양책과 유동성 공급으로 자산시장이 급등하기 시작했을 때 시장에 들어온 개미들 대다수가 손실을 보고 있는 것이 현실이다.

투자는 단기간에 승부를 내는 투기가 아니다. 장기간 투자해야 성과가 나오는 사업과 같다. 조급해하지 않고 긴 호흡으로 투자하기만 하면 큰 성과를 얻을 수 있다고 나는 믿는다.

패착의 함정 **❾ 다른 사람 무작정 따라 하기**

한단지보邯鄲之步라는 고사성어를 한 번쯤 들어보았을 것이다. 춘추전국 시대 수릉壽陵에 사는 한 청년이 한단邯鄲에 놀라 갔다. 수릉은 연나라 수도이고, 한단은 조나라 수도이다. 당시 한단은 화려한 도시였는데 비해 수릉은 시골이었다. 청년이 한단에 가서 보니 사람들의 걸음걸이가 자신의 걸음걸이와 사뭇 다르게 느껴졌다. 그는 촌사람이라 놀림받을까 봐 도시 사람들의 걸음걸이를 흉내 내기 시작했다. 얼마 못가 청년은 그 걸음걸이를 미처 익히기도 전에 고향으로 돌아가야 했다. 그런데 예전의 자기 걸음걸이를 잊어버렸다. 그래서 연나라로 돌아갈 때는 엉금엉금 기어갔다는 우화다. 어설프게 남을 흉내 내다 자신의 주체성마저 잃어버리는 어리석은 사람을 비유하는 말이다. '뱁새가 황새 따라 하다 가랑이가 찢어진다.'라는 속담과도 일맥상통한다.

유튜버 중 초단타로 수익 내는 것을 보여주는 사람들이 있다. 그런데 이를 따라 하다 실패하는 사람이 너무나도 많다. '눌림목 매매', '돌파 매매', '신고가 따라잡기' 등 그 방법이 다양하고 현란하기까지 하다. 그러나 수급과 모멘텀으로 수익을 내는 사람은 극소수에 불과한 것이 현실이다. 왜일까? 누군가 차트의 기술적 매매에 있어 특정 지점에서 사서 특정 지점에 팔아야 한다는 것을 알고 있다면, 다른 누군가는 그 사람보다 더 빠르게 매도하려고 할 것이기 때문이다. 단타 방법도 계속 바뀌고 있다. 내가 알고 있는 것을 그 사람도 알고 있기 때문에 단기 매매 기술이 잘 먹히지 않는 경우가 많다.

패착의 함정 ❿ 물 타기

'물 타기'는 매수한 주식이 하락하면 주식을 추가로 매입해 매수 평균 단가를 낮추는 투자법이다. 물 타기한 주식의 주가가 상승하는 경우에는 매수 단가를 낮춤으로써 플러스 수익을 가져올 수 있다. 그러나 주가가 하락하는 경우에는 오히려 손실 폭이 커지는 문제가 발생한다.

손해 보지 않기 위해 매수한 종목의 성장성과 상관없이 계속 물 타기를 하는 사람이 있다. 자신의 실패를 인정하지 않으려는 사람이다. 만약 우량 종목이 아니고 테마성 종목이라면 이는 매우 위험천만한 일이다. 자신의 '매수가'가 영원히 오지 않을 수 있다. 오히려 계속 하락하다가 상장폐지되는 경우도 빈번하다.

유가 경전 ≪대학≫에는 지지知止에 대한 말이 나온다.

"知止而後有定 定而後能靜(지지이후유정 정이후능정)"

'멈춤을 알아야 자리를 잡고, 자리를 잡아야 고요해진다.'는 뜻이다. 멈춤을 아는 것은 매우 중요하다. 이 글을 읽는 독자가 테마주와 급등주 등을 뇌동 매매, 충동매매하고 있다면 지금 당장 멈추는 결단을 내려야 한다.

지나서 보면 별거 아니나 현실에서는 쉽지 않다. 그래서 성공적인 투자를 위해서는 긴 안목과 흔들리지 않는 주관이 필요하다. 외부에 보이는 현상만 살펴서는 될 일이 아니다. 근본적인 본질을 알고 이를 즐길 줄 알아야 성공 확률이 높아진다. 멀리 떨어져서 바라보면 세상이 더 잘 보인다.

누워서 떡 먹기

전 직장에서 업무 회의를 하다 누군가 매우 좋은 아이디어 하나를 내자, 이를 듣고 있던 한 직원이 다음과 같이 말했다.

"그 방법을 쓰면 누워서 떡 먹기가 될 것 같아요."

지루한 분위기를 돌리려 나는 웃으며 말했다.

"누워서 떡 먹기 쉽나요? 목 막혀 죽을 수도 있어요."

듣고 있던 직원들 모두가 내 말에 공감을 표했다.

국어사전에 따르면 '누워서 떡 먹기'란 '하기가 매우 쉬운 것을 이르는 말'이다. 아무 생각 없이 무조건적으로 받아들이는 속담이나 격언들에 자신도 모르는 사이 생각을 지배당할 수 있다. 함부로 따라 하다가 오히려 자신을 위험에 빠트리기도 한다. 이러한 위험 요소 가운데는 어디에서 들어봤을 '무작정 따라 하기'도 있다. 세상에는 아무 생각 안 하고 무작정 따라 하면 위험한 것들이 너무나 많다. 주식 차트 매매를 무작정 따라 하다 위험해진 사람들을 나는 정말 많이 보았다.

'생각'이 중요하다. 무엇을 어떻게 생각하는지를 반드시 돌아봐야 한다. '주식투자를 통해 쉽게 부자가 될 수 있을 거야.'라고 기대하고 있다면, 당신은 정말 위험한 생각에 빠져 있는 것이다.

2장

주식투자에 대한
생각을 재점검하라

투자를 하다 보면 누구나 실수를 저지른다. 이미 상당한 손실이 발생했음에도
단지 내가 선택한 종목이라는 이유만으로 계속 붙들고 있는 것이야말로 진짜 실수다.
선택은 당신 몫이다. 잘못을 인정하고 받아들이면 절반은 바로잡는 것이다.
켄 피셔 Kenneth Fisher

모든 투자자가 저지르는 가장 큰 실수 중 하나가 너무 짧은 시간에
큰돈을 벌려는 충동을 느끼는 것이다. 즉 100%의 수익을 2~3년 안에 걸쳐서 얻기보다
2~3개월 내에 벌려는 시도를 한다는 점이다.
제시 리버모어 Jesse Livermore

탐욕과 공포라는 극한 상황을 이겨내야 한다. 오르면 더 오를 것 같고 떨어지면 계속 떨어질 것 같다. 탐욕과 공포를 이겨내는 유일한 비결은 자신이 분석한 기업의 가치를 신뢰해 투자하는 것이다. 자기 선택에 대한 확신 없이 주식투자로 성공할 수 없다.

20년간 한 주도 빠짐없이 매주 80만 원 상당의 로또를 구매하는 사람이 있다. 비가 오나 바람이 부나 몸이 아무리 아파도 로또 판매점에 방문해 복

권을 산다. 그는 내가 다니던 직장의 동료였다. 그는 온라인 유료 로또 사이트에 가입하는 등 당첨 확률을 높이기 위하여 갖은 노력을 다 하고 있다. 실제로 10여 년 전 로또 2등에 당첨되기도 했었다. 그때 얻은 행운은 불로소득일까?

답은 '맞다.'이다. 왜냐하면 그가 한 노력에는 노하우가 전혀 축적되지 않기 때문이다. 한 번 1등이나 2등에 당첨되었다고 해서 다음번에 또 당첨되리라는 법이 없다. 로또 당첨 확률은 매주 리셋된다. 지금도 그는 매주 로또를 구매하고 있다. 얼마 전 그를 우연히 만났다. 그는 "경제적으로 힘들고, 미래가 불투명해 걱정돼요."라고 말했다.

나는 주식투자를 하며 만난 사람들 중 상당수가 '주식투자로 번 돈은 불로소득이다.'라고 생각한다는 사실에 무척 놀랐다. 노동 없이 번 돈이므로 불로소득 아니냐는 것이다. 안타까운 생각이다. 사실 "불로소득이라는 관점에서 접근하면 주식투자에 어떠한 노력이 투입되지 않으므로 수익 내기 어렵다."라는 것이 내 생각이다. 왜냐하면 한두 번은 우연치 않게 수익을 낼 수 있어도 지속적으로 버는 것은 불가능하기 때문이다.

운에 의해 어쩌다 수익을 내는 것은 불로소득이 맞다. 이 사실에는 의문의 여지가 없다고 생각한다. 그러나 주식투자는 시시각각 변하는 금융·경제 환경 하에서 산업 동향을 분석하고 해당 기업의 실적과 사업을 정확히 검토하여 투자를 집행하는 고도의 의사결정 행위이다. 그리고 투자 기업의 실적 등 변동 사항을 모니터링하며 투자 자금의 회수 여부도 함께 판단하여야 하기 때문에 매우 난이도가 있는 영역이다. 따라서 당신이 주식투자를 통해 버는 돈을 단순히 운에 의해 버는 것으로 생각하고 있다면 "당장 투자를 그만두라."라고 말하고 싶다. 주식투자는 누구나 접근이 가능하면서도 고도의 판단을 요구하는 전문성 있는 분야이기 때문에 워런 버핏, 피터 린치를 비롯한 투자의 대가들이 높게 칭송받는 것이다.

세심한 관찰과 빠른 실천이 부를 가져온다

똑같은 행위를 해도 성공하는 사람이 있는 반면, 실패하는 사람이 있다. 주식투자를 해서 소위 대박을 친 사람이 있는 반면에 어떤 사람은 투자 실패로 벼랑 끝에 몰린다. 암호화폐 또는 부동산 투자도 마찬가지다. 도대체 성공과 실패에 어떤 원리가 작동되고 있길래 성공하는 사람과 실패하는 사람으로 나뉠까?

성공하는 사람은 타인에 의해 쉽게 기회를 잡으려고 하지 않는다. 힘들지만 본인 힘으로 배우려고 하기 때문에 실수를 줄이고 실력을 키울 수 있다. 그러나 실패하는 사람의 대다수는 전혀 노력이나 준비 없이 부의 기회를 잡으려고 하기 때문에 위기를 제대로 분별하지 못하고 시행착오를 계속한다. 잘못된 정보에 쉽게 속아 넘어가기도 한다. 그중 대부분의 실패는 아는 사람 추천으로 투자하는 경우 발생한다. 공부하지 않고 지인 또는 친척의 추천만 믿고 매매했기 때문에 누구를 원망하지도 못한다. 그 결과 집안이 파탄 나는 경우도 다반사다.

성공하는 사람의 특성은 첫 번째, 무엇보다 학습이나 관찰 능력이 뛰어나다는 것이다. 자신의 경험만으로 배우는 것의 한계를 인정하고, 보다 뛰어난 사람이나 그 분야 전문가의 강의를 듣거나 저서 등을 찾아 읽으며 그들의 관점을 적극적으로 받아들인다. 그러나 투자 실패자의 경우, 학습 또는 다른 사람의 경험을 배우려 하기보다는 "나는 운이 없어."라고 단정한다.

두 번째, '실행으로 옮기는 힘'에서 큰 차이가 있다. 부의 기회를 잡는 사람은 면밀한 검토 후 실행이 재빠르다는 점에서 투자에 실패하는 사람과 확연히 다르다. 부의 기회를 잡는 건 고사하고 오히려 나락으로 떨어지는 사람을 보면, 실패의 두려움 때문에 상황을 놓고 타이밍만 재다가 기회를 놓치는 경우가 많다. 그러다 때늦은 투자 참여로 막차를 타고 상투를 잡아 '폭탄 돌리기'의 희생양이 되는 사례도 비일비재하다.

주식투자는 단순한 투자 행위가 아니다

'Speculate.' 이 단어는 '추측하다, 판독하다, 내기하다'라는 뜻이다. 그 어원은 '추측하다'의 의미에서 나왔다. 나는 오랫동안 주식을 하며 '투기자'보다는 '추측하는 자'의 입장에서 투자했다. 어쩌면 '상상하는 사람'이라는 표현이 맞을 것이라는 생각을 해본다.

재빠르고 반복적인 매매로 수익을 보겠다는 생각을 가지는 순간, 투자자는 투기꾼이 되고 만다. 우리가 이러한 행위를 할 때 뇌 중추신경에서는 도파민이 분비된다. 쉽게 사행성 게임이나 도박에 탐닉하게 되는 것은 도파민의 중독성이 매우 크기 때문이다. 마찬가지로, 작은 매매 차익만 나도 자신도 모르게 매도 버튼을 눌러 수익을 극대화하지 못하는 문제를 가지고 있다면, 스스로 주식 중독이 아닌지 의심해야 한다.

이런 식으로 매매가 계속되면 우리의 투자는 '초단타'로 흐를 수밖에 없다. 시간 투자가 누적되어야 부가 축적되는 주식투자시장에서 단기투자자가 막대한 부를 쌓기 어려운 이유이다. 이러한 중독성으로 인해 초래된 초단기 매매는 원하는 수익을 주지 못하므로 투기자의 불안감은 더욱 커질 수밖에 없다.

매매 차익이 발생할 때 분비되는 도파민은 일시적인 기쁨을 줄지 모르나, 그 같은 초단기 매매는 투자자의 가치관 그리고 생각의 확장에 전혀 도움이 되지 못하는 '단순 투기 행위'일 뿐이다. 이런 주식투자는 노름 또는 도박이 될 수밖에 없다.

나는 투자자가 투자 대상이나 매매 방법 등에 대한 자신만의 인사이트를 가질 때, 그가 하는 '주식 매매'는 매우 가치 있는 행위가 된다고 생각한다. 그렇기에 관찰자에 가까운 투자자일수록 그 투자 성과는 극대화되며 투자자의 만족도 또한 커질 수 있다. 이때 비로소 행복한 투자자가 되는 것이다.

풀꽃

자세히 보아야 예쁘다
오래 보아야 사랑스럽다
너도 그렇다.

나태주 시인의 <풀꽃>이라는 시에 나오는 구절이다. 이처럼 어떤 의미를
가지고 대상을 바라보면 그 존재는 내게 특별한 의미가 된다.

흔들리며 피는 꽃

흔들리지 않고 피는 꽃이 어디 있으랴
이 세상 그 어떤 아름다운 꽃들도
다 흔들리면서 피었나니
흔들리면서 줄기를 곧게 세웠나니
흔들리지 않고 가는 사랑이 어디 있으랴
젖지 않고 피는 꽃이 어디 있으랴
이 세상 그 어떤 빛나는 꽃들도
다 젖으며 젖으며 피었나니
바람과 비에 젖으며 꽃잎 따뜻하게 피웠나니
젖지 않고 가는 삶이 어디 있으랴

도종환 시인의 <흔들리며 피는 꽃>이다. 우리가 고대하는 이상과 비전

은 인내와 열정 없이는 절대 도달할 수 없다. 시련이 반드시 필요하다. 그러나 단기투자자는 쓰라린 인내와 기다림 없이 한 번에 너무나 쉽게 '찬란한 열매'를 얻으려 한다.

주식투자라는 행위는 일종의 사업이다. 회사를 운영하는 CEO로서 나는 어떤 사업을 할 것인지 탑다운Top-down 또는 버텀업Bottom-up 방식으로 사업 대상을 결정한다. 그리고 선정 후보군 종목들의 사업성을 면밀히 검토한다. 그중 성장성이 매우 크다고 판단되는 기업에 투자를 결정하고 나름의 투자 시나리오를 쓴다. 즉 매수 가격과 매도 가격을 대략 정하며, 한 번에 살지 나누어 매수할지도 결정한다. 시나리오에 따라 투자를 집행하며 매수가 완료되면 투자한 기업의 미래 모습에 대하여 즐거운 상상을 한다.

대부분의 사람들은 사자마자 주가가 올라야 투자에 성공한 것으로 생각한다. 이런 조급성이 좋지 않은 투자 성과로 귀결되게 한다. 거의 모든 주식이 오르는 강세장이면 몰라도, 일반적인 상황에서는 사자마자 곧바로 주식이 오를 가능성은 낮다. 나의 투자 성과는 당장 주가의 상승 여부에 의해서 결정되는 것이 아니며, 주가는 해당 기업 성과에 따라 영향을 받는 것이라고 생각하면 조급성이 사라지고 여유가 생긴다. 다시 말해, 투자하는 대상의 매출과 영업이익에 의해 투자 성과가 결정된다고 생각하는 것이다. 내가 상상한 대로 기업의 성과가 잘 나오면 주가는 당연히 오른다.

대다수 개미들의 성과는 주가이다. 그렇기 때문에 종목을 매수하고 주가가 빠지면 곧바로 매도 여부를 결정하는 경향이 있다. 이는 매우 위험한 일이다. 주식투자를 사업의 관점에서 본다면 그 성과가 채 나오기도 전에 주가의 희비에 따라 매도를 결정하는 식이기 때문이다. 이는 매우 잘못된 것이다.

오랜 기간의 면밀한 관찰과 종목 분석을 통해 투자를 결정하고 매집 중인 종목이 있었다. 그때 마침 지인이 종목 추천을 부탁해왔다. 그는 나의 투자 이유를 듣고 곧바로 내가 말한 그 주식을 매수했다고 알려왔다. 2021년 11월 말 오미크론이 확산되고 있다는 뉴스가 연일 보도되고 있었다. 엎친 데 덮친 격으로 미국 연방준비제도이사회FED가 테이퍼링을 조기 종료하고, 금리를 3차례 이상 인상할 것이라는 뉴스가 보도되었다. 미국 주가가 빠지며 우리 코스피와 코스닥 지수도 크게 떨어졌다. 그리고 한 달여가 흘렀다. 그와 통화하다가 당시 뉴스에 놀란 나머지 보유했던 종목 전량을 매도하였다는 얘기를 들었다. 초보 투자자들이 많이 하는 실수이다. 안타까웠다. 외국인과 기관의 양 매수로 그 종목의 주가가 60% 넘게 올랐기 때문이다.

사실 주린이 시절에 나도 그와 같았다. 주가의 등락에 하루하루 일희일비했다.

만약 투자를 '사업'이라고 생각했다면 뉴스에 놀라 하루아침에 '폐업'을 결정할 수 있었을까? 나는 주식투자는 최고경영자CEO 마인드를 가지고 해야 한다고 생각한다. 사업을 결정하고, 그 사업의 성과가 잘 나오도록 정성을 다해야 하는 것이다. 그런 마음으로 투자해야 성과가 나온다고 믿는다.

단기 이익을 노릴 거면 안 하는 편이 낫다

눈앞의 이익만을 추구하는 기업 경영자들은 단기 이익을 얻기 위해 직원 교육이나 신기술 개발을 위한 투자 등을 무시하거나 희생하는 경향이 있다. 심지어 사내 복지에 무관심하거나 갑질 등 직원 처우에 문제까지 일으켜서 핵심 인재가 기업을 떠나는 상황을 유발하기도 한다. 직원을 자원이 아니라 비용의 관점으로 대하기 때문에 일어나는 일이다. 이 같이 지나치게 단기 이익을 추구하는 기업은 성장에 어려움을 겪게 되며 장기적으로 생존까지도 위협받는다. 마찬가지로 개인들도 단기 이익만 지나치게 추구하다 보면 수익의 극대화를 기대하기 힘들다. 무엇보다 자산의 성장을 담보하기 어렵다.

많은 개미 투자자들이 단기투자에 집착한다. 단기투자는 눈앞의 이익을 확정하는 것이므로 필연적으로 장기 이익을 크게 가져갈 수 없다. 이것이 손실은 커지고 수익은 작아지는 이유다.

주식투자가 되느냐 주식 투기가 되느냐는 본인 선택에 달렸다.

"주식시장은 허가받은 도박장이다." 이 말은 맞는 말일 수도 틀린 말일 수도 있다.

"따면 투자이고, 잃으면 투기다." 이 말은 틀린 말이다.

사업의 내용을 이해하고 자신의 소중한 자금을 댄 것이어야 투자이다. 즉 투자하려는 기업이 저평가되어 있거나 향후 가치가 높아질 것으로 예상하고 주식을 매수하는 경우에는 투자 Investment이다. 그러나 기업 분석 없이 오로지 기술적 분석만으로 수익을 보겠다는 것은 투기이다. 왜냐하면 시장의 변동성을 이용하여 시세 차익을 얻으려 하기 때문이다.

투자자 중 상당수가 주식투자를 제로섬Zero-Sum이나 마이너스섬Minus-sum 게임으로 여긴다. 게임하는 상대 중 한쪽이 잃으면 다른 상대방은 수익이 나는 것으로, 이를 합산하면 제로가 된다고 해 만들어진 용어가 제로섬 게임이다. 누군가 잃고 누군가 번다는 관점에서 보면 주식은 도박일 수밖에 없다.

도박에서는 승자의 이익과 패자의 손실을 합하여 마이너스가 되는 마이너스섬 게임이 훨씬 더 많다. 왜냐하면 도박이 계속될수록 고리사채와 수수료가 쌓여, 결국 도박장을 개설한 하우스 도박장 주인만 수익을 챙기는 경우가 많기 때문이다.

그렇다면 주식투자는 어떤 경로로 제로섬이나 마이너스섬 게임이 될까? 급등주나 테마주 투자 등에 뛰어든 단기투자자들의 손실이 계속되면 제로섬 혹은 이보다 더 지독한 마이너스섬 게임화가 된다. 이러한 투자를 계속하는 개미들은 손실을 크게 보지만, 증권사와 정부는 수수료와 거래세로 주머니가 두둑해지기 때문이다.

단타 매매로 일반 투자자가 큰 수익을 내는 것은 쉽지 않다. 모멘텀 투자로 시세 차익을 얻는 것이 쉬울 것 같지만, 사실상 결과는 늘 반대였다. 95%의 개인 투자자가 실패하는 이유는 모멘텀이나 수급 매매로 주식투자를 하고 있기 때문이다. 다시 한번 말하지만 단기투자는 투자가 아니라 투기가 될 수밖에 없다. 앙드레 코스톨라니*는 그의 저서 ≪돈, 뜨겁게 사랑하고 차갑게 다루어라≫에서 단기투자자를 '주식시장의 사기꾼'이라고 칭하며 독설을 퍼부었다.

"단기투자자는 미미한 주가 변동만을 이용하고자 한다. 시세의 정확한 움직임을 포착하기는 어렵다. 진지한 숙고도 하지 않고 전략도 짜지 않는다. 난 지금까지 80여 년간 증권계에 몸담아 왔지만, 장기적으로 성공한 단기투자자를 본 적이 없다."

여기에 더해 코스톨라니는 "증권사와 브로커들이 투자자들을 단기투자자로 만들기 위해 별의별 수단을 다 쓴다."라고 말했다. 많은 투자자가 주식투자로 돈을 벌 수 있다는 사실만 생각한다. 주식투자가 어려운 이유는 이처럼 뇌동 매매를 부추기는 환경 속에 우리가 살고 있기 때문이다.

애플, 넷플릭스, 삼성전자 등 글로벌 기업의 상장 초기에 이들 종목을 매수한 후 중도에 매도하지 않고 장기 보유한 투자자들은 모두 대박 수익을 거뒀다. 이렇게 우상향하는 종목에 베팅한 투자자들은 주가도 오르고 배당도 받아 '일석이조'의 수익을 얻는다. 이런 경우는 플러스 섬Plus-sum 게임이라 할 수 있다.

팔고 싶은 마음을 조절하고 사고 싶은 마음을 절제하는 것, 이것이 투자의 시작과 끝이다. 일시적으로 벌었다면 그것은 운일 수 있다. 나아가 지속적으로 수익을 내고 있다면 더는 운이 아니고 실력이라 할 것이다.

몇 달 전 어느 후배와 주식투자 관련 얘기를 나눴다. 그에게 자신이 보유하고 있는 종목들의 매수 이유를 묻자, 다음과 같이 답했다. "누가 좋다고 하길래 매수했어요." 시간이 흐르고 후배가 매수했던 종목들이 조금 하락했기에 그 종목들을 아직도 보유하고 있는지 물었다.

"처음엔 그냥 보유하려고 했는데, 사고 싶은 종목이 있어서 팔았어요."

매일 요동치는 시장에서 힘들게 번 돈을 투자한 주식 계좌가 출렁거리는데, 이를 감당하기는 쉬운 일이 아니다. 그렇다고 하루하루 시황에 따라 개별 종목의 매수와 매도를 반복하면 손실만 커질 뿐이다. 시스템화된 단타를 통해 수익을 내는 사람은 0.01%에 불과하다. 나는 단타 고수가 수천 억대 주식 부자가 된 경우를 본 적이 없다.

투자 대상은 현재 저평가된 종목 또는 미래가치 대비 저평가가 될 종목이어야 한다. 그런데 모멘텀 또는 차익 투자는 그 변동성의 방향을 맞추기 어렵기 때문에 소수만 승리하는 방식이다. 모멘텀 투자 등에 재능이 있는 투자자가 아니라면 섣불리 접근하지 않는 것이 좋다. 본질 가치 대비 저평가 종목을 매수하는 투자자만이 등락이 심한 투자시장에서 길을 잃지 않고 살아남을 수 있다고 생각한다.

당신의 주식 매매 게임이 플러스 게임인지 아니면 정부와 증권사만 좋은 일 시키는 논플러스Non-Plus 게임인지를 고민해보기 바란다.

3장

언제까지
탐욕과 공포에
휘둘릴 것인가

투자의 1원칙 : 절대 돈을 잃지 말라.
투자의 2원칙 : 절대 돈을 잃어서는 안 된다는 투자의 1원칙을 절대 잊지 말라.
워런 버핏 Warren Buffett

절약하고 저축하여 그 자금을 최고의 수익률로 불려라. 무엇보다 참고 또 참아
오래 엎드려 있어라. 기회가 올 때까지 기다리는 사람은 달콤한 열매를 얻는다.
존 템플턴 John Templeton

아무리 경제가 안 좋아도 오르는 종목은 오른다.

인생은 방향과 선택이다. 뭐든 남과 다르게 하고 연구하고 실천하면 부자
가 된다.

아무리 바람이 불어도 실적이 좋아지는 회사는 주가가 올라간다.

내 노동으로만 재산을 모으려면 힘이 든다. 돈을 좇지 말고 가치를 믿자.

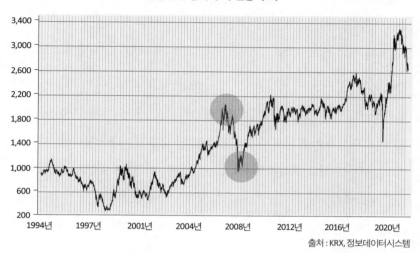

금융위기 당시 주가 변동 추이

출처 : KRX, 정보데이터시스템

리먼브라더스 사태가 추억 속의 사건이 된 지 오래다. 당시 많은 주식투자자들은 엄청난 고통을 받았다. 나 또한 깡통 계좌로 눈물을 흘린 아픈 기억이 있다. 여의도 고수 부지에서 대낮부터 음주를 하고 있으면 "당신도 주식투자를 했느냐?"는 질문을 들었다는 쓰라린 이야기가 전해진다. 리먼브라더스 사태로 촉발된 세계 금융위기로 우리 주식시장은 공황 상태에 빠졌다. 코스피 지수가 10월 1일 1,453.40에서 같은 달 892.16으로 무려 38.6%가 빠진 것이다. 대부분의 종목이 52주 최저가를 기록했다. 거의 매일 주가가 내려갔다. 신용계좌는 담보 부족으로 강제 반대매매를 당하고, 이는 주가 하락으로 이어졌다. 연일 주가 하락이 계속되며 시장의 공포는 극대화되었다.

공포의 사이드카가 10월 한 달에만 무려 22번 발동되었다. 사이드카는 선물가격이 전일 종가 대비 5% 이상코스피는 6% 이상 상승 또는 하락해 1분간 지속될 때 발동하며, 일단 발동되면 발동 시부터 주식시장 프로그램 매매호가의 효력이 5분간 정지된다.

여기에 더해, 당시 지수 10% 이상 하락으로 서킷 브레이커까지 발동되었으니 주식투자자들의 공포감이 얼마나 컸을지 실감이 된다. 이때 하락장에서 매수·매도를 반복하지 않았다면 시간이 흐른 후에는 대부분의 종목이 원상태로 복구되어 투자자의 손실이 크지 않았을 것이다. 냉철한 이성을 가지고 투자하지 않으면 리먼브라더스 사태와 같은 위기가 닥쳤을 때 마찬가지로 뇌동 매매하여 위기를 자초할 수 있다. 이런 공포의 역사에서 깨달음을 얻지 못하면, 코로나19 팬데믹으로 인한 주가 하락 국면에서 다시 한번 절망에 빠질 수 있음을 우리는 배웠다.

탐욕과 공포의 결말은 비극이다

주식시장에서는 언제나 탐욕과 공포가 광기처럼 발생하고 있다. 그렇기에 막대한 부를 쌓은 사람이 있는 반면에, 어떤 이는 그 광기에 자신이 가진 모든 것을 잃고 나락으로 떨어져 절망에 빠지기도 한다. 단순히 투자자가 뼈빠지게 모은 재산을 잃게 할 뿐만 아니라 가족, 인간관계 등 자신이 이룬 모든 것으로부터 버림받게도 한다. 주식시장은 정말 무서운 곳이다. 주식시장은 무한한 부의 기회가 있는 땅인 동시에, 인생을 저당 잡히고 지옥에서 살게 만들 수도 있는 곳임을 반드시 명심해야 한다.

뉴턴의 남해 투자

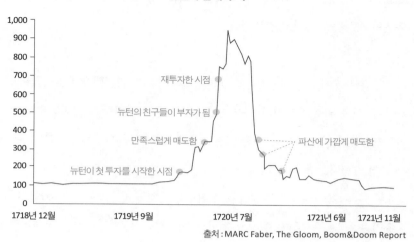

재투자한 시점

뉴턴의 친구들이 부자가 됨

만족스럽게 매도함

파산에 가깝게 매도함

뉴턴이 첫 투자를 시작한 시점

출처 : MARC Faber, The Gloom, Boom&Doom Report

만유인력의 법칙을 발견한 뉴턴은 영국의 물리학자·천문학자·수학자이
자 근대 이론과학의 선구자이다. 온갖 자기계발서 등에 자주 인용되는 "내
가 더 멀리 보았다면 이는 거인들의 어깨 위에 올라서 있었기 때문이다."라
는 문장이 바로 뉴턴의 말이다.

뉴턴은 1719년 무렵부터 영국 남해South Sea 주식에 투자하였다. 그리고 어
느 정도 수익을 내고 주식을 매도한다. 그러나 그가 주식을 처분한 이후에도
남해 주가는 계속 상승했다. 동료들이 부를 쌓는 걸 지켜보던 뉴턴은 무척
배가 아팠다. 자신의 매도 판단이 잘못된 것으로 느껴졌다.

주식 처분 이후에도 주가가 계속 오르자 그는 더 높은 가격에 재매수를
시작한다. 전 재산을 쏟아붓고도 모자라 일부는 지인들에게 빌렸다. 기회비
용을 만회하기 위해 몰빵을 하였다. 그러나 주가가 끝없이 폭락하자 그는 공

포를 느꼈다. 결국에 그는 남해 주식을 손절하였다. 뉴턴은 남해 투자로 대부분의 재산을 잃었다고 전해진다.

뉴턴의 일화에서 우리는 인간의 비이성적 투자 행위인 '탐욕과 공포'를 발견할 수 있다. 위대한 과학자인 뉴턴 또한 훌륭한 투자자들이 이뤄놓은 기반인 '거인의 어깨' 위에서 투자를 결정하지 못했다. 투자 실패 후 뉴턴은 다음과 같이 말했다.

"나는 천체의 움직임을 측정할 수 있어도 인간의 광기는 측정할 수 없었다."

우리가 하는 주식투자 행위가 얼마나 비이성적일 수 있는지를 일깨워주는 일화이다.

안티와 찬티, 인간군상을 경험하다

네이버 종목 토론방에 가면 인간의 탐욕과 공포의 가증스러운 민낯들을 고스란히 목격할 수 있다. 그곳의 글들에 곧이곧대로 믿음이 가고 흔들린다면 당신은 '주식 초보자'라고 할 수 있을 것이다. 만약 투자를 한 지 오래됐는데도 그 글들에 하염없이 흔들린다면 당신은 '하수'이다. 자신의 투자 실력이 하수라면 뇌동 매매로 실패할 가능성이 높으니 절대로 그 글들을 보지 말기를 권한다.

'사면 찬티, 팔면 안티.' 하루에도 단타를 수십 번 치는지 얄팍하게 행동하는 이도 매우 많다. 그중에서도 최악의 경우를 보았다. 하루에도 수십 번 온갖 저주와 독설 글을 올리던 사람이었는데, 해당 종목이 거래정지되자 다음과 같은 내용의 글을 올렸다.

"미안합니다. 저 전 재산을 여기에다 몰빵했어요. 어떡하면 좋아요."

댓글들은 하나같이 '너무 잘됐다'는 조소로 가득했다. 그 역시 주주였는데 왜 그리 악담과 저주의 글들을 올렸던 것일까? 아마도 개미들이 떨어져 나가야 세력이 주가를 올릴 것이란 맹목적인 믿음 때문이었을 것이다. 자신이 투자하는 회사에 대한 공부를 하지 않고 무조건적인 찬티와 안티를 반복하는 개미들이 너무나도 많다. 얄팍한 술수로는 그 자리에 머무를 수밖에 없다. 심지어는 나락으로 떨어질 수도 있다.

나는 주식시장이 투자시장이면서도 투기시장이라고 생각한다. 그 이유는 주식투자의 대상인 기업의 본질 가치보다 과도하게 하락하기도 하고, 그 가치보다 지나치게 상승하기도 하기 때문이다. 그래서 텐배거를 달성했던 주식이 고점의 1/10로 하락하는 경우도 다반사다.

시장에 참여하는 사람들 중 일부는 머리에 총을 겨누어 방아쇠를 당기는 목숨을 건 게임인 러시안룰렛형 주식투자를 하고 있다. 러시안룰렛은 19세기 제정 러시아 시대에 감옥에서 교도관들이 죄수에게 강제로 시킨 뒤 누가 죽을지 내기한 데서 비롯된 게임이다. 죽음의 게임이다. 매일 급등주와 테마주에 투자하며 시장 변동에 손절을 계속하다 목숨과도 같은 재산을 날리고 있다.

심지어 어떤 사람은 겁쟁이 게임으로 불리는 치킨게임chicken game에 임하는 것처럼 주식투자를 한다. 두 사람이 자동차를 타고 서로 정면으로 달린다. 어느 양쪽이 피하지 않고 계속 달린다면 모두 죽게 된다. 투자의 본질을 외면한 채 오로지 극단적인 게임을 하는 투자자가 의외로 많다. 정말 걱정이 많이 된다. 우리는 투기시장과 투자시장 중 하나를 반드시 선택해야 한다. 그리고 선택은 자유다. 어디에 머무를 것인가?

송이버섯 나는 곳을 자녀에게 알려주지 않는 이유

자연산 송이버섯은 귀한 몸값을 자랑한다. 그래서 송이버섯 나는 밭은 자녀에게도 알려주지 않는다고 한다. 왜 그럴까? 예전에 나는 '권력 앞에 부모 자식도 없는 것'처럼 "돈 앞에 부모 자식도 없구나!" 단순히 이렇게 생각했다. 그러나 최근에는 이에 대한 생각이 많이 바뀌었다. 자녀가 친구들에게 송이버섯 밭의 비밀을 얘기했다가 주변 유혹에 넘어가 송이버섯을 훔쳐 유흥에 쓰거나, 송이버섯 밭의 위치가 소문나 그 귀한 송이버섯을 하룻밤 사이에 도둑맞을 수도 있겠다 싶어서다.

몇 대째 내려오는 원조 식당의 사장님이 음식 비법을 혼자만 알고 본인 죽기 전에야 알려주는 건 왜일까? 자녀가 그 비법을 듣고 혼자 장사를 하다 부모나 스승보다 잘해 보려는 욕심에 맛을 변화시키거나, 돈 때문에 자식들 간에 사이가 틀어질 수도 있기 때문이다. 신당동 떡볶이의 원조로 알려진 마복

림 할머니는 "우리 떡볶이 고추장 맛의 비결은 며느리도 모른다."라는 CF 대사로 유명했다. 그녀 또한 돌아가시기 얼마 전에야 고추장 비법을 며느리와 딸에게 전수했다고 한다.

주식투자에 있어서도 마찬가지다. 하루에도 등락이 심한 변동성에 이를 감당하지 못하는 개미 투자자들이 너무나도 많다. 오르면 계속 오를 것 같고, 내리면 계속 내릴 것 같다. 투자가 괴롭게만 느껴진다. 평정심을 갖고 원칙을 지키는 것이 너무 어렵다. 자신만의 원칙과 기준이 있어야 한다. 이걸 못하겠다면 절대로 투자해서는 안 된다.

겁먹은 돈, 공포 먹은 돈으로는 이길 수 없다

어떤 부자가 타국으로 먼 길을 떠나게 되었다. 하인 세 사람을 불렀다. 부자는 각자의 능력에 맞도록 재산을 맡겼다. 한 사람에게는 5달란트를 주고, 다른 한 사람에게는 2달란트를 주었다. 마지막 한 사람에게는 1달란트를 주었다. 5달란트를 받은 사람은 10달란트로, 2달란트를 받은 사람은 4달란트로 장사를 하여 불렸다. 그런데 1달란트를 받은 하인은 "혹시 1달란트를 잃어버리면 어떻게 하나?" 하고 불안한 생각에 아무것도 하지 않고 밭에 이를 묻었다. 이윽고 주인이 돌아와 재산을 두 배로 불린 하인들을 칭찬하며 상을 내렸다. 그러나 1달란트를 받은 하인에게는 "악하고 게으른 종"이라 말하며

잠깐 상식

달란트 비유 가지고 있
는 재산을 잃는 것이 두
려워 안 쓰고 안 먹고 모
으기만 하는 현상. 과감
하게 리스크를 무릅쓰고
행동으로 옮기는 것이 성
공에 이르는 가장 좋은
방법임을 비유하는 성경
의 이야기.

그를 책망하고 달란트마저 빼앗아 바깥 어두운 곳으
로 내쫓았다.

성경에 나오는 유명한 '달란트 비유'*의 내용이다.
1달란트를 가진 종은 왜 돈을 땅에 묻었을까? 돈을
잃을까 봐 겁이 났기 때문이다.

돈은 우리 삶의 현실적인 문제와 연결되어 있다. 하
고 싶은 일이 있는데 돈 때문에 도전하지 못하는 경
우가 너무 많다. 돈이 우리의 행복에 큰 영향을 미칠 수밖에 없는 이유다. 우
리가 하는 활동 전부가 경제 행위다. 사람은 돈 때문에 웃고 돈 때문에 울게
된다.

당연히 돈을 잃는 데 대해 두려움이 클 수밖에 없다. 돈을 잃는 것도 무섭
고, 갑자기 돈이 생기는 것도 무섭게 느껴진다. 그래서 새로운 도전은 익숙하
지 않은 것이 된다. 누구나 마찬가지겠지만, 처음 주식투자할 때 '돈을 잃은
상실감'은 엄청난 공포로 다가온다. 한두 번 도전했다 잃고 나면 주식투자는
거들떠도 안 보게 되는 이유다.

투자의 성과란 곧바로 나올 수 있는 것이 아니다. 그런데도 돈을 잃을까 두
려워 아예 주식투자를 안 하는 건 부자가 될 수 있는 길을 원천적으로 봉쇄
하는 것과 같다. 너무나 많은 가능성을 사라지게 한다. 안타까운 일이다. 투
자 대상을 제대로 볼 줄 아는 안목만 있으면 기대 이상의 성과를 얻을 가능
성이 충분하다. 어렵지 않다.

나는 주식투자에 내 모든 것을 걸었다. 우리는 "여유자금으로 투자해야 한다."는 말을 많이 듣는다. 그러나 나는 은행 대출을 활용해 적극적으로 주식투자를 하였다. 게다가 주식 신용·융자와 담보대출까지 받아 투자하였기 때문에 스트레스를 많이 받았다. 매수한 종목의 주가가 하락하면 손실이 커질 수 있으므로 종목 선정에 있어 엄청난 에너지를 쏟아 투자를 하였다.

나의 투자엔 굉장한 용기가 필요했다. 그렇게 도전했기 때문에 성취하게 된 것이다. 주식투자로 돈을 벌며 주위 사람들에게도 주식투자를 권했다. 형제자매를 비롯해 주변 사람들이 같이 부자가 되면 얼마나 좋을까 하는 생각을 했다. 그래서 같이 근무하는 친한 동료에게도 주식투자를 권하고 종목을 추천하곤 했다. 다수는 함께 매수했던 종목이 올라 경제적 여유가 생긴 사람도 꽤 있다. 그러나 몇몇은 두려움을 못 이기고 주식투자를 그만두었다. 매수한 종목의 가격이 떨어질 때면 손실을 보고 있다는 공포감을 견디기가 힘들었던 것이다.

이런 공포감은 당연한 것이다. 투자 근육이 붙고 단단해지면 하루하루 등락에 신경이 덜 쓰이게 된다. 나만의 원칙과 기준을 확고히 하면 주가가 빠져도 전혀 괴롭지 않게 된다.

당신도 필패의 경로에 갇혀있지 않은가

전에 했던 방법이 잘못됐으면 바꿔야 한다. 그러나 현실에서는 변하는 것도, 자신의 잘못을 고치는 것도 여간해서 쉽지 않다.

이런 말들을 들어봤을 것이다.

"사람은 고쳐 쓰는 것 아니다."

"저 사람 변한 것 보니 죽을 때가 됐나 보다."

죽을 때나 되어야 사람이 바뀐다 할 정도로 변화란 어려운 것이다.

사업에서 한번 실패한 사람은 다음 사업에서 또 실패하는 경향이 있다. 왜 실패했는지 분석해야 개선이 된다. 주식투자에서 계속 실패하는 사람 대부분은 '급등주'와 '테마주' 때문에 실패한다. 그런데도 투자를 다시 시작하면 또 급등주나 테마주를 찾는다. 왜냐하면 그것이 너무나 달콤하기 때문이다. 순식간에 20%, 30% 오르기 때문에 지루할 틈이 없다. 가끔은 흥분되고 짜릿한 느낌마저 든다. 급등주나 테마주 매매에 중독되면 다른 방식의 매매를 하기가 쉽지 않다.

같은 방법을 계속 사용하였는데 손실이 큰 상태라면 자신의 문제점을 개선해야 한다. 사실 커다란 문제들은 어느 하나가 잘못되어 발생하는 것이 아니다.

1:10:100의 법칙이라는 게 있다. 기업 경영과 관련해 나온 말이다. 어떤 제품의 불량이 생길 경우 즉각적으로 고치는 데에는 1의 원가가 들어간다. 그

러나 책임 소재나 문책 등의 이유로 이를 숨기고 그대로 외부로 나가면 10의 원가가 들며, 이것이 소비자의 손에 들어가 클레임이 발생하게 되면 100의 원가가 든다는 법칙이다.

국내 굴지의 대기업인 삼성전자도 과거 반도체나 디스플레이 불량으로 인해 고객에게 천문학적인 배상을 하고 적자로 전환된 사례가 있었다. 내부의 문제를 즉각적으로 개선하지 않으면 나중에 그 여파는 감당할 수 없을 만큼 크게 나타나는 법이다.

하나의 투자 실패를 분석하면 다른 사람을 무작정 따라 하는 '군중심리', 근거와 이유 없이 자신이 맞다고 믿는 '확증편향', 비합리적인 선택을 하는 '손실 회피' 등의 문제가 복합적으로 발생했음을 알 수 있다. 다시 말해 주식 투자에 실패하는 사람은 어떤 한 가지 문제 때문에 잃은 것이 아니다. 사소한 문제들이 하나하나 모여 '큰 실패'로 이어진 것이다.

너무나도 무서운 주식 트라우마

"두 번 이상 파산하지 않은 사람은 투자자로 불릴 자격이 없다."

앙드레 코스톨라니가 주식투자 실패와 관련하여 한 말이다. 나는 세 번이나 주식투자에 실패했으니 '투자자'로 불릴 자격이 있는 것일까.

버블과 폭락의 역사 속에서 우리 주식시장에서도 많은 개미들이 사라져갔다.

1990년 금융주가 폭락하는 등 버블경제 호황의 붕괴로 많은 사람들이 깡통을 찼다. 1997년 IMF 외환위기와 2001년 IT 버블 폭락으로 많은 투자자들이 거리에 나 앉았다. 2008년 글로벌 금융위기 때도 많은 개인 투자자들이 파산하였다. 그리고 2020년 코로나 팬데믹에 따른 주식시장의 급격한 붕괴로 적지 않은 개미들이 주식시장에서 퇴출되었다. 그러다 보니 거의 한 집 걸러 한 집 꼴로 부모나 삼촌, 지인 등의 주식투자 실패가 엄청난 트라우마로 남아 있다. 내 지인의 아버지도 주식투자에 실패했다. 그래서 그의 어머니는 주식투자를 하면 망한다며 "아빠처럼 될라, 너는 절대 주식투자하지 마라. 주식투자하면 너 죽고 나 죽자."라고 말했다고 한다.

어느 날 출장 갈 일이 있어 택시를 타고 가다 기사님과 주식투자 얘기를 나눴다.

"기사님, 혹시 주식투자하세요?"

"예전에 했는데 지금은 안 해요. 리먼브라더스 사태 때 죽마고우가 좋다고 해서 주식을 샀다가 망했어요. 은행에서 와이프 몰래 1억 원을 빌려 투자했는데 쫄딱 망했어요."

"기사님, 그때 손해 보고 안 팔았으면 얼마 있다가 바로 주식이 올라 괜찮았을 텐데요."

"마누라가 지금이라도 팔라고 들볶는데 안 팔 수 없었죠."

그의 아내는 매일 밤 더 손해 보기 전에 매도하라며, 그를 잠도 못 자게 했다고 한다. 그는 어쩔 수 없이 매도했다고 한다.

"혹시 어떤 종목 매수했는지 기억 안 나세요?"

"친구가 사라는 종목 사서 전혀 기억이 안 나요."

"당시 투자를 권유한 친구 분은 어떻게 됐나요?"

"그 친구는 주식투자를 계속해 더 크게 망했는데 어디로 갔는지 전혀 연락이 되지 않네요."

그는 수년 동안 빚을 갚느라 고생했다고 한다. 한숨 쉬며 다음과 같이 말했다.

"내 자식들은 다행이에요. 주식투자를 전혀 안 해요. 내 마누라가 주식투자하면 망하는 거라고 해서요."

우리나라 사람 대부분이 주식투자 실패의 영향을 직간접적으로 받고 있다. 그래서 주식투자에 대하여 공포를 느끼는 사람들이 너무나도 많다.

인터넷에는 다음과 같은 글들도 있다.

"남자 친구가 주식을 해요. 헤어져야 할까요? 내 생각에 주식투자는 도박인 것 같아요 어쩌면 좋을까요?"

"남편 몰래 주식투자했다가 날렸어요."

"아내 몰래 대출받아 주식투자를 했는데 손실이 커요."

왜 주식투자에 실패할까? 주식투자에 대해 잘못 생각하고 잘못 배웠기 때문이다.

'기업의 생산 활동을 통하여 이익을 추구하는 것'이 투자라면, 투기는 '기업의 실적과 관련 없이 매매 차익을 통한 수익'을 도모하는 것이다. 혹자는 내가 하면 투자, 남이 하면 투기로 생각하기도 한다. 투기로 생각하는 사람들의 주식투자에 대한 시선은 냉소적일 수밖에 없다. 왜냐하면 가치보다 높이 매수한 주식을 더 높은 가격에 다른 사람에게 떠넘기려 하고 있기 때문이다. 주식투자 행위가 건전해 보일 리가 없다.

가족의 주식 투기로 돈을 크게 잃고, 그 트라우마로 주식투자에 대해 부정적인 인식을 갖게 된 경우가 많다. 주식투자를 통한 재산 증식의 기회를 원천봉쇄할 뿐 아니라 주변인에 대한 투자까지도 부정적으로 바라본다. 실패가 불신을 부르며 많은 사람이 여전히 주식투자를 '도박 중독'과 같은 급으로 생각하는 것이 안타까운 현실이다.

4장

개미를 필패로 이끄는 위험한 투자계명 10가지

황소도 돈을 벌고 곰도 돈을 벌지만 돼지는 돈을 벌지 못한다.
월가 격언

대부분 투자자들은 더 이상 보유하고 싶지 않지만
다른 이유 없이 오로지 '최소한 본전은 건질 수 있을 때까지 보유하겠다.'는
종목에서 늘 치명적인 손실을 입는다.
필립 피셔 Philip Fisher

실수와 실패는 재산이다. 내 경험으로만 배우면 성장에 한계가 있다. 내 실패와 다른 사람의 실패를 모아 참고해야 한다. 잘못된 일을 되풀이하면 안 된다. 투자도 마찬가지다. 반성은 하되 후회하지 말자.

그렇다면 실수와 실패는 어디서 일어나는가? 개인 투자자가 특정 상황에서 판단 착오를 하거나 장기적 안목 또는 분석력이 부족해 발생한 측면이 많다. 이번 장에서는 우리가 잘못 알고 있는 투자 격언들에 관해 이야기해보려

한다. 흔히 회자되고, 심지어 절대적인 투자 금언으로까지 여겨지곤 하지만 실제로는 개미를 배신하는 조언들이 많다. 대부분의 개미 투자자들이 이와 같은 일종의 투자 계명에 따라 투자시장에 뛰어들었다가 실패를 맛본다. 나 또한 마찬가지였다.

혹시 지금부터 이야기할 계명 중 아무런 의심 없이 무작정 따르고 있는 것은 없는지 살펴보자. 다시 말하건대, 후회할 필요는 없다. 이제까지 당신을 실패로 이끌어온 머릿속 관념들을 하나씩 다르게 생각해보면 된다. 그런 다음, 우리의 투자를 승리로 이끌 철학과 방식을 정립하면 되는 것이다.

세력은 없다

직장 후배가 나에게 요즘 투자하는 종목이 있냐고 묻는다. 그래서 현재 투자하는 종목들을 말해줬다. 어차피 투자는 자신의 책임 하에 하는 것이고, 종목을 알려준다 해도 주식시장에는 플러스섬 법칙이 적용된다고 생각하기 때문에 쉽게 알려주곤 한다. 그러자 특정 종목에 관심을 보이며 그가 말했다.

"거기에 세력이 들어가 있나요?" 그의 물음에 말문이 막혔다.

"세력? 세력이 들어가 있느냐고? 그걸 어떻게 알지?"

"주가가 오르려면 세력이 있어야 한다고 하던데, 세력이 없으면 절대 오르지 않는다고요."

그가 말하는 세력은 작전 세력일 것이다. 나는 세력을 모른다. 다만 그 세력이라는 것이 기관 투자자일수도 있고, 외국인일 수도 있다는 생각은 한다. 돈 많은 개인 투자자일 수도 있다. 주식투자에 있어 가격은 수요가 공급을 만나 결정된다. '사자'가 많으면 가격이 오르고 '팔자'가 많으면 가격이 떨어진다.

1994년에는 44일 연속 상한가를 기록한 부광약품 주가조작 사건이 있었다. 그리고 1998년도에는 대주주가 '냉각캔'을 발명했다고 발표해 주가조작을 한 사건이 있었다. 해당 종목은 두 달도 되지 않아 8배 이상 급등했다. 2007년에는 루보 주가조작 사건이 있었다. 루보의 주가는 900원에서 51,400원까지 급등했다. 항상 막차를 탄 선량한 개인 투자자들만 피해를 입었다. 2007년에는 자원주에 대한 주가 조작으로 뉴스 지면이 떠들썩했다.

이는 최근이라고 다르지 않다. 지인 중 한 사람은 이름이 잘 알려지지 않은 바이오 진단키트 테마주에 투자했다고 한다. 그런데 그 기업은 실제 판매도 되고 있지 않은 코로나 진단키트를 과대 포장 홍보하여 3천 원이던 주식이 2만 8천 원까지 급등하였다. 문제는 해당 종목에 세력이 들어갔으니, 실적과는 상관없이 더 상승할 것이라고 다들 믿었다는 점이다. 카카오 단톡방에서는 일부 바람잡이들이 "세력이 포착이 되었다."라는 달콤한 유혹으로 개미들의 눈을 멀게 하고 귀를 닫게 하였다. 하지만 그렇게도 고대하던 세력들은 사실상 존재하지 않았고 해당 종목의 주가는 1/10 토막이 났다. 여전히 주주 간 소송전이 발생하는 등 내홍에 시달리고 있으며, 피해를 입은 개미들은 피눈물을 흘리고 있다.

이처럼 그간 우리나라 주식시장에 음흉한 시선이 있었던 것은 사실이다. 많은 개미 투자자들이 아직도 테마주나 작전주에 투자해 고점에서 주식을 팔고 나오겠다는 생각을 하고 있어 걱정이 많이 된다.

"세력이 돈을 들고 오는 차트다." 이런 말을 하는 사람들도 있다. 만약 실제로 돈이 들어오는 차트이고 그런 차트를 100% 알 수 있다면 왜 그들은 방송에서 차트 강의를 하는 걸까?

"주식투자는 횡재수"라거나 "주식으로 돈 벌었으니 한 턱 쏘라."는 말은 투자 수익을 요행이나 불로소득으로 여기는 얄은 생각에서 하는 소리다. 어떤 투자자가 타인의 주식투자에 관해 그런 말을 한다면, 자신의 투자도 그렇게 한다고 볼 수밖에 없다. 어찌 사업과 투자를 운으로 한다는 말인가. 만에 하나 아직도 작전 세력이 있을 법한 종목을 찾아 투자하려 한다면 정말 위험한 투자관을 가지고 있는 것이다.

이처럼 '개미는 실패가 확실한 투자자'일 수밖에 없는 패배주의가 시장에 만연해 있다. 증권사 직원, 애널리스트, 펀드매니저 등 업계 전문가라고 해서 반드시 주식투자에 성공하는 것은 아니다. 반대로 주식투자로 성공한 슈퍼 개미들도 많다. 핵심은 자신만의 투자 철학과 분명한 매매 전략을 가지는 것이다. 그러면 누구든지 주식투자로 성공할 수 있다고 확신한다.

내 주식에 가치를 매기는 건 나 자신이다

"낮은 가격에 사려고 깔아 놨는데 내가 사려는 '호가'까지 못 와 더 매수를 못했어요." 주식에 입문한 지 꽤 오래된 개인 투자자들도 하는 소리다. 그들에게 이렇게 묻고 싶다.

"올라갈 것으로 예상되는 좋은 종목으로 생각한다면서 낮은 가격으로만 매수하려고 하면, 도대체 누가 그 주식을 높은 가격에 사줄까요?"

너무 비싸게 사는 것을 피하고 싶다면, 아래 호가에서 한 번 샀으면 위 호가에서도 한 번 사주면 어떨까 싶다. 내가 매수한 주식을 나도 위에서 안 사는데 도대체 누가 위에서 사줄까. 내가 사는 주식의 가치는 내가 가치를 매기는 것이다. 한편 나는 너무나 저평가된 종목을 찾으면 분할매수하지 않는다. 당일 다 산다. 이렇게 하면 투자에 여유가 생긴다.

투자계명의 배신 ❶ 기관과 외국인 투자자를 따라 하라

나도 초보 투자자일 때 기관과 외국인이 투자하는 종목을 따라 하려고 노력했다. 그런데 기관과 외국인의 투자 패턴이 일정하지 않았다. 연속적으로 순매수를 하다 순식간에 순매도로 바뀐 경우도 많았다. 그들 역시 손실을 보는 경우 또한 적지 않았다.

　대세 상승인 종목을 보면 기관과 외국인도 의외로 조기 탈락하는 경우가 많다. '주식, 무작정 따라 하기'란 콘셉트의 책도 있지만, 무작정 따라 하다가는 큰일 난다. 기관과 외국인들 또한 초단기투자를 지향하기 때문이다. 수급은 참고만 해도 좋을 듯하다. 개인 투자자들이 기관과 외인에 당하지 않는 길은 중심을 잡고 투자하는 것이라고 말하고 싶다.

　실례로 2021년 가장 핫이슈였던 2차 전지 소재주 에코프로비엠의 경우,

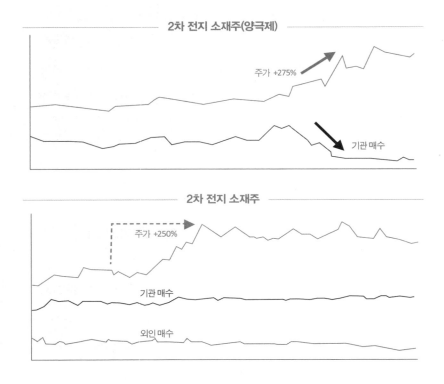

기관 투자자들은 20만 원 대부터 이익 실현을 하였고 보유 수량이 급감하였다. 개인과 외인 매수를 통해 해당 종목은 최종적으로 55만 원까지 상승하였다. 또 다른 종목 역시 기관·외인의 뚜렷한 매수세가 없음에도 지속 상승하여 주가가 250%까지 오르는 모습을 보였다. 모두 각자의 입장에서 분석하겠지만, 매수 주체가 누구인지가 종목의 가치를 결정짓지는 않는다. 기관 및 외인의 수급을 분석할 시간이면 해당 종목이 저평가되었는지 아닌지에 관해 좀 더 분석하고, 본인의 투자가 틀리지 않았음을 확신하는 것이 성공 투자의 지름길이다.

투자계명의 배신 ❷ 우량주를 매수하라

혼히들 '우량주' 하면 해당 산업에서 가장 시장점유율Market Share이 높고, 시가총액이 높은 기업을 떠올리곤 한다. 다들 입을 모아 우량주를 사라고 하지만, 무조건적인 우량주 매수는 다음과 같은 점에서 큰 맹점을 지닌다.

첫째, 성숙 산업에서의 우량주는 성장성이 떨어진다. 기계, 철강, 유통 등 경쟁이 치열하고 마진이 박한 산업은 우량주라 해도 영업이익이 매년 급증하는 패턴을 보일 수가 없다. 이미 기술적으로 대중화된 산업이라 저가 마진으로 들어오는 신규 업체가 지속 증가하기 때문에 점유율 1위 기업도 현 추세를 유지하기에 급급하다. 따라서 미래의 기업 가치를 우선시하는 주식시장에서 성숙 산업의 우량주 매수는 손실의 최소화만 막아줄 뿐 자산 증식에 적합하지 않다.

둘째, 성장 산업에서의 우량주조차도 물적 분할 리스크가 항상 존재한다. 2차 전지를 예로 들면 LG화학에서 배터리 사업부를 분할해 LG에너지 솔루션을 신설하고, SK이노베이션에서 배터리 사업부를 분할해 SK온을 신설하는 등 알짜배기 회사의 분할 상장은 대부분 대기업에서 발생하고 있다. 그런데 개인들은 어떠했는가? 2차 전지 우량주라는 이유로 상승 막바지에 LG화학과 SK이노베이션을 매수했다가 물적 분할에 따른 기존 회사의 가치 하락 및 이에 따른 주가 하락으로 상심의 나날을 보내는 게 현실이다.

우량주를 매수했는데 왜 계속 떨어지냐고 하는 주변 사람들의 이야기를 아직도 듣는다. 매수 이유를 물어보면 단지 우량주라서 샀다고 한다. 주식투자에는 투자 이유와 근거가 있어야 한다. 이처럼 매수 이유가 소극적이고 방어적이라면 투자의 관점이 잘못되어 있는 것이다.

현재의 상황은 어제 투입된 결과이다. 내일은 어제와 오늘 무엇을 얼마나 많이 투입했냐의 결과일 것이다. 주식은 꿈을 먹고 산다. 내일 달라질 회사를 사야 한다. 혹시 오늘 매수한 주식이 과거와 현재에 우량한 것으로 생각되는 기업의 주식은 아닐까? 고민해봐야 한다.

투자계명의 배신 ❸ 장기투자하라

주식이 고점을 찍고 빠지고 있는데도 장기투자의 관점에서 보유하고 있는 사람이 있다. 무조건 장기투자하면 좋을까? 절대 아니다. 내 후배는 10여 년 전에 상상인을 샀다. 종전 이름은 텍셀네트컴이었다. 당시 천 원대에 매수했고, 주가가 3만 원을 넘겼다. 이후 주가는 하락하여 5천 원대까지 내려갔다. 지금은 주가가 9천 원대에 있다. 그는 말한다.

"무조건 장기 보유하면 좋은 것이라고 생각했어요."

사실 그가 팔지 못한 것은 목표 가격을 높게 잡은 이유도 있지만 매도를 결정하지 못해서도 있다. 많은 개미들이 무작정 장기투자하면 좋다고 생각하는데, 현실과는 맞지 않다.

투자계명의 배신 ❹ 분산투자하라

가장 위험한 투자가 분산투자하는 것이다. 진짜 이것은 주식투자를 망치겠다고 달려드는 것이다. 왜 이렇게까지 말하느냐 하면, 개미들 대부분이 종목 분석 없이 무작정 사는 방식으로 종목을 늘리기 때문이다. 자신을 보호해주리란 막연한 믿음에 의존해 분산투자하는 것이다. 이건 진짜 개인 투자자 대다수가 하는 실수이다. 소액으로 투자하는데 20개 넘는 종목을 가지고 있는 지인을 보았다. 무려 30종목 이상 가지고 있는 사람도 본 적이 있다. 주식투자로 수익 내길 포기한 것과 같다. 워런 버핏은 다음과 같이 말한다.

"기업 분석과 밸류에이션을 아는 사람이 분산투자를 한다는 것은 미친 짓을 저지르고 있는 것이다."

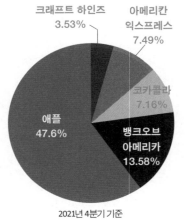

──── 워런 버핏의 버크셔 해서웨이 ────
보유 종목 TOP5

크래프트 하인즈
3.53%

아메리칸
익스프레스
7.49%

코카콜라
7.16%

애플
47.6%

뱅크오브
아메리카
13.58%

2021년 4분기 기준

기업들의 상승 가치를 분석해 1부터 100까지 상승 여력을 계산하여 100까지 상승할 종목을 발견하고, 이를 확신한다면 한 종목에 집중투자하는 것이 맞다. 종목 수를 늘려가는 것은 그만큼 확신이 없기 때문이라고 생각한다. 무작정 종목을 늘린다고 수익률이 올라갈까?

한편 분산투자를 하는 사람의 실수 중 하나가 기계적으로 포트폴리오를 구성하려 한다는 것이다. 예를 들어 90만 원의 자금으로 3종목을 운용한다면, 종목별 밸류에이션을 분석하여 비중을 달리 매수하여야 한다. 그럼에도 불구하고 대다수 사람들은 비중을 3분의 1씩 균등하게 나눠 매수하는 경향이 있다. 또 일부 종목을 매도할 경우에도 이를 기계적으로 맞춰 유지하려는 경향이 크다. 심리적 위안이 될지는 모르나, 분산투자로는 결코 내 수익을 담보할 수 없다.

투자계명의 배신 ❺ 소문에 사서 뉴스에 팔아라

뉴스만 나오면 발작처럼 매도를 누르는 개인 투자자들이 많다.

초단기투자자가 아니라면, 만약 현재 주가가 고점이 아닐 경우 관련 뉴스가 나온다고 해서 무조건 팔아서는 안 된다. 주가의 등락률에 민감하게 반응하기 시작하면 주식투자가 어려워진다.

작년에 있었던 일이다. 내가 2년 넘게 보유하고 있는 종목에 관해 친동생에게 알려줬다. 그런데 어느 날 수주 공시가 떴다. 그날 주가가 올랐다가 하락했다. 시간이 흐르고 주식투자를 화제로 얘기를 나누는데, 동생이 그날 수주 공시가 떠서 주식을 팔았다는 것이다. 내 지인 중 많은 이가 뉴스에 팔곤 한다. 뉴스의 성격에 따라 다르고 주가의 위치에 따라 다른 것이지, 뉴스가 나온다고 무조건 파는 것은 위험한 일이다.

투자계명의 배신 ❻ 손절가를 지켜라

어이없는 원칙이 손절가를 지키라는 것이다. 심하게는 하루 동안 등락률이 10%도 왔다 갔다 하는 것이 주식이다. 그런데 손절가를 2%, 7%로 정해 놓고 매매하라는 것은 매우 위험한 조언이다. 초단타나 스켈핑의 경우에 해당하는 것으로, 사실은 전문 투자자에게도 매우 어려운 영역이라는 생각이다. 테마주나 급등주에 투자하는 사람에게나 맞는 말이 아닐까. 손절매를 계속하다 원금까지 다 날릴 있는 것이 주식시장이다. (물론 애당초 급등주나 테마주를 추격 매수해서는 절대 안 된다.) 아무리 바닥에서 매수해도 20% 마이너스도 날 수 있는 곳인데, 일정 이상 빠진다고 손절매를 하면 정말로 계좌가 위험해진다. 몇 번의 손절매로 투자 자산이 50%로 쪼그라들었다면, 이를 만회하기 위해서는 100% 이상 수익을 봐야 한다. 점점 수익을 내고 본전을 찾기가 어려워지는 것이다.

증권 방송을 보면 주식 전문가가 종목을 '추천'한다. 예를 들면 매수가 37,000원, 1차 목표가 47,000원, 2차 목표가 57,000원, 손절가 34,000원 이런 식으로 말이다. 시황이 매일 요동치는데 조금 빠졌다고 손절하면 어떡하라는 말인가. 미래가 유망한 종목이라면 주가가 떨어졌을 때 더 사야 할 텐데, 오히려 빠지면 매도하라고 한다. 이런 식의 모멘텀 투자는 매우 위험하다.

투자계명의 배신 ❼ 여유 자금으로 투자하라

개인 투자자들이 투자에 실패하는 이유는 마음의 여유가 없기 때문이다. 심지어 여유 자금이 아니라 대출로 투자한 경우, 정말 여유를 가지고 투자하기 어려울 수 있다. 마음이 조급해지면 매수와 매도 결정을 제대로 내리지 못하게 되고, 그 결과 투자를 망치는 일이 비일비재하다. 이런 경우가 하도 잦다 보니 여유 자금으로만 투자하라는 말이 나온 것이다.

그러나 진짜 좋은 종목을 발굴했다면, 그 투자에 사용되는 레버리지는 나쁜 빚이 아니라 좋은 대출이 될 수 있다. 그럴 땐 신용이나 담보대출도 사용하자. 충분히 시뮬레이션해보고 상승 여력이 큰 종목일 경우라면 말이다. 무조건 신용이나 담보대출을 쓰지 않으려 하다가는 기회가 왔을 때 기회를 잡지 못하게 된다. 단, 이 방법은 진짜 기회가 왔을 때만 쓰자.

투자계명의 배신 ❽ 차트 매매를 배워라

많은 개미 투자자들이 차트 공부에 지나치게 올인한다. 실적이나 가치에 대한 분석보다는 기술적 분석에 치중하는 경향이 많다. 차트는 보조적 지표일 뿐 전부가 아니다. 투자하는 회사의 기본 분석에 치중하고 기술 분석은 보조 자료로 보기 시작한 후부터, 나는 좀 더 여유 있게 투자할 수 있게 되었다. 실제로 실적이 좋아지는 기업은 차트가 망가졌다가도 금세 추세가 살아나곤 했다. 무조건 차트를 무시하라는 건 아니다. 일정한 패턴으로 주가가 움직이는 종목들도 많기 때문이다. 그러나 차트에 너무 집중하다 보면 세월을 견뎌야 하는 종목에서 조기 하차할 수 있음을 명심해야 한다.

투자계명의 배신 ❾ 현금도 투자다

"무조건 현금은 30% 남겨두겠다."라는 식의 투자자가 꽤 있다. 기계적으로 원칙에 지나치게 집착하면 좋은 기회가 왔을 때 정작 놓칠 수 있다. 무조건적인 '현금 보유'는 좋은 전략이 아니다.

운명과도 같은 기업을 만났을 때는 모든 것을 거는 '올인' 전략도 좋다. 대세 상승하는 주식을 매수하지 않고, 일정 이상 현금을 가지고 있어야 한다는 원칙 때문에 놓친다면 안타까운 일이다.

현금 보유가 좋은 전략이 될 수 있는 건 하락장인 경우다. 특별히 보유하고 싶은 종목이 없을 때 역시 현금 보유가 좋은 전략이 될 수 있다. 돈만 생기면 무조건 종목을 매수하는 것 또한 매우 위험한 일이기 때문이다.

투자계명의 배신 ⑩ 분할매수, 분할매도하라

분할매수와 분할매도와 관련한 오해가 크다. 매일 조금씩 사는 것이 '분할매수'라고 생각한다. 자신의 투자 규모나 현 시세의 정도 등을 고려해 매수 전략을 짜야 하는데, 무조건 매일 조금씩 매수하면 분할매수라고 여기는 경향이 많다. 진짜 이건 나도 놀랐다. 매일 5~10% 올라가고 있는데, 투자 규모도 작은 사람이 수일에 걸쳐 분할매수를 하고 있었다. 심지어는 현재 주가가 너무 저평가라고 이야기하면서 말이다. 이는 문제가 있다.

분할매도도 마찬가지다. 오버 슈팅으로 분명 전량매도할 타이밍인데도 불구하고 매일 조금씩 매도하고 있다면 얼마나 답답한 일인가? 원샷 원킬하듯 전량매수·매도해야 할 때가 있고 조금씩 매수·매도해야 할 때가 있는 것이다.

우물 안 개구리

이 말은 넓은 세상을 알지 못하고 자기만 잘난 줄 아는 사람을 낮추는 말로 사용된다. 그런데 이 말의 영향이 너무나 커서일까?

많은 중소기업을 방문하여 기업을 진단하면서 느낀 점이 하나 있다. 그 회사의 문제는 그곳의 대표와 직원들이 가장 잘 아는데, 정작 사장은 엉뚱한 곳의 전문가를 초빙해 문제를 해결하려 하는 경우가 적지 않은 것이다. 자신들의 문제를 분명히 알고 있고 해결할 수도 있는데, 스스로를 믿지 못해 문제가 발생한 경우가 많았다.

주식투자를 하는 사람들은 또 어떤가? 나는 투자를 하며 많은 사람들을 만났는데 대다수가 자신이 잘 아는 분야가 아닌 전혀 다른 분야에 투자하고 있었다.

정저지와井中之蛙, '우물 안의 개구리'로 낮추어 생각할 것이 아니다. 누구라도 자신이 몸담고 있는 직업에 전문성을 가지고 깊이 연구한다면 그 분야에서는 자기가 최고가 될 수 있다는 뜻으로 생각해보자. 거기에 안주하지 않으며 교만하지 않고 깊이 연구한다면 말이다.

이것저것 조금씩 알지만 깊이 있게 모르는 '제너럴리스트'가 아니라, 한 분야라도 깊이 있게 아는 '스페셜리스트'가 필요하다.

자신이 직접 경험한 분야는 누구보다 본인이 가장 잘 안다.

몇 년 전 주식 스터디 모임에서 만난 이후, 관심사가 같아 지금까지도 친하게 지내는 분이 있다. 그는 반도체 가공업체OSAT에서 일하고 있다. 그런데 정작 투자는 자신의 전공과 전혀 다른 분야에만 하고 있었다. 그에게 "몸담고 있는 분야를 공부해 투자하면 좋지 않겠느냐?"고 물었다. 그러자 다음과 같은 답이 돌아왔다.

"첫째, 내가 일하고 있는 업종에 대해 좋아질 것으로 막연히 생각하고 있었는데 구체적으로 어떻게 투자와 연결할지 모르겠어요. 둘째, 혹시 내가 틀릴까 봐 불안한 마음이 들었어요."

관심 분야를 넓히면 넓힐수록 기회가 많이 올 것 같지만 현실에서는 전혀 그렇지 않다. 그가 모르는 업종에 투자하면 할수록 부정확도가 높아졌고, 수익은 마이너스를 기록할 뿐이었다. 최근 그의 수익률은 매우 좋다. 왜냐하면 그가 잘 아는 반도체 분야를 공부해 집중투자하고 있기 때문이다.

투자 대상은 멀리서 찾지 말고 잘 아는 분야에서 찾아야 한다.

5장

단순하게 봐야
진짜 '가치'가
보인다

하루 종일 일하는 사람은 돈 벌 시간이 없다.
존 데이비슨 록펠러 John Davison Rockfeller

실패에 대한 두려움이
무엇인가를 시도하지 못하는 이유가 되어서는 안 된다.
프레더릭 W. 스미스 Frederick W. Smith

주식투자에서 비극이 발생하는 이유는 자기가 산 가격을 기준으로 생각하기 때문이다. 그보다는 앞으로 좋아질 회사인지 아닌지가 중요하다. 겨울이 가고 봄은 반드시 온다. 어리석은 사람들은 혹독한 겨울이 계속될 것이라 생각한다. 어떤 경우에도 흔들리지 말고 진실만 믿고 가야 한다.

"나는 파도만 보았지, 바람을 보지 못했다."

몇 년 전 영화 <관상>에서 관상쟁이 내경 역을 분했던 송강호가 고향으로 돌아와 바다를 바라보며 독백했던 명대사이다.

내경이 보지 못한 것은 '바람'뿐이 아니었다. 어쩌면 바람을 보았다면 더한 공포를 느끼고 주저앉았을지도 모르겠다. 그에게 부족했던 것은 '명확하고 구체적인 인생의 목표'가 아니었을까?

마태복음에 배를 타고 떠나는 예수의 제자들 이야기가 나온다. 그들은 칠흑 같은 어둠과 강풍 앞에서 이를 헤쳐 나가지 못하고 우왕좌왕한다. 예수의 제자들 대부분이 어부였는데도 말이다. 오히려 폭풍 속에서 배가 난파될 위기에 처하게 되었다. 이때 예수가 물 위를 걸으며 제자들을 안심시킨다. 호기심 많은 베드로는 예수에게 말한다. "저도 물 위를 걷고 싶어요."

그는 배 밖으로 발을 딛고 몇 발자국 나아갔다. 그리고 곧바로 강에 빠지고 만다. 베드로는 소리친다. "살려주세요!"

왜 베드로는 강에 빠졌을까? 그의 시선이 예수가 아니라 파도와 바람을 향했기 때문이었다. 바람이 너무 무섭고 파도가 두려웠던 것이다.

투자하는 사람은 미스터 마켓*이라는 바다에서 배를 타고 긴 항해를 떠나는 어부와 같다. 미스터마켓의 변덕과 파도만을 바라보며 노를 젓는다면 곧바로 난파당하기 십상일 것이다. 멀미와 어지러움을 동반한 메스꺼움으로 어찌 긴 항해를 할 수 있다는 말인가. 노련한 뱃사공은 파도를 탓하지 않는다. 만약 파도가 없다면 노련한 어

> **잠깐 상식**
>
> **미스터 마켓**　가치투자의 창시자이자 워런 버핏의 스승으로 유명한 벤자민 그레이엄이 변동성이 심한 주식시장의 특성을 의인화하여 비유한 말.

부가 될 수 없을 것이다. 멀리 있는 수평선, 하늘 그리고 목적지에 시선을 고정하고 거침없이 나아간다면 절대로 길을 잃지 않을 것이다. 눈앞의 파도는 언제나 공포스럽고 두려운 마음을 갖게 한다. 우리에게 필요한 것은 비전과 가치의 추구이다.

투자의 세계에서 대가들은 가치의 변화, 산업의 변화, 시대의 변화에 주목한다. 그 거대한 변화를 면밀히 분석하고 높은 가치를 도달할 만한 기업에 투자하여 큰 수익을 거두고 있다. 우리가 눈앞의 시세가 아니라 거대한 가치의 변화에 주목해야 하는 이유가 바로 여기에 있다.

큰 틀을 봐야 크게 이긴다

위로 올라갈수록 잘 보인다. 이건 사실이다. 작은 문제는 진짜 작아 보인다. 직장 생활에 있어서 사원일 때와 대리일 때가 다르다. 임원이 되면 또 달라진다. 거기서 CEO가 되면 회사 전반의 상황이 한눈에 보인다. 단편적으로 보는 사람은 시시각각 발생하는 조그만 문제에도 치이는 경향이 많다.

투자도 이와 마찬가지다. 크게 보고 가면 여유가 생긴다. 나는 주식투자를 함에 있어서 스케일이 커야 한다고 생각한다. 너무 디테일한 문제에 빠지면 큰 수익을 내기 어렵다. '티끌 모아 태산', 이건 잘못된 말이다. '티끌 모아 티끌'이다. 거시적이고 장기적이어야 수익을 극대화할 수 있다. 대부분의 개인 투자자들이 수익은 짧게, 손실은 길게 가져가는 성향을 보이는 것도 거시적이지 못해서이다. 거시적으로 투자하는 종목을 바라보면 시야가 넓어진다. 단기적인 수익보다 장기적인 수익을 추구하게 된다. 종목별 수익과 손실을 분리하여 생각하기보다 전체적인 큰 틀에서 자신의 계좌를 바라볼 수 있게 된다. 그렇게 수익 중인 종목과 손실 중인 종목을 통합하여 볼 수 있으면 손실의 아픔이 그리 크지 않게 된다. 그리고 손실 중인 종목을 더 나은 종목으로 대체하더라도 긍정적일 수 있다. 이건 내가 오랜 투자를 통해 깨달은 것이다.

나는 여러 중소기업 CEO들을 만나며 그들의 성공과 좌절 스토리에서 많은 것을 배웠다. 그리고 몇몇 업계 동향을 잘 알고 있다. 진짜 세상이 좁다. A회사 직원이 B회사 직원에게 우리 대표 이야기를 한다. A회사 대표가 꼰대이거나 하나부터 열까지 챙기는 사장이라면 소문이 금방 나게 된다. 자신의 문제를 본인만 모른다. 회사가 바람직한 방향으로 운영되기 위해서는 업무 분장과 위임전결 사항이 명확해야 한다. 말단의 일까지 시시콜콜 사장이 챙긴다면 회사가 제대로 돌아가지 못한다. 하여튼 사장은 거시적이어야 한다. 큰 틀에서 챙기고 소소한 것은 시스템으로 돌아가도록 해야 한다.

지수가 아닌, 기업을 보라

우리나라 종합주가지수는 글로벌 경기지수에 의해 영향을 받는다. 가장 직접적이고 큰 영향을 받는 것이 미국 증시다. 한국 증시의 등락 여부는 미국 증시만 읽을 수 있으면 될 정도로 미국 증시의 등락에 크게 좌우된다.

주식투자에 입문하고 난 후 대다수 투자자들의 '눈 뜨고 루틴'은 대체로 밤새 미국 증시가 안녕했는지 여부를 확인하는 것에서 시작된다. 주식에 입문한 초기엔 나 자신도 '잡주'에 투자하고 밤새 미국 주식 동향을 보느라 잠 못 드는 밤이 많았다.

통상적으로 금리가 오르면 시중의 유동자금이 감소해 주가에 악영향을 미치리라고 보는 사람이 많다. 하지만 과거의 데이터로 보면 반드시 그렇지는 않았다. 금리 상승 초반에 주가가 하락하였다. 금리 상승에 대한 공포로 떨어졌던 것으로 보인다. 대세적인 추세의 경우 금리가 정점에 오르는 순간까지 주가는 우상향되었음을 인지할 필요가 있다.

다음의 역사적 사실들을 보자.

- 1990년대 IT 버블 시기, 경기 회복과 더불어 미국 금리가 상승하기 시작했다. 2000년대 초반 기준금리는 6.5%까지 상승했는데 이때 주가는 나스닥과 다우지수 모두 중장기적으로 상승하였다.

- 2008년 글로벌 금융위기는 통상 서브프라임 모기지 사태라고도 불린다. 이 사태가 발생하기 전, 자산시장에 거품이 끼면서 금리는 2004년 1.25% 에서 2006년 5.25%까지 상승하였다. 이때 역시 주가는 하락하지 않았고 2008년 금융위기 전까지 우상향하는 추세를 보이게 된다.

- 마지막으로 코로나19사태이다. 코로나가 발발하기 전 0.5%였던 미국 금리는 2.0%까지 상승하게 된다. 이때도 그래프에서 보이듯 다우지수는 지속

상승하여 사상 최초로 2만 포인트를 뚫었다.

역사가 보여주는 일련의 상황을 정리하면 다음과 같은 공통점이 발견된다.

- 주가지수의 급락은 금리가 상승하여 정점에 있을 때 발생한다.
- 경제위기가 발생하면 정부는 위기 해결을 위해 시중에 돈을 풀고 금리를 내린다.
- 돈이 풀리면서 급락했던 주가는 유동성을 기반으로 상승하기 시작한다.
- 경기가 회복되면 유동성 회수를 위해 국가에서 금리를 상승시킨다. 이때 주가도 상승한다.

대개 금리상승 초입에 주가가 조정받는 사례가 나왔다. 다만, 그 이후 금리

금리 및 미국 주요 지수의 변화

출처 : TRADING ECONOMICS

가 정점에 도달할 때까지 주가는 중장기적으로 우상향했다. 결론적으로 금리의 상승에 따른 유동성 회수보다 기업의 펀더멘탈 향상이 더 큰 영향을 끼치게 된 것이다.

대부분의 종목은 지수의 영향을 받는다. 개별 종목의 주가 또한 하락 압력을 받는다. 그럼에도 불구하고 상승하는 종목들이 나온다. 실적이 좋아지는 기업이다. 일부 지수의 영향을 받겠지만 "실적이 좋은 회사는 결국 상승한다." 이런 마음으로 투자하니 주식투자가 편해지기 시작했다. 하락장에서도 턴어라운드° 하는 기업은 내게 큰 수익을 주었다.

> **주식 용어**
>
> **턴어라운드** 적자가 흑자로 전환되는 것. 넓은 의미로는 기업회생을 의미하기도 한다.

돈 그릇은 만들어지는 것이다

나는 주식투자로 세 번의 실패를 겪으며 눈물을 흘렸다. 실패의 이유는 뇌동 매매와 조급함 때문이었다. 당시 나에게 멘토가 있었으면 그렇게 주식투자를 하지 않았을 것이다. 나의 투자 실패 원인은 잘못된 '투자 습관'이었다. 내 경험에 비춰보건대, 투자 습관만 바꾸면 누구나 부자 될 수 있는 것이 아닌가 한다. 원리는 간단하다. "저평가 주식을 사서 고평가 되면 판다."

내 형제자매는 6남매다. 작은 아버지가 사우디에 일하러 가서 그곳에서 열사병으로 돌아가셨기 때문에 사촌 동생이 어릴 때부터 우리와 같이 자랐다. 그래서 7남매가 되었다. 부모님은 50대에 두 분 다 돌아가셨다. 동생 세 명이 고등학교와 중학교에 다니고 있을 때였다. 내 부모의 삶은 고단한 것이 었다. 가을 추수가 끝나기 무섭게 한겨울 김 농사를 짓느라 무척 힘겨웠을 것이다. 같은 환경에서 자랐지만 지금 내 형제자매의 살림살이는 제각각 다 르다. 무척 잘 사는 누나들도 있고, 살림살이가 어려운 동생들도 있다.

내가 그들에게 내 지식을 나누는 이유는 사랑하는 내 형제들이 오직 더 잘살기를 바라는 마음에서다. 미국 증시 폭락 등 대외 경제지표가 좋지 않 아 매수한 주식이 하락하더라도 실적 우량주는 결국 상승할 것이라는 믿음 을 나누고 함께 견뎠다. 앞서도 말했듯, 나는 주식투자에 세 번 망하며 힘들 었지만 우여곡절 끝에 주식의 원리를 깨우쳤다. 그 원리는 전혀 복잡하지 않 다. 고도의 기술도 필요하지 않다. 매우 간단하다. 저평가 성장주를 매수한 후 이를 견디기만 하면 큰 수익을 얻을 수 있다. 매우 단순한 논리다.

나는 주식투자를 하는 누구를 만나든 주식에 관해 이야기한다. 사무실에 같이 근무하는 직원에게도 투자를 권했다. 오직 급여소득으로만 생계를 유 지하며 이를 저축해 부자가 되는 데는 한계가 있다. '단타'나 '스윙투자'로 전 혀 수익을 내지 못하던 그들의 계좌가 나의 조언으로 달라지기 시작했다. 그 동안 투자가 잘못되었기 때문에 벌지 못한 것이지, 제대로 된 방식으로 투자 한다면 누구나 쉽게 수익을 낼 수 있다는 생각이다.

나도 처음 투자할 때는 매수 후 주가가 빠지면 고통스러웠다. 수많은 시련 속에 깨달은 것이 하나 있다. 앞으로 올라갈 '가치성장주'에 투자하고 잘 기다리면 어느 순간 주가가 올라간다는 사실이다.

우리나라에서 주식투자가 힘든 것은 잘못된 주식투자 문화 때문이지 그들의 문제가 아니다. 나와 함께한 많은 사람들이 조금의 수익부터 큰 수익까지 성과를 내고 있다. 진짜 저평가를 사서 기다리기만 하면 수익이 난다는 것을 배우고 있다. 돈 그릇은 따로 있는 것이 아니다. 만들어지는 것이다. 훈련으로 습득하는 것이다. 대학 시절 야학 교사를 할 때나 공무원 시절에도 봉사한다는 마음으로 일에 임했다. 지금은 조그만 회사의 CEO로 내가 가진 지식을 나누고 함께 하는 사람들이 같이 부자 되길 바라는 마음이 크다. 우리 회사 직원들은 다 같이 주식투자를 하고 있다. 내가 가진 종목들을 모두 공유한다. 처음부터 잘 알고 잘하는 사람은 하나도 없다. 조금씩 배워가다 보면 주식투자로 부자가 될 수 있을 것이다.

주가가 아니라 시가총액이 기준이다

개인 투자자들이 안고 있는 문제점은 '주가'를 기준으로 해당 기업의 몸값을 생각한다는 것이다. 1주당 1만 원 하는 주식과 1주당 50만 원하는 주식이 있으면 1만 원 주식이 싸고 50만 원 주식은 비싸다는 식으로 인식한다. 이처럼 많은 개인 투자자들이 '싸다', '비싸다'를 '저평가', '고평가'와 혼재하여 쓰는 경향이 있다. 주식시장에서는 오로지 본질 가치를 비교해 저평가와 고평가 여부만 따지면 된다.

만약 본질 가치에 비해 저평가되었으면 '싸다'라고 하면 된다. 이와 마찬가지로 고평가되었으면 '비싸다'라고 하면 된다. 주식시장에서 중요한 것은 시가총액이다. 시가총액은 현재 주가와 주식 수를 곱하면 알 수 있다. 회사의 몸값은 시가총액으로 봐야 하며 주가의 밸류에이션, 즉 가치가 적정한지 여부는 그 회사를 단독으로 보는 것보다 업종으로 보는 것이 바람직하다. 각 업종마다 밸류가 다르게 매겨지기 때문이다.

며칠 전, 주식투자를 시작한 지 한참 된 지인이 요즘 관심 있는 종목이 무엇이냐고 내게 물었다. 그래서 나는 주가가 천 원대에 있는 어느 종목과 그에 대한 투자 근거를 이야기했다. 그런데 그가 하는 말이 충격적이었다. 천 원대 주식은 '잡주'가 아니냐고 묻는 것이었다. 주식 초보자가 주식투자를 할 때 유의해야 할 사항이 주가를 기준으로 가치를 평가하는 것이다. 이는 잘못된 것이다. 우리는 반드시 시가총액을 기준으로 가치를 평가해야 한다.

제2부

흔들림 없는 투자의 기본,
투자 철학을 세워라

6장

군주의 가슴,
CEO의 진심으로 투자하라

여러분은 투자할 능력과 지적 능력을 가지고 있다.
따로 교육을 받을 필요 없다. 여러분에게 필요한 것은 리서치를 위한 약간의 인내심이다.
그게 다다. 걱정할 필요 없다. 당황할 필요 없다.
피터 린치 Peter Lynch

할 수 있다고 생각하는 사람은 할 수 있고, 할 수 없다고 생각하는 사람은 할 수 없다.
이것은 불변의 진리이다.
파블로 피카소 Pablo Picasso

삶에 대한 자신만의 철학을 가진 사람이 성공적인 인생을 산다. 주식투자에 있어서도 올바른 철학을 가진 투자자가 훌륭한 투자를 할 수 있다. 훌륭한 투자란 단지 높은 수익률의 영역을 넘어선다. 그저 그런 개미 투자자에 머무르지 않고 거인의 어깨에 올라서 그 스스로 거인이 되는 것이다. 다른 투자자의 본보기가 되고, 주식투자를 플러스섬 게임으로 만들며, 나아가 자본주의 사회에서 자본시장의 일원이 되어 제 역할을 해야 한다. 우리가 아는 대부분의 전설적인 투자자들이 바로 그러했다.

우리 같은 개미 투자자도 전설의 투자자가 되지 못하리란 법이 없다. 매번 단타 치다 패배하고 좌절하는 '장삼이사 개미'가 아니라, 시장을 넓고 깊게 보며 다른 투자자들에게 영감을 주는 '타이탄 투자자'가 될 수 있다. 성공적인 주식투자를 하기 위해 왜 철학이 필요할까? 철학은 어디에서 구할 수 있을 것인가?

투자를 이야기할 때 자주 언급되는 것이 '인사이트', 즉 통찰력이다. 통찰력은 세상을 넓게 보는 눈이다. 투자 일반에서 시작하여 주식시장과 기업 분석, 매수와 매도 행위에 이르기까지 인사이트가 필요하지 않은 지점이 없다. 인사이트가 없는 투자는 근시안적인 데 머무르며 타인의 말과 소문에 흔들려 뇌동 매매, 무지성 매매로 이어지기 쉽다. 잘 알다시피 이런 투자는 필패로 귀결된다.

인사이트는 하루아침에 얻어지지 않는다. 모든 통찰은 그만의 철학에서 비롯된다. 통찰은 자기 철학이 없으면 생기지 않는 사고력이자 관점이라 할 수 있다. 그러므로 자신만의 인사이트를 완성하기 위해서는 자기만의 철학을 정립해야 한다.

이번 장에서는 투자자로서 자기중심을 세우는 철학에 관하여 이야기하고자 한다. 자신만의 확고한 투자를 하기 위해서는 자기 경영의 철학이 있어야한다. 그래야 험한 투자의 세계에서 조그만 파동에도 쉽게 무너지거나 흔들리지 않을 수 있다. 우리는 누구나 우리 삶에 있어 1인 CEO이다. 내 투자의 정체성을 설명하는 단어이기도 하다. '군주의 가슴', 그리고 'CEO의 진심'이 그것이다.

군주의 가슴, 한비자에게서 배워라

우리는 깨어있는 매 순간 생각이란 걸 하고 산다. 생각 자체가 비루하고 낮으면 어떻게 될까? 내 삶의 가치를 제대로 실현하지 못하고 평가받지 못할 것이 자명하다. 너무나도 무서운 일이다. 좋은 책들을 읽어야 하는 이유다. 세상을 보는 좋은 인사이트를 갖추어야 한다.

한비자는 춘추전국시대 법가의 사상을 집대성한 정치사상가이다. 한비자가 살았던 춘추전국시대는 하극상의 시기였다. 신하가 무능하거나 유능해도 나라가 흔들렸다. 신하에 의해 군주가 목숨을 잃는 경우가 비일비재했다. 군주가 현명치 못하면 신하는 군주를 속이려 들었다. 그래서 군주는 끊임없이 신하에 의해 흔들리는 존재였다. 한비자는 군주와 신하와 백성을 철저하게 이해득실이나 계산 관계에 따라 움직이는 이기적인 존재로 보았다. 그리고 이러한 환경에서 군주가 나라를 이끌기 위해 세 가지 기본 조건이 필요하다고 했다. 이른바 '세법술勢法術'이다.

나는 이를 주식투자에 적용해보았다.

첫 번째, 세勢는 외부와 내부의 세로 구분하여 살폈다. 외부적인 세勢, 즉 주식투자하기에 조건이 좋을 때 하는 것이 좋다. 내부적인 세勢, 투자자인 내가 기본적인 실력을 갖추었느냐가 매우 중요하다. 기관 투자자나 골드만삭스 등 외국 증권사의 정보가 정확하다고 무조건 믿으면 큰 오산이다. 뇌동매매하는 주식투자자는 매우 위태롭다. 기본 역량을 갖춰야 위험하지 않다.

이와 관련된 사례 하나를 보자. 애널리스트 A씨는 2009년 케이블 TV방송 프로그램에 출연해 유망주를 추천하는 일을 했다. 기업 분석과 동향을 통해 상대적으로 저평가되어 있는 주식을 알려주었다. 방송을 시작한 지 5개월 후, A씨는 이런 방법을 통해 돈을 벌 계획을 세운다. 방송 전에 추천하려고 한 종목 주식을 매수한 뒤, 방송을 통해 단기간에 주가가 오르면 이때 주식을 매도하는 것이다. A씨는 90개 종목에 대해 117회에 걸쳐 차명계좌를 이용해 주식을 사고 방송에서 추천한 후 주가가 오르면 되파는 일을 반복했다. 미리 매수했다는 것을 숨기고 주가가 오르면 팔거나 미리 매도 주문을 걸어놓기도 했다. 그는 이렇게 수십억 원을 벌었다. 출처 : <소비자가 만드는 뉴스> 2017년 9월 4일 그의 말만 믿고 추천 종목을 샀던 개인 투자자들이 큰 손해를 본 것은 말할 필요도 없다. 남에게 의존하면 이렇게 당하게 된다.

두 번째, 법法은 원칙과 기준에 관한 것이다. 이를 어기고 투자하면 반드시 화를 입는다. 재무제표를 분석하고 사업의 성장성이 있는 기업에 투자해야 한다. 원칙과 기준 없이 테마주에 베팅해 위험에 처한 개인 투자자가 얼마나 많은가.

세 번째, 術술은 주식 매매와 관련한 세부 테크닉, 즉 투자 운영에 관한 사항이다. 주식시장에는 온갖 포식자들이 들끓는다. 중심을 잡지 않으면 이들의 사냥감이 되기 좋다. 저가 매수를 하고 고가 매도를 해야 한다. 투자자의 기본기가 갖춰져 있지 않으면 주식시장의 하이에나들에게 먹잇감이 되고 만다. '주식 유료 정보방'이나 '리딩방'에 가입해 돈 잃고 후회하는 개인 투자자들이 너무나 많다.

주식투자에 있어서도 개인 투자자가 세법술을 갖추면 흔들림 없이 수익을 낼 수 있을 것이다.

주식시장 뉴스를 보면 하루가 멀다 하고 들려오는 정보와 소음이 뒤섞여 뒤죽박죽이다. 이를 구별하고 그 내면의 진실을 파악해내야 한다. 우왕좌왕하면 안 된다. 외국계 증권사든 국내 증권사든 철저하게 자기의 이익을 위해 움직일 뿐이다. 그들이 끊임없이 당신을 흔들어대는 신하와 같은 존재임을 파악하고, 이런저런 뉴스가 들려올 때면 군주의 세법술을 생각하길 바란다.

주식투자는 의사결정의 '진수'가 이루어져야 하는 분야다. 이를 위해 투자자는 올바른 원칙과 기준을 가져야 한다. 시시때때로 흔들리는 기준이라면 주식투자에서 성공하기 어렵다. 즉흥적으로 매수와 매도에 관한 의사결정을 하다 보면 이는 뇌동 매매가 될 가능성이 크다. 자신의 삶을 경영하는 사람이 성공적인 삶을 살 듯, 투자에 있어서도 '자기경영'하는 자세로 투자를 계획하고 집행해야 한다. 그리고 문제가 있을 시 이를 개선해나가면 성공적인 투자를 할 수 있을 것이다.

벼락부자와 벼락거지

'벼락부자'의 의미는 '갑자기 된 부자'를 말하며 '졸부猝富'라고도 한다. 여기서 졸猝은 '갑자기'라는 뜻이다. 예전엔 땅값이 올라 졸부가 된 경우가 많았다. 가끔 로또 당첨으로 부자가 된 경우도 있었다. 그러나 요즘은 주식이 크게 올라 부자가 되거나 가상화폐에 투자해 부자가 된 사례가 많다.

최근 벼락부자의 반대 의미를 뜻하는 '벼락거지'란 신조어가 유행하고 있다. 이는 코로나 이후 부동산과 주식 등의 자산 가격이 급격하게 오르며 상대적으로 빈곤해진 사람을 가리키는 말이다. 그래서 너도나도 주식투자에 뛰어들며 '동학개미'와 '서학개미'라는 말도 나왔다. 우리나라 주식에 투자하면 동학개미라고 하고, 미국 주식에 투자하면 서학개미라고 한다. 조선 고종 31년1894년에 동학교도東學敎徒인 전봉준이 중심이 되어 일으킨 반봉건·반외세 운동에서 가져온 말이다. 이의 반대 의미로 서학개미란 말을 만들었으니 참으로 흥미롭다. 그런데 동학농민운동이나 개화사상파의 서양을 배우자는 운동이 실패했으니 동학개미나 서학개미들 역시 결국엔 실패할 것이라는 자조 섞인 이야기가 많았다. 실제로 코로나19 이후 유동성 증시에서 주식투자에 뛰어든 개미들 대다수가 실패하였다. 주식에 대한 충분한 공부나 준비 없이 투자를 시작했기 때문이다.

CEO의 진심, 사업가처럼 투자하라

만약 회사를 창업하려고 한다면, 가장 먼저 무엇을 할 것인가? 아마도 전 재산을 걸고 하는 사업인 만큼 어떤 사업이 유망한 지 밤잠을 설치며 고민할 것이다. 또한 성공한 CEO들의 책도 섭렵할 것이다. 창업에 비용이 얼마나 소요되고, 대출은 얼마나 필요하며, 성공했을 때 얼마나 이익을 볼 수 있고, 기획한 사업이 중장기적으로는 어떻게 될지 검토해볼 것이다.

이에 반해 우리가 주식을 살 때는 어떠한가? 주식도 엄밀히 말하면 한 회사의 주인이 되는 것이다. 규모의 차이가 있을 뿐 회사의 지분을 소유한다는 점에서 나의 재산과 회사의 성장은 동일한 운명공동체이다. 그렇다면 주식을 매수할 때 회사를 운영하는 것과 같은 인고의 과정을 거치는가? 아마 대부분 그렇지 않을 것이다. 해당 업종이 유망한 지, 내가 매수하고자 하는 기업의 가치가 어떤지 깊이 알아보고 투자하기보다는 남이 얘기해준 종목, 급등하는 테마 종목에 마치 게임을 즐기듯 자기의 재산을 쏟아붓고 불안해하는 사람이 대부분이다.

이처럼 규모만 다를 뿐 본인의 소중한 재산이 걸린 상황에서 왜 이리 두려움 없이 투자하는 걸까? 이런 사람은 주식시장을 투기시장으로 바라보면서도, 자신만은 마치 모든 일이 잘될 것 같이 생각한다. 즉 '자기 위주 편향'으로 생각하는 경향이 크기 때문이다. 복권을 매주 사는 사람이 언젠가는 당첨되리라 믿는 것처럼 말이다.

우리나라는 유독 주식을 사행성 오락, 또는 투기성 행위로 보는 시선이 무척 많다. 실제 내 주위에도 그런 생각을 가지고 투자하는 사람이 꽤 있다. 성공 투자를 위해서는 본인이 투자하는 종목에 대해 'CEO 관점'에서 종목을 선정하는 것이 매우 중요하다.

크든 작든, 자신이 가진 돈을 사업자금으로 생각하자. 자신을 기업 인수합병M&A하려는 사업체의 대표라고 생각하자. 단·중·장기 비전을 세우고 사업 내용투자대상을 면밀히 검토하고, 또 검토한다. 시장과 산업의 흐름에 따른 다양한 시나리오를 세우고, 시뮬레이션해본다. 소중한 사업자금으로 반드시 수익을 창출하고 사업을 더욱 키워나가야만 하는 CEO의 진심으로, 나의 돈을 대하라.

CEO는 기업을 인수한 이후에도 해당 기업의 성장을 위해 관심과 지원을 아끼지 않는다. 마찬가지로 CEO 입장에서 투자하게 되면 조그만 차익 실현이 아닌 기업의 성장을 목표로 하게 된다. 워런 버핏은 자신이 투자한 기업의 제품을 애용하고 홍보도 한다. 맥도날드, 코카콜라 등이 그 사례이다. 이처럼 우리나라에서도 기업의 성장과 함께 성과를 개인 투자자도 함께 향유하는 투자 문화가 하루빨리 조성되길 바란다.

타성을 깨는 철학은 어떻게 만들어지는가

이나모리 가즈오는 일본 경영의 신神으로 불린다. 마쓰시타 고노스케, 혼다 쇼이치로와 더불어 '일본에서 가장 존경받는 3대 기업가'로 꼽히는 인물이기도 하다. 그가 사업을 시작한 지 얼마 되지 않았을 때이다. 그는 은사의 친구에게 자신의 사업에 대해 열심히 설명하였다. 그때 그의 말을 듣던 선배가 이렇게 말했다. "아직 이십 대 중반의 나이인데 훌륭하군. 자네에게는 '필로소피'가 있어." 그는 집에 돌아와 사전을 찾아보니 '필로소피Philosophy'란 '신념, 철학, 인생관'이라는 뜻이었다. 그는 가슴을 울리는 감정을 느꼈다고 한다. 이 일로 그의 인생을 관통하는 철학을 가지게 되었다.

워런 버핏이 투자의 신화가 되기까지, 나는 그의 투자 인생에 세 가지 주춧돌이 있었다고 본다. 첫째, 사업 경험이다. 워런 버핏은 그의 나이 11살 때 주식투자를 시작했다. 당시 처음 구입한 것이 '시티즈 서비스'라는 주식이었다. 주당 37달러에 매수했는데 28달러까지 떨어지자 초조해지기 시작했다. 그는 이 주식이 40달러가 되자 매도하였다. 그런데 시티즈 서비스는 그 후 200달러까지 올랐다. 이때 그는 "장기투자의 중요성을 느꼈다."라고 말한다. 그의 나이 17살 때는 핀볼 머신 대여 사업도 하였다. 나는 '그의 어린 시절 투자와 사업 경험이 주식투자를 사업의 관점에서 바라보게 하였을 것'으로 생각한다.

둘째, 좋은 스승이다. 그는 벤자민 그레이엄, 필립 피셔 같은 좋은 스승을 통해 '가치투자' 철학을 정립했다.

셋째, 독서다. 다른 대다수 투자자가 통과 의례적으로 거치는 '커다란 실패'가 버핏에게 없는 이유는 바로 '독서'라 단언한다. 그의 사업 파트너 찰리 멍거는 "시간 측정기로 워런 버핏을 관찰하면 그의 전체 시간 중 책 읽는 시간이 절반을 차지할 것이다."라고 말했다.* 그는 한번 독서를 할 때마다 500페이지 이상 읽을 정도로 몰입하고 집중한다고 한다.

대부분의 사람은 마치 집단 최면에 걸린 것처럼 자신이 속한 사회에 동조되며 타성에 젖는다. 그에 비해 버핏은 어릴 때의 경험과 좋은 스승, 무엇보다 독서하는 습관으로 끊임없이 타성을 깨고 있다. 이것이 그가

커다란 성공을 거두며 실패하지 않는 삶을 살고 있는 비결이 아닐까 한다. ≪변신≫의 작가 카프카는 "책은 우리 내면의 얼어붙은 바다를 깨는 도끼"라고 표현했다. 버핏은 책을 통해 인간의 공포와 탐욕을 이겨내지 않았을까.

"새는 알을 깨고 나온다. 알은 세계다. 태어나려고 하는 자는 또 하나의 세계를 깨뜨리지 않으면 안 된다." 헤르만 헤세의 소설 ≪데미안≫에 나오는 말이다.

기존의 세계관을 깨고 더 큰 세계관을 만들지 않으면 사람은 부서질 수밖에 없는 존재다. '단순히 돈 벌겠다'고 무모하게 덤비면 처참하게 깨지는 곳이 주식투자와 사업의 세계다.

분야를 막론하고 철학 없이 성공한 사람을 단 한 명도 보지 못했다. 주식투자를 단순히 종목을 사고파는 일로 여긴다면, 투자에 어떤 가치를 부여하고 있지 않은 것으로 거기에는 철학이 있을 수 없다.

변하지 않으면 변화당한다

춘추시대 노魯나라에 미생尾生이라는 사람이 있었다. 어느 날 다리 아래에서 자기가 좋아하는 여자 친구를 만나기로 약속했다. 그런데 소나기가 내리는 것이었다. 약속시간이 지나도 그녀는 오지 않았다. 물이 불어나 다리 교각을 잡았는데도 도저히 버틸 수 없었다. 다리 위를 지나던 사람들이 그를 보고 "다리 위로 올라오라!"고 외쳤다. 그러나 그는 "어떤 일이 있어도 약속을 지켜야 한다."고 절규했다. 자기가 약속한 그대로 있으면 여자 친구가 감동하리라 생각한 것이다. 그러나 사랑하는 여자는 끝내 오지 않았고, 그는 물에 떠내려가 죽었다. '미생지신尾生之信, 미생의 믿음이란 뜻으로, 미련하게 약속을 굳게 지키는 것이나 고지식하여 융통성이 없음을 가리키는 말'의 교훈은 두고두고 사람들에게 비웃음을 받았다.

송宋나라에 한 농부가 있었다. 하루는 밭일을 하고 있는데 토끼 한 마리가 달려가다 밭 가운데 있는 그루터기에 머리를 들이받고 죽었다. 그것을 본 농부는 밭에 나무 그루터기를 몇 개를 더 만들었다. 그러면 토끼가 더 많이 걸려 더 이상 밭일을 할 필요가 없을 것 같았다. 토끼가 또 그렇게 달려와서 죽을 거라 믿었던 것이다. 그러나 토끼는 다시 나타나지 않았고 그는 사람들의 웃음거리가 되었다.

내 지인 중 차트 맹신론자가 한 명 있다. 그는 자칭 차티스트이다. 어느 날 그가 공감해달라는 듯 나를 바라보며 말했다. "이 자리에서는 반드시 올라야 하는데 이상하다. 딱 이 자리에서 반등을 했어야 하는데 왜 이럴까?" 나는 그에게 "예상대로 반등하지 않고 하락할 때 매도하지 않았느냐?"고 물었다. 그는 무조건 반등하리라 생각해 대응하지 못했다고 답했다. 이 일로 순식간에 손실이 20% 넘게 발생했다. 그는 스윙과 단타를 주로 하는 친구다. 모멘텀과 수급 매매를 하는 사람은 익절과 손절을 프로그래밍하듯 해야 한다. 급등주나 테마주 등 차익 매매는 가치투자와 다른 매매 방법을 사용해야 한다. 사실 우리 같은 일반 투자자들에게 모멘텀 투자는 거의 불가능하다는 생각이다. 자신만의 매매 전략이 있어야 한다. 사실 스윙투자나 스켈핑 투자에선 사람들에게 알려진 방법이 거의 통하지 않는다. 순식간에 수급이 바뀐다. 지속적으로 자신만의 방법을 만들어가야 한다.

시드의 크기는 문제가 되지 않는다

정치 테마주를 보면 주가 등락이 갈수록 앞당겨지고 있다. 과거 선거 테마주보다 더 빨리 움직이는 패턴을 보인다. 이렇게 계속 빨라지다 보면 다음 선거에서는 정치 테마주 자체의 효력이 미미할지도 모른다.

이처럼 과거의 방법이 계속 유효하지 않다. 2000년 이전엔 금융장세에서 금융주나 건설주가 폭등을 했다. 그러나 지금은 주가가 거의 힘을 쓰지 못한다. 투자에도 전략이 있어야 한다. 그런데 개인 투자자 상당수가 매매 전략 없이 무턱대고 주식투자에 덤비는 것 같아 안타깝다. 많은 이가 '어쩌다 장기투자자'가 되고 있다. 분할매수, 분산투자 등 주식투자에서 요구하는 문법을 금과옥조처럼 무비판적으로 무작정 따르는 경우가 너무나도 많다.

"1천만 원 모으면 투자해라!" "5천만 원 모이면 투자해라!" 이런 말은 잘못된 말이다. 종잣돈이 크면 돈을 많이 벌까? 얼마 전 오스템임플란트 재무부장이 회사 돈 2,215억 원을 횡령해 주식투자를 했다가 큰 돈을 날린 사건이 있었다. 강동구 7급 공무원도 공금 115억 원을 횡령하고 주식투자로 그중 77억 원을 잃었다고 한다. 이들을 보면 시드머니가 크다고 반드시 큰 수익을 내는 것이 아님을 알 수 있다.

YTN PiCK · 2022.01.28.네이버뉴스
오스템임플란트·강동구청 연이은 '횡령'…주식·가상화폐 투자 …
2천억 원대 오스템임플란트 횡령 사건에 이어 강동구청 공무원이 공금 115억 원을 빼돌리는 등 대규모 횡령 사건이 잇따르고 있습니다. 두 사건 모두 횡령한 돈이 …

연합뉴스TV PiCK · 2022.02.20.네이버뉴스
끊이지 않는 횡령 왜?…'안들켜' 자신·죄의식 부족
더 무거운 처벌을 내릴 필요가 있고, 기업이나 관공서 내부적으로도 이중삼중의 자금 감시체계를 갖춰야 한다고 지적했습니다. 연합뉴스TV 정인용입니다. (quoteje…

뉴스1 PiCK · 2022.01.27.네이버뉴스
오스템임플 이어 강동구도 '거액 횡령'…"어떻게 이런 일이?"
김도엽 기자·노선용 기자 = 오스템임플란트에 이어 강동구청에서 거액 횡령 사건이 발생하면서 어떻게 이런 일이 가능했는지 이해하기 힘들다는 지적이 나오고 …

시드머니를 만들려고 노력할 것이 아니라, 지금 당장 투자부터 하라. 계속 돈 공부를 하면서 투자해야 한다. 돈의 가치는 지금 이 순간에도 계속 떨어지고 있다. 투자를 미뤄서는 안 된다.

투자는 적은 돈부터 시작해야 한다. 시드머니를 크게 만든 후 투자하는 것은 위험하다. 시드가 커질 경우 위험을 관리하기가 더욱 어려워지기 때문

이다. 반대로, 적은 돈으로 투자를 시작하면 시드가 작은 만큼 리스크가 줄어드는 한편 위험을 관리하며 수익을 얻는 방법을 배울 수 있다.

작은 돈으로 수익을 내지 못하는 사람들은 큰돈을 넣어 투자한다고 해도 수익을 내지 못한다. 투자에 문제가 발생하는 이유는 전략도, 전술도 없이 무작정 달려들기 때문이다. 금융투자협회 통계에 따르면 매일 거의 200억 원 이상 반대매매가 발생하고 있다. 한 달에 4,000억 원 이상 개인 투자자들의 피 같은 돈이 허공에 사라지고 있는 것이다. 미수와 신용을 잘못 사용하고 있고 반대매매되는데도 전혀 대응을 하지 못한다. 정말 안타까운 일이다. 나도 예전에는 자포자기 심정으로 주식에 투자했다. 주식투자의 목적은 '돈 버는 것'이다. 잃을 것이 뻔한 방식으로 위험한 투자를 감행해서는 안 된다. 무엇보다도 자신만의 전략과 전술을 잘 사용해야 한다.

한국경제TV PiCK | 2022.01.26.네이버뉴스
급락장에 반대매매 '급증'...깡통계좌 '속출'
최근에 신용거래용자 잔고가 급속히 줄었는데, 이게 고스란히 반대매매로 이어졌다는 분석입니다. 이... 주가 상승기엔 적은 투자금으로 수익을 볼 수 있는 기회가...

서울경제 PiCK | 2022.01.30.네이버뉴스
급락장에 '빚투개미' 곡소리...매일 200억 반대매매 쏟아졌다
미국 발 긴축 공포에 코스피와 코스닥지수가 한때 각각 2600선, 900선 아래로 곤두박질치면서 1월 반대매매 규모가 40% 가량 급증했다. 빚투(빚내서 투자)에 나...

파이낸셜뉴스 PiCK | 15면 1단 | 2021.10.07.네이버뉴스
급락장에 '빚투' 반대매매 쏟아졌다
증시 급락 여파로 '빚투(빚내서 투자)'를 통해 주식을 사들인 개인들이 이를 갚지

단타는 아무나 하나

단타는 짧게 먹고 빠지는 것이다. 보통 오늘 사서 오늘 팔고 나오는 식이다. 그래서 하루 종일 호가창을 보며 시황에 따라 대응할 수 있는 전업 투자자

전략이 없으면 큰일 난다

내 지인의 얘기다. 그는 몇 해 전에 코스닥 대장주로 이름을 날리던 신라
젠의 주주다. 바이오 열풍이 한창 불던 때였다. 적금을 타 주식투자를 해
볼 요량으로 주식 카페에 가입했다. 여기저기 신라젠을 추천하는 사람들
이 많았다. 그도 신라젠을 매수했다. 5만 원대에 매수했는데 계속 상승했
다. 15만 원대까지 올라갔다. 그리고 하락하더니 10만 원 아래로 떨어졌다.
주식 종목 토론방에 들어가니 다양한 의견들이 있었다. 이제 올라갈 것이
라는 찬티도 있고, 이제 끝났다는 안티 글도 있었다. 어떻게 해야 할지 몰
랐다. 그런 와중에도 주가는 계속 하락해 5만 원선도 무너졌다. '없는 돈'이
라 생각하기로 했다. 이후 신라젠은 12,100원에서 거래정지되었다.

얼마 전 거래처에 갔다가 그곳 직원 두 명이 셀트리온에 투자했는데 손
실이 매우 크다는 이야기를 들었다. 전 재산을 셀트리온에 투자했다고 한
다. 매수가가 30만 원 초반인데 15만 원대까지 하락해 반 토막이 났다. 그
들은 무조건 사놓고 기다리면 주가가 계속 오를 것이라 생각했다고 한다.

주식의 적정 가치를 평가하지도 못하고, 상승에 대한 막연한 기대감에
의존하니 주식투자가 어려운 것이다. 투자하는 종목의 가치를 알아야 투
자 전략도 세울 수 있다. 종목에 대한 가치 분석 없이 사놓고 기다리면 주
가가 올라갈 것이라 생각하는 한, 그들의 투자는 위험할 수밖에 없다.

가 단타를 하는 경우가 많다. 시황 변화에 그때그때 대응하지 못하는 직장인이 단타를 하는 것은 매우 위험하며, 전업 주부의 경우에도 바람직하지 않다. 종목의 수급, 뉴스 등을 선별해 매수·매도를 전략 프로그램화해서 대응해야 하는데 집안일과 육아를 하면서 이 어려운 일을 해내기란 거의 불가능하다는 생각이다. 전업 투자자도 마찬가지다. 타고난 직관력을 가지고 있는 사람이 아니라면 변덕스러운 시장에 대한 대응이 쉽지 않다. 예전 직장에서 같이 근무하던 직원은 테마주 단타를 했는데 사자마자 거래정지된 경험이 있다. 결국 그 종목은 상장폐지되었고, 내 동료는 한동안 쓰린 속을 달래려 매일 술을 마셨다.

우리나라에 유독 '단타'가 많은 것은 이에 대한 시장이 있기 때문일 것이다. 그러나 요즘은 증권사도 단타를 권하지 않는다. 자주 만나 주식투자 이야기를 하는 증권사 지점장들이 있는데 그들도 고객이 투자로 성공하길 바라지 매매가 많아져 수수료 수익을 올리는 건 원하지 않는다고 한다. "매매가 많아지면 고객의 계좌는 녹는다." 이 말은 이구동성으로 증권사 관계자들이 하는 말이다.

워런 버핏은 거의 매매를 하지 않고도 세계 최고의 주식 부자가 되었다. 단기투자와 장기투자는 매수하는 순간부터 임하는 자세가 달라야 한다. 단타 종목을 매매했는데 장기투자 종목처럼 대응하면 위험하다. 장기투자하는 사람은 철저히 저평가 종목을 매수해 긴 기간 보유해야 하며, 단기투자자는 매수하는 즉시 매도할 준비를 해야 한다. 장기투자로 가야 할 종목에 단타로 대응해 큰 수익을 내지 못한 경우를 보았다. 반대로, 단타로 가야 하는 테마 종목을 매수했다가 제때 팔지 못하고 비자발적 장기투자로 이어져 엄청난 손실을 입는 경우도 많이 보았다. 자신의 상황에 맞는 투자를 해야 한다. 그에 맞게 종목을 선정하고 매매 전략을 실행하면 분명히 투자에 성공할 것이라 믿는다.

믿음 없는 투자는 불행을 부른다

"주식투자로 통닭 값 벌었어요." "수익 나서 커피 사 먹을 수 있겠네요." 개미들이 수익을 남기며 하는 말이다. 눈앞의 수익으로 하루하루 단타가 마냥 즐겁다. 그런데 사고 나서 가격이 떨어지면 그때부터 '손절'해야 할지 고민이 시작된다. 이익이 있으면 즐겁고, 손실이 나면 괴롭다. 투자가 그렇다. 대부분 투자자의 심정이 이렇게 된다.

무신불립無信不立. '믿음이 없으면 살아나갈 수 없다.'라는 뜻으로 《논어》 안연편에 실린 공자의 말에서 비롯되었다. "기업 경영에 있어 가장 중요한 덕목이 무엇이냐?"고 물으면 대다수 기업인들은 '신뢰' 또는 '신용'이라 답할 것이다. 그런데 신뢰를 얻는다는 것이 쉽지도 않을 뿐 아니라 이를 유지하는 것도 힘들다. 그래서 한 번 깨지면 이를 다시 회복하는 데 그 곱절의 비용이 들어간다. '회사와 고객 간의 신뢰', '회사와 회사 간의 신용', '대표와 직원 간의 신뢰', '직원과 직원 간의 신뢰' 등 우리는 믿음이 없으면 관계들 속에서 하루도 견디기 어려운 세상에 살고 있다. 투자도 이와 같다.

지인이 추천한 종목이 급등하면 그것을 매수하지 않은 것을 후회하기도 한다. 그러나 반대로 급락하면 매수하지 않은 것을 다행이라 여긴다. 워런 버핏은 "내가 알지 못하는 것에는 투자하지 않는다."라고 말했다. 잘 알지 못하는 데 투자하는 것은 도박과 같다. 내가 알고 투자한 종목은 하락하더라도 믿고 신뢰하므로 버틸 수 있다. 그러나 알지 못하는 종목은 불안해 견딜 수 없다.

2016년 한 지인이 내게 비트코인 투자를 추천했다. 당시는 비트코인이 100만 원 초반대에 있었을 때였다. 그때 투자에 나서지 못한 것은 비트코인의 가치를 평가하지 못했기 때문이다. 지금도 후회하지 않는다. 알지 못하는 대상에 돈을 맡기는 것은 마치 도박과 같아서 자신이 하는 투자를 불안하게 만든다.

기업의 펀더멘털을 분석하고 투자하면 '장기투자'가 꽤 매력적이라는 것을 알게 된다. 올해보다 내년에 더 좋아질 기업에 투자하면 내가 하는 주식투자가 불안하지 않다. 그에 반해 믿음 없이 투자하면 주가의 마이너스와 플러스에 따라 기분이 왔다 갔다 하게 된다. 이렇게 되면 주식투자는 '괜히 시작했다가 불행을 부른 행위'로 전락하고 만다.

7장

인플레이션,
사자의 등에 올라타라

경기 불황과 주가 폭락은 곧 투자 기회다.
끝나지 않는 불황은 없으며 위험은 단지 경기 변동의 일부일 뿐이다.
불황과 폭락에도 웃으면서 주식을 살 수 있어야 진정한 투자자라 할 수 있다.

워런 버핏 Warren Buffett

강세장은 비관 속에 태어나 회의 속에 자라며 낙관 속에 성숙하여 행복 속에 죽는다.
최고로 비관적일 때가 가장 좋은 매수 시점이고
최고로 낙관적일 때가 가장 좋은 매도 시점이다.

존 템플턴 John Templeton

주식투자에 성공하려면 공포에 과감하게 매수할 수 있어야 한다. 탐욕이 가득할 때 매도할 수 있어야 한다. 절제하고 평정심을 유지할 수 있어야 부자가 될 수 있다. 나는 외부적 변수에 비중만 조절할 뿐 공포와 탐욕을 즐기려 한다. 앞으로도 주식시장은 경기 변동에 의해 크게 출렁이겠지만 중장기적으로 자본시장이 발전할 것을 믿기 때문이다.

인플레이션은 통화량 증가가 급격하게 늘어날수록 필연적으로 심화될 수밖에 없다. 최근 뉴스에서 가장 많이 언급되는 내용을 보자.

2022년 1월 갈비탕과 김밥, 라면 등 외식물가가 1년 전에 비해 5.5% 올라 약 13년 만에 가장 큰 폭으로 뛰었다. 농축수산물 등 재료비와 국제유가 등 원자재 값, 최저임금이 오른 데다 설2월 1일을 앞두고 소비까지 회복되면서 오름세가 가팔라졌다는 분석이 나왔다.

통계청 국가통계포털에 따르면 2022년 1월 외식물가지수는 106.4로 전년 1월에 비해 5.5% 올랐다. 이는 2009년 2월5.6% 이후 12년 11개월 만에 가장 높은 상승률이다.

1월 외식물가상승률 13년 만에 최고… 전년 동월 대비 5.5% 상승

동아일보, 2022년 2월 16일

위 뉴스에서 가장 주목할 점은 '13년 만에 가장 높은 물가상승률'이란 대목이다. 도대체 13년 전에 무슨 일이 있었던 것일까? 다름 아닌 글로벌 금융위기가 있었다. 서브프라임 모기지 사태로 전 세계 금융시장이 타격을 받았고 이를 극복하기 위해 소위 말하는 헬리콥터로 달러를 뿌리는 사태가 발생했던 것이다. 이처럼 통화량의 증가는 필연적으로 물가 상승을 가져오고 주가 상승도 동반한다. 통상 세계 경제는 지속 우상향이 아니라 확장과 수축을 반복하는데, 화폐를 발행하는 정도에 따라 인플레가 확대되고 주가는 더 상승한다는 것을 지난 역사에서 알 수 있었다. 사실 상식적인 선에서 생각

해도 당연한 얘기가 아닌가 싶다. 물건에 가치를 매기는 것이 화폐의 속성인데, 상품은 그대로인 상태에서 화폐가 급증하니 화폐의 가치는 하락하고 물가는 올라가게 되는 것이다. 이처럼 인플레는 우리가 경제활동을 하는 데 있어 떼려야 뗄 수 없는 요소이다. 인플레를 부정하지 말고 여기에 편승하여 자산을 늘려야 한다.

나는 시간이 흐를수록 화폐가치가 하락할 수밖에 없으므로 반드시 주식투자를 해야 한다고 생각하는 사람이다. 가난할수록 투자를 해야 한다. 메리츠 자산운용 대표이사 존 리가 말하는 것처럼 "집 사지 말고 월세 살아라, 그리고 그 돈으로 투자하라."고 주장하고 있다. 많은 이가 주식투자에 선뜻 나서지는 못하는 데는 이유가 있다. 투자 리스크가 크고 의사결정이 어렵기 때문이다. 함부로 아무 종목이나 매수하는 것이 두려워서다. 이런 분들에게 해주고 싶은 이야기가 있다.

주가는 기본적으로 우상향할 수밖에 없다. 기본적인 상식에서 보면 물가상승률보다 주가가 더 올라야 한다. 그렇기에 주식투자는 '열심히'가 중요한 게 아니라 '잘' 하는 게 중요하다. 성장하기보다는 안주하는 기업도 많으므로 투자자가 똑똑해야 한다. 주식투자의 필요성을 느끼게 되면 투자자로서의 첫걸음을 뗀 것이라 할 수 있다.

인플레이션 : 그 자체가 투자의 이유다

코로나19 이후 부동산과 주식 등의 자산 가격이 급격하게 오르니 너도 나도 주식투자에 뛰어들었다. 투자를 하지 않은 사람들은 상대적으로 박탈감을 느꼈다. 포모FOMO는 일종의 고립공포감을 뜻하는 말이다. 'Fear Of Missing Out'의 약자로, 자신만 흐름을 놓치는 것이 아닐까에 대한 심각한 두려움, 또는 세상의 흐름에서 자신만 제외되고 있는 데 대한 공포를 의미한다. 이런 두려움 때문에 청년들이 빚을 내서 투자한다는 의미의 '빚투', 영혼까지 끌어모아 투자한다는 '영끌' 같은 신조어들도 이목을 끌었다.

은행 예금은 특판 상품의 금리가 2% 전후에 불과하여 인플레이션에 의한 물가상승률을 따라가지 못할뿐더러, 이를 감안하면 사실상 마이너스 금리다. 연평균 물가상승률이 3%만 되어도 20년 후에는 구매력이 절반 정도로 줄어들게 되는 것이다. 현실에서 인플레이션이 지속적으로 일어나고 있기 때문에 봉급자가 월급만으로 생활하기는 힘들다. 실물 가격이 계속해서 높아지는 가운데, 투자를 하지 않으면 상대적으로 가난해질 수밖에 없는 것이 현실이다.

통화량 증가 : 주가는 오를 수밖에 없다

한국은행 경제통계시스템에 따르면 통화량M2은 1980년 1월 9.5조 원에서

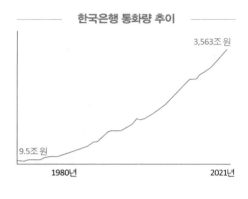

한국은행 통화량 추이

3,563조 원

9.5조 원

1980년 2021년

2021년 10월 3,563조 원으로 지난 40년 동안 375배 증가하였다. M2는 시중 통화량을 나타내는 대표적인 지표이다. 돈이 풀리는 속도가 무서울 정도다.

1980년에 짜장면 가격은 350원이었고, 새우깡 가격은 100원이었다. 2022년 현재 짜장면 가격은 6,000원, 새우깡 1,050원이다. 통화량 증가에 따라 돈의 가치가 급격히 떨어지고 있는 것이다. 통화량은 375배 증가하였지만 어찌 보면 물가는 상대적으로 적게 오른 것일 수도 있다. 1980년은 500원짜리가 지폐였고, 100원도 귀한 시절이었다. 새우깡을 생산하는 농심의 주가는 1985년 9월 7일 5,164원이었다. 2022년 1월 14일 현재 농심 주가는 31만 5천 원으로 약 60배 상승하였다. 물가상승률을 감안했을 때, 정상적인 기업이라면 주가가 오르는 것이 당연하다.

1985년 9월 7일에 어떤 사람이 농심에 1천만 원을 투자했고, 다른 한 사람은 연 4% 복리로 예금했다고 하면 2022년 1월 현재 수익은 어떻게 될까?

1천만 원을 농심에 투자한 사람은 5,164원에 1,936주를 매수한 셈이다. 현재 주가는 31만 5천으로, 당시 매수한 주식을 그대로 보유하고 있다면 그 평가액이 6억 984만 원에 달한다. 60배 수익이다. 농심의 2021년 배당금은 4천 원이다. 농심이 연 배당 4%를 했다고 가정하고, 투자자가 배당수익까지 합쳐 주식투자를 했다고 하면 평가액은 최소 20억 원 이상일 것으로 추정된다. 그러나 1천만 원을 금리 4%로 은행에 예치했다면 최종 금액은 4,268만 원에 불과하다. 이러한 이유로 우리는 투자를 해야 한다.

단, 투자는 '잘' 해야 한다는 단서가 붙는다. 잘못된 기업에 투자하면 상폐될 수도 있다는 것을 명심하자.

자본주의 사회 : 사업하지 않고 사업수익을 얻는다

인류가 노동력에 기반하여 자급자족하며 살아가는 농경사회는 식량이나 가축 등 눈에 보이는 현물이 중요한 사회였다. 당시는 하루 벌이로 먹고살아야 했기 때문에 먹고사는 문제가 가장 중요하였다. 노동력에 기반한 재산 증식은 매우 제한적일 수밖에 없었으므로 부의 증가를 기대하기 어려웠다. 그러나 산업혁명 이후에는 개인들도 주식투자를 통하여 얼마든지 자산을 증식할 수 있게 되었다. 자본주의 사회에서 부자는 주식을 소유한 기업가이다. 세계 최고의 부자들은 모두 기업가이다. 그래서 내가 반드시 창업하고 기업을 운영하지 않아도 된다. 성장하는 기업의 주식을 보유하고 있다면 얼마든지 부자가 될 수 있다. 이것이 주식투자를 해야 하는 이유다.

우리는 필연적으로 주식과 가까이하고 있다. 우리가 알고 있는 회사들 모두 주식회사이기 때문이다. 상장 초기에 삼성전자, LG전자, 포스코, 네이버 등 기업들을 매수하고 그대로 가지고 있다면 우리의 삶은 훨씬 윤택해졌을 것이다. 지금도 늦지 않았다. 중요한 것은 '안목'이다. 그런 기업을 보는 눈만 가지고 있다면 내가 가진 노동력으로 힘들게 사는 '삶'이 아니라 또 하나의 좋은 '옵션'을 가지게 되는 것임을 명심해야 한다.

복리의 마법 : 부자가 되는 경로를 즐겨라

주식투자를 해야 하는 또 다른 이유는 바로 '복리의 마법' 때문이다. 아인슈타인은 복리가 세계 7대 불가사의 중 하나라며 '72법칙'을 제시하였다. 72법칙72/연 수익률%이란 원금이 두 배 되는 데 필요한 시간이다. 연 수익률이 30%라면 72/30=2.4년이 나온다. 원금이 1,000만 원이라면 2.4년 만에 2,000만 원이 되며 4.8년 후에는 4,000만 원, 7.2년 후에는 8,000만 원이 된다. 나는 주식투자를 하며 이 같은 복리 효과를 제대로 누리고 있다.

보통 성장하는 기업들은 연 7% 이상 성장한다. 10년이면 최소 2배 성장하고, 20년이면 4배 이상 성장한다. 주식투자를 하지 않을 이유가 없다. 레버리지를 잘 이용하면 수십 년간 계속해서 벌 수도 있다. 치밀한 분석과 과감한 투자가 맞아떨어지면 시너지 효과가 발휘되어 크게 부자가 될 수 있다. 종목을 보는 눈만 있다면 레버리지를 사용하지 않을 이유가 없다.

문제는 '원칙과 기준'이다. 대부분의 투자자가 너무 빨리 가려고 한다는 것이다. 짧은 기간에 수익을 얻고자 하니 무리수를 두게 된다. 급등주를 찾고

연간 복리수익률

수익률	5년	10년	15년	18년	20년	70년	비고
5%	28%	63%	108%	141%	165%	2,943%	투자 복리 수익 5% 기준
20%	149%	519%	1,441%	2,562%	3,734%	-	버핏 수익률 20% 기준

레버리지 활용

수익률	횟수 또는 상승률						비고
횟수	1회	2회	3회	4회	5회	6회	레버리지 활용
72%	72%	196%	409%	775%	1,405%	2,490%	수익 극대화

테마주에 투자한다.

 복리 효과를 누려 급격하게 부를 키울 수 있는 반면, 이를 잘못 사용하면 복리로 손실이 날 수도 있음을 명심해야 한다. 깡통 계좌가 문제가 아니라 오히려 추가로 돈을 지불하게 될 수 있다. 마이너스 100%, 마이너스 200%도 가능한 곳이 주식시장이다.

8장

적정 밸류에이션,
찾는 방법이 있다

주인이 개를 데리고 산책할 때 개는 주인보다 앞서가기도 하고 뒤따라가기도 하고 멀리 떨어져 있기도 하지만, 항상 주인이 어디에 있는지 살펴본다. 그러다가 너무 멀리 떨어져 있다 싶으면 다시 주인에게 돌아온다. 결국 집으로 돌아갈 때 주인과 개는 항상 함께한다.

앙드레 코스톨라니 André Kostolany

나는 한 번도 내가 보유한 주식의 목표 가격을 설정해본 적이 없다. 하지만 정기적으로 나의 투자 근거를 재검토하여 그 설득력을 평가하는 일은 반드시 하고 있다.

앤서니 볼턴 Anthony Bolton

내가 투자하는 기업에 대한 신뢰 없이는 시장의 변동성을 견딜 수 없다. 현재 저평가 상태이고 앞으로도 성장할 회사라면 걱정할 필요가 전혀 없지만, 회사의 가치를 제대로 알지 못한다면 보유하기 힘들 것이다.

자산 가격은 수요와 공급에 의해 정해진다. 공급자 우위의 시장이면 높은 가격에 거래되고, 수요자 우위의 시장이면 낮은 가격에 거래될 것이다. 기본적으로 자산 가격은 펀더멘탈과 밸류에이션의 곱으로 이루어진다. 펀더멘탈에 영향을 주는 것은 부동산의 경우 임대료이고, 주식의 경우에는 기업의 이익이다.

이익도 현재의 이익이 아닌 미래에 벌어들일 이익의 총량을 현재 가치로 바꿔 생각하는 작업이 필요하다. 밸류에이션에 영향을 주는 변수는 장기 성장률과 현재의 유동성 환경 등이 있다. 밸류에이션을 구할 때는 금리도 고려해야 한다. 금리가 인상되는 경우 미래 이익이 작아질 수밖에 없기 때문에 할인율을 적용해야 한다.

그렇다면 적정 밸류에이션을 구하는 것이 가능할까? 나를 비롯한 모든 투자자들의 고민이 아닐까 싶다.

기본 개념 훑어보기

요즘은 주가수익비율PER 같은 분석지표만을 갖고 적정 주가를 설명하는 사람은 거의 없는 것 같다. 예상 실적을 바탕으로 도출하는 '예상 PER' 또한 말 그대로 예상이다. 테슬라 주가를 가지고 DER Dream earning ratio, "주가는 꿈을 먹고 자란다."라고 말하는 사람도 있다. 개인 투자자들이 보는 지표는 대체로 PER, PBR, ROE 등이 있는데, 내 주위 증권사에 근무하는 지인들 또한 이걸 100% 활용한 사람은 단 한 명도 보지 못했다. 단지 참고만 할 뿐이다. 이들 개념에 관하여 간단히 짚고 넘어가보자. 이 책에서 설명하는 정도만 봐도 충분하리라 생각한다.

PER Price earning ratio, 주가수익비율, 주가 / 주당순이익(EPS)

현재의 순이익EPS을 가지고 시가총액을 전부 벌어들일 수 있느냐를 알려주는 지표이다. 어떤 종목의 PER이 10배라면, 지금 이익을 갖고 해당 기업의 주식을 전부 사들이는 데 10년이 걸린다는 뜻이다. 현재 주가가 기업이 벌어들이는 수익에 비해 얼마나 높게 또는 낮게 거래되는지 보여주는 지표라 하겠다. 그런데 어떤 종목은 PER이 50이고 어떤 기업은 PER이 5이다. PER이 낮으면 저평가이고 높으면 고평가된 것일까? 이것을 공식처럼 생각하는 사람이 많지만 무조건적인 것은 아니다. 일반적으로 비인기 업종에는 낮은 PER이 적용된다. 또한 PER이 낮다고 함부로 매수할 것은 아니다. 잘못 들어가면 오랫동안 마음 고생하기 쉽다.

최근에는 이 PER을 멀티플Multiple로 부르는 사람이 많아졌다. 자신이 투자하는 종목이 투자자들에게 높은 멀티플을 인정받으면 주가가 올라가는 경향이 있다. 홀딩스, 금융주, 건설주 등 PER은 대체로 낮다. 그러나 성장주들은 PER이 다소 높은 편이다.

PBR Price Book-value Ratio, 주가 / 주당순자산

시가총액을 순자산으로 나눈 것이다. 현재 주가가 기업 순자산의 몇 배로 매매되고 있는지를 나타내는 지표다. 그래서 '장부가격' 또는 '청산가치'라고도 불린다. 시가총액이 1억 원이고 순자산자본총계이 2억 원이면 PBR은 0.5배다. PBR이 낮을수록 저평가되었다는 의미다. 주가가 오르거나 순자산이 작아지면 PBR이 상승하고, 이와 반대로 주가가 떨어지거나 순자산이 많아지면 PBR이 내려간다. PBR이 낮은 종목을 '자산주'라고도 부른다.

　PBR이 1보다 낮으면 투자 기업 청산이 되더라도 투자금보다 더 많이 돌려받는다. PBR이 1이라면 투자금의 100%를 돌려받는다는 뜻이다. 그러나 PBR이 1보다 높으면 회사를 청산할 경우 투자금을 돌려받을 수 없게 된다.

ROE Return on equity, 자기자본이익률

　당기순이익을 자본총계자기자본로 나눈 지표가 ROE이다. 순이익이 200억 원이고 자기자본이 1,000억 원이라면 ROE는 20%이다. 당연히 수치가 높을수록 자산 대비 이익을 많이 낸다는 뜻이다. ROE는 얼마나 효율적으로 회사가 운영되고 있느냐를 보여주는 지표라 할 수 있다. ROE가 낮다면 자본 운영을 효율적으로 하지 못한다는 뜻으로 해석할 수 있다. 그러나 ROE도 만능 지표가 아니다. ROE는 부채를 숫자가 왜곡될 수 있기 때문에 다른 조건을 충족하면서도 ROE가 높아야 좋은 것이다. 따라서 단순히 ROE만 보고 투자 여부를 판단해서는 안 된다. 왜냐하면 당기순이익은 그대로인데 자산 재평가를 실시해 실제 자기자본가치가 높아지면 ROE는 떨어지게 되기 때문이다.

영업이익률 (매출액÷영업이익)×100

　매출총이익에서 판매비와 관리비를 빼면 '영업이익'이 나온다. 본업인 영업이익이 잘 나와야 회사 존립이 가능하므로 영업이익은 매우 중요하다. 당기순이익은 보유 주식이나 부동산 등 자산 매각 등의 방법을 통해 조정될 수 있다. 그래서 본업 등을 통해 소위 돈 잘 버는 회사를 찾아 투자해야 한다. 영업이익률은 매출액을 영업이익으로 나누면 나온다. 지속적으로 높은 영업이익률을 내놓는 회사가 좋은 회사다. 매출액이 커지면 영업이익률도 높아지는 경향이 있다. 그러나 매출액이 커지더라도 매출원가가 더 커지면 영업이익이 적자가 되기도 한다. 보통 원자재 가격이나 부품 가격이 상승하면 매출이 늘더라도 영업이익이 줄어든다. 영업이익률이 10% 이상 꾸준히 나오는 업체가 바람직하다.

동종업계Peer group의 PER이나 PBR을 비교해보면 적정 주가 여부를 판단하기 좋다. 업종별로 PER이나 PBR이 달리 적용되기 때문이다. 단, PER이나 PBR만 가지고 주가를 판정하기는 어렵다. 이 지표들은 현재 저평가 상태 여부만 볼 뿐, 미래의 성장성까지 파악하기에는 충분하지 않다. 나의 경우에는 PER이나 PBR이 지나치게 높으면 검토 대상에서 제외한다.

포털사이트 증권 페이지 들어가면 PER, PBR, ROE를 확인할 수 있다. 또한 아래와 같은 PER 밴드와 PBR 밴드 차트*도 확인이 가능하다. 네이버

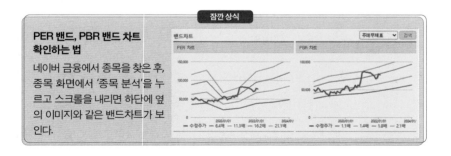

잠깐 상식

PER 밴드, PBR 밴드 차트 확인하는 법
네이버 금융에서 종목을 찾은 후, 종목 화면에서 '종목 분석'을 누르고 스크롤을 내리면 하단에 옆의 이미지와 같은 밴드차트가 보인다.

금융의 경우, 모니터 화면상 파란색 라인이 밴드의 상단에 가까우면 고평가, 밴드 하단에 위치하면 저평가라고 볼 수 있다. 향후 주가 흐름을 예측해볼 수 있다는 점에서 참고할 만하다.

그래서 어떻게 적정 주가를 파악한다는 말인가?

벤자민 그레이엄은 ≪현명한 투자자≫에서 "기업의 적정 가치보다 충분히 낮은 가격이어야만 적절한 안전마진을 확보할 수 있다."라고 말했다. 예를 들어 기업의 적정 가치가 주당 1만 원이고 안전마진을 30%로 둔다면 가격이 7천 원 이하로 충분히 낮아질 때까지 기다렸다가 매수하는 방식이다. 시간이 오래 걸리고 수익이 낮은 단점이 있지만, 비싸게 살 위험을 줄여 원금을 잃지 않을 수 있는 안전한 투자 방식이다. 방어적인 투자자에게 도움이 될 수 있다. 이 방식에서는 '가치평가Valuation'가 매우 중요하다. 가치평가를 하려면 그 기업의 정량적·정성적 분석을 통해 적정 가치를 구해야 한다.

간단하게 가치를 평가하는 방법은, 청산가치를 나타내는 PBR과 수익성 지표인 PER을 동시에 적용하는 것이다. 예를 들어 PBR이 0.5배이면 시장에서 평가받는 기업의 가격은 청산가치 대비 50% 수준인 것이다. 또한 해당 기업이 속한 업종 평균 PER이 10배라고 가정했을 때 현재 그 기업의 PER이 7배라면 적정 가치 대비 30% 할인되어 거래되고 있다고 볼 수 있다. 두 가지 관점에서 종목을 분석해 저평가되어 있다면 매수한다.

2008년 금융위기, 2020년 코로나19 등 시장에 일시적으로 큰 변동성이 발생하면 기업이 헐값에 거래되는 일종의 바겐세일이 일어난다. 이 기간 동안 안전마진이 확보된 종목을 매수한다면 잃지 않는 투자가 가능할 것이다.

나는 투자자가 주식시장에서 주식을 매수할 때 가격이 싼지 비싼지를 알아야 한다고 생각한다. 그런데 종목별로 다르고 산업별로 다르며, 시장의 영향 또한 받는다. 많은 증권사 관계자와 투자자를 만나봤지만 특별한 방법으로 밸류에이션을 구하는 사람은 보지 못했다. 그러므로 추정 영업이익과 업종 PER을 이용해 가치평가를 하더라도 문제가 없을 듯하다. 가장 중요한 것은 자신이 투자하는 회사가 "앞으로 어느 정도 성장할 것이냐?"를 판단하는 일이다.

영업이익에 업종 PER을 곱하라

당기순이익은 영업 외 수익과 비용, 특별 이익과 손실까지 포함한다. 따라서 기업이 순수하게 영업을 통해 벌어들인 영업이익을 기준으로 가치를 평가하는 게 맞지 않은가 한다. 내가 사용하는 평가 방식은 적정 시가총액을 '영업이익×업종 PER'로 계산하는 것이다. 지인들에게 이 방법을 알려줬는데 만족스럽게 활용하고 있다고 한다.

(추정) 영업이익×업종 PER = (향후) 적정 시가총액

시가총액은 발행 주식수와 주가를 곱해서 나온 수치이다. 예를 들어, 시가 총액이 500억 원인 기업이 있다고 해보자. 이 회사가 속한 업종 PER은 10이다. 영업이익이 50억 원이고, 내년에는 매출이 더 늘어나 추정 영업이익이 70억 원 정도로 예상된다. 추정 영업이익에 업종 PER을 곱하면 내년엔 적정 시가총액이 700억 원은 되어야 한다.

이렇게 추정 영업이익과 업종 PER 기준으로 계산하면 적정 시가총액을 판단하는 속도가 굉장히 빨라진다. 나는 이걸 기준으로 적정 주가를 파악하는데 불편함을 전혀 느끼지 못하고 있다.

우리는 주식시장에서 끊임없이 적정 주가를 예측하지만, 주가는 예상대로 움직이지 않는다. 본질적인 가치보다 주가가 크게 상승할 수도 지나치게 하락할 수도 있다. 그런데 그 본질적인 가치를 누가 알 수 있다는 말인가. 그렇다 하더라도 끊임없이 적정 주가를 찾아야 한다. 그리고 판단해야 한다. 결정하지 못하면 부메랑을 맞는다. 아무 주식을 사는 것처럼 위험한 일도 없다. 주식시장은 그런 곳이다.

다음은 삼성전자 기업실적 분석자료이다. 삼성전자가 속해 있는 전기전자 업종 PER이 14.58이고 영업이익이 52조 8,345억 원이니 770조 3,270억 원이 적정 시총이라 할 수 있다. 그런데 현재 시가총액은 440조 3,760억 원이

기업실적분석										더보기›
주요재무정보	최근 연간 실적				최근 분기 실적					
	2018.12	2019.12	2020.12	2021.12(E)	2020.09	2020.12	2021.03	2021.06	2021.09	2021.12(E)
	IFRS 연결	IFRS 연결	IFRS 연결	IFRS 연결	IFRS 연결	IFRS 연결	IFRS 연결	IFRS 연결	IFRS 연결	IFRS 연결
매출액(억원)	2,437,714	2,304,009	2,368,070	2,780,676	669,642	615,515	653,885	636,716	739,792	752,699
영업이익(억원)	588,867	277,685	359,939	528,345	123,532	90,470	93,829	125,667	158,175	150,702
당기순이익(억원)	443,449	217,389	264,078	403,419	93,607	66,071	71,417	96,345	122,933	113,345
영업이익률(%)	24.16	12.05	15.20	19.00	18.45	14.70	14.35	19.74	21.38	20.02
순이익률(%)	18.19	9.44	11.15	14.51	13.98	10.73	10.92	15.13	16.62	15.06
ROE(%)	19.63	8.69	9.98	14.16	9.51	9.98	10.79	12.04	12.60	
부채비율(%)	36.97	34.12	37.07		36.09	37.07	43.23	36.29	38.30	
당좌비율(%)	204.12	233.57	214.82		229.69	214.82	192.26	214.08	210.70	
유보율(%)	27,531.92	28,856.02	30,692.79		30,242.29	30,692.79	30,135.47	31,140.36	32,225.78	
EPS(원)	6,024	3,166	3,841	5,852	1,364	949	1,044	1,391	1,775	1,637
PER(배)	6.42	17.63	21.09	13.38	15.89	21.09	19.54	16.99	14.36	47.82
BPS(원)	35,342	37,528	39,406	43,243	39,446	39,406	39,126	40,361	42,447	43,243
PBR(배)	1.09	1.49	2.06	1.81	1.48	2.06	2.08	2.00	1.75	1.81
주당배당금(원)	1,416	1,416	2,994	1,681						
시가배당률(%)	3.66	2.54	3.70							
배당성향(%)	21.92	44.73	77.95							

니 저평가 상태다.

이어서 업종별 PER 조회 화면을 보자. 자료에서 보는 것과 같이 한국 증시 대표주인 삼성전자가 속한 코스피 전기전자 업종의 PER은 15배 수준이다. 반면 코스닥 시가총액 1위인 셀트리온헬스케어가 속한 제약 업종의 PER은 82배 수준이다.

이렇듯 PER은 해당 업종에 대한 시장의 기대에 따라 달라질 수 있다.

업종별 PER 조회 : 삼성전자

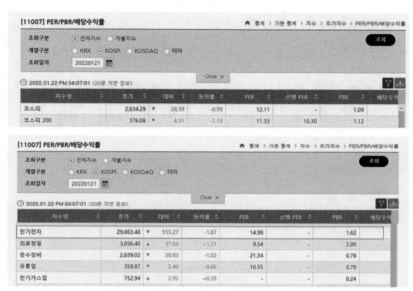

출처 : KRX 정보데이터시스템

업종별 PER 조회 : 셀트리온헬스케어

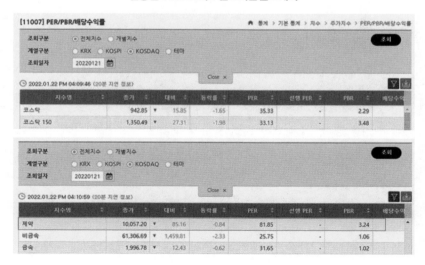

미래에 고성장을 기대할 수 있는 업종에 대해서는 시장 참여자들이 고 PER를 부여해줄 수 있을 것이다. 최근 고성장 중인 2차 전지 업종이 대표적인 예이다. 자율주행, 메타버스, NFT 등 새로운 산업들도 높은 PER을 부여받을 것으로 예상된다.

한편 같은 업종 내에서도 PER의 적용은 달라질 수 있다. 예를 들면, 신소재를 국산화한 기업, 신기술이 적용된 장비를 개발한 기업, 신규 고객사를 확보한 기업 등 기업의 매출과 이익에 중대한 변화가 예상되는 기업의 경우 미래 성장에 대한 기대가 크기 때문에 시장은 그 기업에 동종업체 대비 높은 멀티플을 부여해줄 것이다.

기업 가치 평가를 위해 봐야 할 자료들

증시자금(고객예탁금) 추이

고객예탁금은 금융투자상품의 매매 및 관련 거래를 위해 투자자들이 투자매매업자 혹은 투자중개업자(증권회사, 선물회사)에게 예치한 현금이다. 고객예탁금 추이는 증시에 들어온 투자자 자금의 유출입을 보여준다. 투자자의 예탁금이 늘고 있는지, 아니면 줄고 있는지 살펴보면 어느 정도 주식시장의 앞날을 짐작할 수 있다.

고객예탁금이 점점 늘어나고 있다는 것은 그만큼 많은 사람들이 주식시장으로 모여들고 있음을 의미하므로 향후 주식시장은 상승 가능성이 높다

출처 : 금융투자협회 freesis.kofia.or.kr

고 볼 수 있다.

반대로 고객예탁금이 점점 줄어들고 있다면 사람들이 증권회사에 넣어두었던 돈을 찾아 은행이나 다른 투자처로 떠나는 것으로 해석할 수 있다. 다만, 주가가 올라서 고객예탁금이 많아지는 후행적 성격도 있으니 종합적인 판단이 필요하다.

신용융자 잔고 추이

신용·융자 거래란 일부는 투자자 자신의 자금으로, 나머지는 증권회사로부터 대출을 받아 주식을 매입하는 거래를 말한다. 쉽게 말하면 투자자들이 증권회사에 빚을 내서 주식을 산 금액이다. 소위 '주식 빚투'라고 말하는 것이 대표적인 신용·융자 거래라 하겠다.

유동성지표 : 신용공여 잔고 추이

출처 : 금융투자협회 freesis.kofia.or.kr

　　신용거래를 이용하면 적은 돈에 비해 상대적으로 많은 주식을 매수할 수 있으므로, 일정 기간 상승 시 자기 자금 대비 높은 수익률을 올릴 수 있다. 반대로 주가 하락 시 증거금 부족으로 반대매매를 당하기도 한다.

　　신용 잔고의 증감을 유심히 볼 필요가 있다. 신용 잔고가 증가한다는 것은 결국 빚을 내서라도 투자하겠다는 투자자들의 매수 심리를 반영하기 때문이다. 단기적으로 증시 상승이 전망되면 신용 잔고가 높아지기 시작한다. 반대로 증시가 하락할 것으로 전망되면 신용 잔고는 급격히 줄어들기도 한다. 신용 잔고 추이는 이처럼 증시 향방을 가늠하는 지표로써 역할을 수행한다.

없어도 되는 돈은 없다

많은 사람들이 급하지 않은 돈을 '없어도 되는 돈' 또는 '잃어도 되는 돈'이라 말하며 주식투자를 시작한다. 그렇게 말해야 주식투자에 여유가 생기는 듯하다. 그러나 투자 종목을 보면 투자자의 조급한 마음이 보인다.

아무리 생활에 타격을 주지 않을 금액을 투자한다 해도, 그 돈이 진짜 없어져도 되는 돈은 아닐 것이다. '없어도 되는 돈'이란 말을 하며 투자의 정글에 들어가는 사람을 보면 안타깝다는 생각이 든다. 왜냐하면 싸움에 앞서 이미 한 수 접고 들어가는 것 같아 보이기 때문이다.

며칠 전 만난 분은 최근 "주식시장에서 큰돈을 잃었다."며 "없어져도 되는 돈을 투자하는 것이라고 괜히 허세를 부렸다."라고 후회의 말을 했다.

말에는 힘이 있다. 그 말 속에 씨앗이 있기 때문이다. 투자자의 과시욕이 드러나는 '잃어도 되는 돈'이란 말이 나는 싫다. 아마추어가 투자의 세계에 뛰어들어 죽기 살기로 싸워도 수익을 내는 건 생각보다 어려운 일이다. 주식시장은 투자자의 95%가 원금 손실을 보는 곳임을 잊지 말자.

주식시장은 투자자가 무조건 열심히 한다고 수익을 얻을 수 있는 곳이 아니다. 스마트하게 투자해야 수익을 낼 수 있다. 꾸준히 성장할 기업을 매수해 기다리면 돈이 돈을 벌어다 줄 것이라 확신한다.

9장

주가가 오르는 이유,
미리 알려면
공부가 기본이다

투자자는 특정 자산의 미래 수익에 대한 전망을 바탕으로 자산을 매수하는 사람이고
투기자는 시장에 참여하는 사람들의 심리 변화를 예측하여 자산을 매수하는 사람이다.

존 메이너드 케인스 John Maynard Keynes

투자자는 소신파 투자자와 부화뇌동형 투자자로 분류된다. 나는 주식의 대부분이
소신파 투자자들의 손에 있을 때를 과매도 시장이라 부르며, 반대로 주식의 대부분이
부화뇌동형 투자자의 손에 있을 때를 과매수 시장이라 부른다.

앙드레 코스톨라니 André Kostolany

주식도 사업이다. 그것도 크게 오를 것으로 생각해 투자한 사업이다. 그런
데 아무런 근거나 이유 없이 단지 자기가 매수한 가격보다 주가가 떨어졌다
고 전량매도하거나 실질적인 사업 내용은 검토하지 않고 미국 증시의 등락
에 놀라 주식 전부를 다 정리하는 사람이 있다. 너무나 자주 사업을 바꾸는
사람은 사업에 성공하기 어렵다. 이렇듯 주식 종목을 자주 교체하는 사람도
수익을 내기 어려운 것이 현실이다.

주가의 상승 이유와 그 요건을 알면 이 같은 실수 패턴에서 벗어날 수 있을 것이다. 판단 근거를 가지게 되므로 '벌 수 있다'는 확신을 가지게 되기 때문이다. 그렇다면 어떤 기업의 주가가 오르고, 어떤 기업의 주가가 내리는가?

물론 내일 당장의 주가를 예측하는 것은 신이 아닌 이상 불가능한 일이다. 그러나 큰 관점에서 보면 흐름은 대체로 명확하며, 초보 투자자라도 이를 볼 수 있는 것이다.

답은 이렇다. 실적이 좋지 않은 기업은 시장의 관심을 받지 못한다. 그렇게 되면 '사자'보다 '팔자'가 많아져 주가가 떨어질 수밖에 없을 것이다. 그런데 실적이 좋아지고 회사의 성장이 돋보이게 되면 한순간에 투자자의 관심을 받게 된다. 그때 급격하게 주가가 오른다. 그러다 실적이 쇠퇴하게 되고 경쟁에서 도태되면 시장에서 퇴출되기도 한다. 기업들은 '약육강식'과 '적자생존'의 무한경쟁 시장에서 살아남고 성장해야 하는 숙제를 안고 있다.

주가가 오르는 이유를 찾으면 돈 버는 기업을 찾을 수 있다. 주가가 오르는 포인트를 중심으로 평소 관심 가지던 종목들을 살펴보면 투자에 큰 도움이 될 것이다.

상승을 미리 읽으려면 ❶ 실적 성장이 무엇보다 중요하다

주가가 오르려면 투자하는 회사의 실적이 좋아야 한다. 주주들이 아무리

어닝 쇼크 기업의 실적이 금융시장의 예상에 크게 미달한 경우를 말한다. 반대로 실적이 예상보다 좋은 경우 '어닝 서프라이즈'라고 표현한다.

주가 상승을 희망하여도 어닝 쇼크* 수준의 실적을 낸다면 주가가 오르기 어렵다.

실적이 좋은 기업은 대체로 주요 기관 투자자 대상으로 기업 설명회IR를 실시한다. 수시로 콘퍼런스 콜도 한다. 단일판매·공급계약도 빈번하게 공시한다. 자산총액 2조 원 이상 대기업의 경우 전년 매출 비 2.5% 이상은 의무공시 대상이다. 그리고 코스피는 5% 이상 계약이 의무공시 대상이다. 코스닥은 전년 매출 비 10% 이상의 계약이 의무공시 대상이다.

수주가 많은 업체는 수시공시를 통해 투자자들의 관심을 끌 수 있다. 주주가치 제고를 위하여 기업은 의무공시 대상이 아니더라도 자율공시를 실시할 수 있는데, 실적이 좋아지는 업체들은 이런 공시를 통해 투자자들의 이목을 사로잡는다. 분기별 실적이 좋은 기업들은 언론에도 노출될 수 있다. 증권사에서도 커버리지하며 리포트를 내놓는다. 커버하는 리포트가 많을수록 주가가 오를 가능성이 크다.

column

이것은 알고 투자하자 : 기업 IR과 주가

IR Investor Relations이란, 투자자들을 대상으로 기업 설명 및 홍보 활동을 하여 투자 유치를 원활하게 하는 활동을 의미한다. 실적 발표, 보도자료 배포, 애널리스트 탐방 미팅, 기관 투자자 콘퍼런스 콜, 기자 간담회, 주주 총회 등이 대표적인 IR 활동이다. 시장 참여자들과 원활한 소통을 하고 회사의 영업 및 경영 활동에 대해 효과적으로 설명함으로써 시장에서 적정한 가치를 평가받는 것이 목적이다.

통상 상장기업은 분기별로 실적 발표를 하는데 IR에 적극적인 기업들은 잠정실적 공시를 통해 선제적으로 시장에 실적 결과를 알리고 보도자료도 배포한다. 어닝 서프라이즈가 발표되면 증권사 애널리스트의 목표주가 상향으로 이어지고, 시장에서도 성장성에 대해 좋은 평가를 해주어 주가가 상승하게 된다. 이와 더불어 관심을 갖는 기관 투자자들의 미팅 요청이 쇄도한다.

반면 IR에 소극적인 기업들은 대부분 분기·반기·연간 사업보고서 공시를 통해 기한에 맞춰 실적을 공시한다. 기업의 오너 또는 CEO가 IR에 관심 없는 기업이 대부분이다. 이러한 기업들은 어닝 서프라이즈가 나와도 시장에서 크게 평가를 받지 못한다. 시장에서 장기간 소외되어 시장 참여자들에게 관심 대상이 아니기 때문이다. 평소 시장과 소통이 안 되고 애널리스트의 분석보고서도 없는 경우가 많아 호실적을 발표하더라도 주가가 추세적으로 상승하기 어렵다.

이처럼 상장기업에게 IR은 매우 중요한 활동이다. 투자자들은 시장과의 소통에 적극적이고 우호적인 기업들을 투자 대상으로 삼는 편이 유리할 것이다.

상승을 미리 읽으려면 ❷ **주가를 올리는 기업 활동을 보라**

기업의 경영권 분쟁이나 인수합병M&A되는 경우 대중의 주목을 받으며 기업이 재평가되고 이때 주가가 오르는 경향이 있다.

일례로, 한진칼은 2019년 4월 조양호 회장의 별세 이후 경영권 분쟁에 불이 붙기 시작하였다. 행동주의 사모펀드KCGI, 조현아 전 대한항공 부사장, 조원태 한진그룹 회장의 갈등이 부각되면서 주가가 2만 4천 원대에서 11만 원대까지 경영권 분쟁 관련 뉴스가 나올 때마다 상승하였다. 그러나 지금은 경영권 분쟁이 소강 상태에 접어들자 주가도 고점 대비 50% 정도 하락한 상태이다.

경영권 분쟁이 발생한다고 해서 무조건 주가가 오르는 것은 아니다. 갈등 정도가 낮은 단계의 경영권 분쟁은 주식 수급에 영향을 거의 미치지 않기 때문에 주가 상승은 제한적일 수밖에 없다. 경영권 분쟁이 일단락되거나 미미할 경우 오히려 주가가 하락하는 경우도 많다. 개인 투자자는 이 점에 특별히 유의해야 한다.

한편 기업 인수와 합병의 경우에도 주가가 올랐다. 2018년 5월 LG전자가 산업용 로봇업체 로보스타 경영권을 인수하자 대기업의 인수로 인한 기대감과 수요가 늘어나면서 주가가 급등하였다. 당시 2만 원대이던 주가는 4만 5천 원까지 상승하였다. 그러나 그 후에는 지속 하락한 바 있다. 기본적인 펀더멘탈이 달라지지 않은 일시적인 이벤트에는 단기로만 접근하여야 한다.

상승을 미리 읽으려면 ❸ 이슈에 촉각을 세워라

실적이 좋지 않은 업체들의 경우 IR이나 잠정공시, 보도자료 배포 등을 통해 대중들의 이목을 끌만 한 요인이 없기 때문에 주가가 오르기 어렵다. 그러나 정치 테마주로 엮이는 경우 주가가 오를 수 있다. 정치 테마주는 유력 대선주자의 출마와 관련, 지지율에 따라 급등락을 계속한다. 단기 차익을 노리는 개인 투자자들 상당수는 정치 테마주 흐름에 뒤늦게 가담한다. 그러나 기관이나 외국인 등은 기업 가치에 무관하게 주가가 오르면 매도 기회로 생각하고 차익을 실현한다. 그 결과, 정치 테마주 투자로 인한 투자 손실은 전부 개미들 몫이 되고 만다.

그런가 하면 국내외적으로 열풍을 일으킨 핫이슈 및 트렌드와 관련해 주가가 오르기도 한다. 2016년 모바일 게임 '포켓몬 고'가 전 세계적인 인기를 끌면서 증강현실AR, 가상현실VR, 게임 관련 주가 관련 테마주로 폭등하였다.

대북 경협주는 2017년 6월 24일 문재인 대통령이 무주 WTF 세계태권도선수권대회 축사에서 북한의 평창 동계올림픽 참가를 제안한 이후 주가가 움직이기 시작해 2018년 4월 27일 제3차 남북정상회담 개최 당시 최고조에 달했다. 이후에도 대북주는 북한과의 갈등이나 이슈 등으로 크게 출렁였다.

2021년에는 <오징어 게임> 드라마가 미국 넷플릭스 TV쇼 부문에서도 1위를 차지하는 등 전 세계적으로 인기를 얻으며 K-콘텐츠 관련주가 덩달아 상승 곡선을 그렸다.

이 같은 테마주는 일시적인 수급에 의한 주가 상승을 시현하나 이에 대한 유통기한이 매우 짧다. 개인 투자자가 뒤늦게 뛰어들었다가는 낭패를 보기 십상이다. 매수 단계에서부터 매매 전략을 가져야지, 막연한 기대감에 투자에 뒤늦게 나섰다가는 테마주의 전형적인 패턴인 '급등·급락세'에 휘말릴 수 있다. 실상 테마주는 우후죽순 생겨나고 있는 주식 리딩방, 유튜버 그리고 테마주를 좇는 개인 투자자들의 합작품이라 할 수 있다. 테마주로 돈을 벌기 위해서는 누군가 나보다 비싼 값에 사줘야 하는 것이다.

상승을 미리 읽으려면 ❹ 돈의 심리를 읽어라

앞서도 이야기했지만 주가는 수요와 공급에 의해 결정된다. 주가를 움직이는 힘은 무엇일까? 앙드레 코스톨라니는 "주가는 돈과 심리에 의해 움직인다."라고 말했다. 나도 그의 말에 전적으로 동의한다. 그렇다면 돈을 움직이게 하는 심리는 무엇일까? 이 심리를 또 무엇이 움직이게 할까? 의문이다. 나 또한 불안한 마음이 크면 주식을 내다 파는 심약한 개미에 불과하다.

시장에서 주도주는 끊임없이 바뀌고 있다. 우리나라 주식시장의 역사를 보면 1970년대에는 건설주가 시장을 주도했다. 중동 특수와 수출 호조, 경제개발계획 등 호재가 줄줄이 겹쳤다. 1970년 말 건설주 파동으로 거품이 꺼지고 1980년 초에는 유전 개발 관련주 등이 폭등했다. 1978년 산유국들의 석유 수출 무기화로 인한 오일쇼크의 영향이 컸다. 1985년 이후에는 88 올림픽을 앞두고 유동성장세가 이어졌다. 거의 모든 업종에서 주가가 올랐다. 그중 특히 금융주, 건설주, 무역주 등이 가파르게 올랐다. IMF 이후에도 유동성장세가 이어졌고, 그중 IT 관련주가 폭등했다. 2000년 초반에는 줄기세포 테마주가 폭등했다. 2000년 후반에는 자동차, 화학, 정유 관련주가 거침없이 질주를 했다. 조선주도 폭등했다. 뒤이어 중국 관련주도 큰 시세를 기록했다. 최근에는 2차 전지 관련주가 크게 올랐다.

언제나 새로운 성장동력이 기대되는 곳에 돈이 몰렸다. 지금보다 내년이 더 좋아진다는 기대감이 있어야 투자자가 지갑을 열고 베팅을 한다. 미국의 경우 1800년대 후반에는 철도산업이, 1900년대 초에는 철강산업이 폭등을 하였다. 그 이후 전기, 전화, 자동차, 라디오 등 산업이 크게 성장했다.

반도체는 앞으로도 좋을 것이다. 앞으로 뜰 산업에 반도체가 필수이기 때문이다. 여기에 2차 전지, 자율주행, 로봇, 우주항공, 바이오 헬스케어 등 시클리컬 산업* 중에서 큰 수익이 나올 종목이 있을 것이라 생각한다. 재빨리 종목을 발굴하고 선점해 기다리면 부자가 될 수 있다. 주식투자가 어려운 것은 기업의 본질 가치가 아닌 주가의 움직임에 맞춘 모멘텀 투자로 수익을 내려고 하기 때문이다. 짧은 시간에 큰 수익을 내겠다는 욕심을 버리고 길게 투자하면 투자가 어렵지 않게 된다.

> **주식 용어**
>
> **시클리컬 산업** 철강, 제지, 정유, 화학 등 경기에 민감한 산업들을 의미한다. 시클리컬 산업의 반등은 대개 금융장세에서 실적장세로의 변화 신호로 여겨진다.

경제 상황이 급격하게 변하는 가운데 이익 증가에 따른 기대감에 따라 선도주가 바뀌고 있다. 매출과 이익을 동시에 낼 수 있는 기업, 시대를 선도하는 종목을 찾아야 한다. 이를 먼저 캐치할 능력이 있다면 부를 잡을 수 있다. 무엇보다 중요한 것은 뒤늦게 뒤따라가면 안 된다는 것이다.

1월 효과

이 말은 1월의 주가 상승률이 다른 달에 비해 상대적으로 높게 나타나는 현상을 말한다. 1월에 주가가 오르면 이 말의 효과 때문이 아닐까 하는 생각을 해본다. 12월이면 '산타랠리'라는 말이 많이 나온다. 기대감을 갖게 하는 말을 통해 주식 매수를 유도하는 것이 아닐까 하는 생각도 든다.

"10월은 주식투자에 있어서 특히 위험한 달 중 하나다. 다른 위험한 달로는 7월, 1월, 9월, 4월, 11월, 5월, 3월, 6월, 12월, 8월, 그리고 2월이 있다."
≪허클베리 핀≫, ≪톰 소여의 모험≫ 등을 쓴 미국의 유명 소설가 마크 트웨인의 말이다. 결국 일 년 중 주식투자가 위험하지 않은 달은 없다. 일 년 내내 위험한 달이다.
여담으로, 마크 트웨인은 주식투자에 여러 번 실패했다. 광산주에 투자해 회복하기 어려운 손실을 입었다고 한다. 이로 인해 그의 말년은 힘들었다고 전해진다.

10장

매매 기술보다
더 중요한
투자의 체크포인트란?

반복적인 일이 모여서 우리를 만든다.
따라서 탁월함은 업적이 아니라 습관이다.
아리스토텔레스 Aristoteles

투자 정보지나 기업체 임원이 아니라 쇼핑몰과 가족에게서 대박주를 찾아라.
'이 멋진 걸 누가 만들었을까'라고 질문을 자주 던져라.
피터 린치 Peter Lynch

비싸게 팔릴 가치 있는 것을 원하면서 왜 무조건 싸게 사려고만 하는가? 싸게 사려다 매수 시기를 놓치는 경우가 너무 많다. 그러나 기다리는 조정은 오지 않는다. 그래서 단순한 매매 행위에도 철학이 있어야 한다는 것이다.

탈무드 속담에 "자녀에게 물고기를 잡아주면 한 끼 밖에 못 먹지만 물고기 잡는 방법을 가르쳐주면 평생을 먹고살 수 있다."라는 말이 있다. 자녀교육 방법으로 자주 인용되는 명언이다. 그런데 우리는 물고기 잡는 방법에 지나치게 집중하는 경향이 있다. 현실에서는 왜 물고기를 잡아야 하는지, 언제 물고기를 잡아야 하며, 어떤 물고기를 잡아야 하는지 등 배워야 할 것이 한두 가지가 아니다. 물고기를 잘못 먹으면 죽을 수도 있다. 복어가 그렇다. 또, 물고기를 잡는다고 치어까지 마구 잡아대면 곤란하다. 원칙과 기준이 없으면 너무나 위험한 것이다.

주식투자에 있어서 매매 방법에만 집중하다 보면 정작 중요한 것들을 놓칠 수 있다. 돈만 벌면 다 된다는 생각으로는 절대 돈을 벌 수 없다. 오히려 이것 때문에 불행해질 수 있다. 그동안 증권시장의 테마주와 급등주 매매로 얼마나 많은 사람들이 불행해졌는가 말이다. 전에 같이 근무하던 후배 직원이 급등주와 테마주 차트를 찾아 공부하는 것을 보니 안타까웠다. 주식시장에서 수많은 투자자들이 순식간에 2~3배 오를 주식만 찾아다니고 있는 상황이다. 투자하는 회사의 실적이 좋아지고 지속 성장하게 되면 주가는 당연히 오르지 않을까? 실적으로 주가가 오르는 것이라 생각해야 하는데 세력이 주가를 올린다고 생각하니 매일 차트만 쳐다보고 있다. 어느 날 그에게 물었다.

"재무제표를 보지 않고 투자하면 위험하지 않아?"

"모르시는 말씀! 부실주가 더 많이 상승해요."

그의 투자관은 재무상태가 부실할수록, 실적이 안 좋을수록 더 많이 주가가 올라간다는 것이었다.

좋은 종목에 오랜 기간 투자해야 수익이 난다. 이 단순한 투자 원칙을 무시한 후배의 계좌 손실액은 눈덩이처럼 불어나고 있다. 거의 깡통 직전이다.

체크포인트 ❶ 매매 수수료와 세금, 작지만 작지 않다

잦은 매매를 하는 사람은 비대면 계좌를 쓰는 것이 좋다. 증권사 영업점 계좌를 써서는 안 된다. 영업점 계좌는 매매 수수료가 0.1%로 비대면 계좌에 비해 거의 10배가량 비싸기 때문이다.

비대면 계좌 수수료는 증권사마다 조금씩 차이가 있으나 대략 0.014% 정도이다. 영업점 계좌 매매 수수료는 대부분 증권사가 0.1%로 거의 동일하다. 한편 영업점 직원을 통해 전화로 매매하는 것은 수수료가 0.5%로 가장 비싸다. 주식 매매를 거의 안 하는 분, 주식 공부를 별도로 하지 않거나 장기투자하는 분들이 주로 쓰는 매매 방법이다. 어느 증권사 직원에 따르면 수수료가 비싼 만큼 단타 매매보다 수익률이 더 큰 경우가 많다고 한다.

신용·융자 또는 주식 담보대출을 이용하는 경우 비대면 계좌와 영업점 계좌의 이자가 조금씩 다르다. 신용 레버리지 주식 매매로 수익을 극대화하는 투자자라면 증권사 영업점에 따라 신용이자 협의가 가능하다. 협의 수준은 증권사 정책에 따라 천차만별이다.

매매수수료, 세금, 신용이자 현황

구분		증권사 매매수수료	거래세	합계	신용 및 주식 담보 대출 이자
영업점 계좌	직원통화 매매	0.5%	0.23%	0.73%	증권사 영업점별 투자규모에 따라 이자 협의 가능
	온라인 매매	0.1%	0.23%	0.33%	
비대면 계좌		0.010 ~0.014%	0.23%	0.230% ~0.237%	대출 구간별에 따라 이자는 5.9~10.5%

나는 지역 영업점 계좌를 사용하고 있다. 단타 매매를 하지 않는 대신 신용 레버리지를 적극적으로 활용하고 있기 때문이다. 나의 경우는 신용이자로 증권사에 많은 돈을 내는 우수고객인 셈이다. 투자금액이 늘어나며 협상이 가능해졌다. 모든 증권사가 신용이자를 협상해주는 것은 아니며, 증권사별로 큰 차이가 있다. 참고로, 나는 몇몇 증권사 지역 영업점과 협의하여 4~5%대 신용이자를 사용하고 있다.

대부분의 단타 계좌는 잦은 매매로 세금과 수수료만으로도 투자원금 이상이 된다고 한다. 만약 단타 매매를 잘해 그 이상의 수익을 내고 있다면 전혀 문제가 되지 않는다. 그런데 손실이 심해지고 있는데도 이 같은 방법을 계속 사용하고 있다면 매매 방법에 문제가 있는 것이다.

체크포인트 ❷ 공시 자료, 안 보면 위험해진다

공시는 투자 판단에 중대한 영향을 미칠 수 있는 중요한 기업 내용의 정보를 공개함으로써 투자자가 자유로운 판단과 책임 하에 투자 결정을 내릴 수 있도록 하는 제도이다. 주식시장 내의 정보 불균형을 해소하고 공정성을 확보하여 투자자를 보호하는 기능을 담당하고 있다.

그런데 이런 공시를 전혀 참고하지 않는 개인 투자자들이 많은 실정이다. 내가 투자하는 기업이 어떤 일을 하고 있고 어떤 현안이 있는지 수시로 확인해야 한다. 그렇지 않으면 내 주식투자가 위험해질 수 있다.

투자 결정에 앞서, 투자자들은 투자 판단에 영향을 미칠 수 있는 중요한 기업 정보 공시를 필수적으로 확인하여야 한다. 투자하려는 기업에 중대한 위험 요인이 있을 수 있기 때문이다.

투자자 입장에서 가장 주의해서 봐야 할 공시는 정기 공시이다. 분기 또는 반기 보고서를 비롯해 사업보고서에는 기업의 모든 정보가 들어가 있다. 사업보고서는 투자자에게 있어서 기본적으로 챙겨야 할 공시라 하겠다. 주식의 발행에 관한 사항 중 특히 전환사채, 신주인수권부사채에 관한 사항은 유의해 보아야 한다. 주식 수가 증가하기 때문에 주가에 대부분 부정적으로 작용한다. 이러한 채권의 발행은 주주 가치를 크게 훼손할 수 있다.

손익계산서는 경영 성과를 나타내주는 일종의 성적표라 할 수 있다. 기업은 이윤 추구를 목적으로 하기 때문에 매출은 얼마나 올렸는지, 이익을 얼마나 냈는지 확인해야 한다. 재무제표 상태표는 기업의 자산, 부채, 자본 등 기업의 재산 상태를 나타내준다. 회사의 개요, 사업의 내용, 재무에 관한 사항, 임원 및 직원에 관한 사항, 주주에 관한 사항 등 순으로 보고서 내용을 체크하면 된다.

상장기업의 중요한 공시 사항은 금융감독원 전자공시시스템144페이지 칼럼 참고에서 확인할 수 있다.

상장기업 공시제도

종류	의의	내용	제출기한	위반시 제재
수시 공시	주요 경영사항에 해당하는 사실 또는 결정이 있는 경우, 즉시 그 내용을 거래소에 신고하는 제도	• 영업 및 생산활동에 관한 결정 • 재무구조 변경에 관한 결정 • 지배구조 또는 존립에 관한 결정 • 기타 중대한 결정	• 사유 발생 당일	• 불성실공시법인 지정 • 매매거래정지 • 불성실공시 사실의 공표 등
정기 공시	투자자에게 기업 내용과 함께 일정기간의 영업성과 및 재무상태를 정기적으로 공시하는 제도	• 사업보고서 • 분기보고서 • 반기보고서	• 사업연도 경과 후 90일내 • 분기 경과 후 45일내 • 반기 경과 후 45일내	• 매매거래정지 • 상장폐지
공정 공시	증권시장을 통해 공시되지 아니한 중요정보를 모든 시장참가자들이 알 수 있도록 공시하도록 하는 제도	• 장래 계획 또는 경영계획 • 매출액 등 영업실적에 대한 전망 • 잠정 영업실적 • 중요 경영사항 등	• 사유 발생 당일	• 불성실공시법인 지정 • 매매거래정지 • 불성실공시 사실의 공표 등
지분 공시	시장의 투명성을 제고하기 위해 주식 등의 소유 및 변동 정보를 신속하게 증권시장에 공시하게 하는 제도	• 대량 보유상황 보고 • 임원 소유상황 보고 • 단기매매차익 반환	• 5영업일 이내 • 5일이내 • 정기(사업·반기·분기) 보고서 제출시	• 행정처분 • 형사처벌 및 과징금 • 단기매매차익 반환

기업 분석에 참고할 만한 사이트

스마트폰으로 QR코드를 찍으면 바로 이동할 수 있습니다.

 한경컨센서스 consensus.hankyung.com 매일 발간되는 증권사의 시장, 산업, 기업 분석리포트를 무료로 이용 가능하다.

 전자공시시스템 dart.fss.or.kr 상장기업의 사업보고서 등 공시 사항을 확인 가능하다.

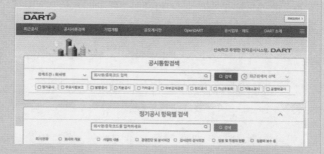

 KIND - IR 일정/자료실 kind.krx.co.kr 상장기업의 IR 일정과 자료를 확인 가능하다.

감사하면 반드시 보답하라

성공 가도를 달리다 좌초하는 사람들을 많이 봤다. 이런 경우 십중팔구 자기 과신과 교만이 원인이었다. 어떻게 하면 지속가능한 성장을 할 수 있을까?

자기를 둘러싼 모든 것에 감사하면 된다. 그동안 이룬 성과가 자신 때문이 아니라 그 일에 협력한 모든 이의 공이었음을 인정하는 것이다.

나는 감사함을 표시한다는 것이 물질적인 표현을 의미한다고 생각한다. 때로는 선물도 건네고 좋은 곳에서 식사도 대접하는 것이다. 현금으로도 보답해야 한다. 말로만 감사하다고 하는 것은 감사가 아니다.

내가 만나본 성공한 CEO들은 한결 같이 직원들에게 따뜻했다. 직원들에 대한 사랑이 대단하다는 느낌을 받았다. 자기 성장과 발전을 위한 가장 중요한 에너지는 보답이다.

제3부

BHAG 투자 전략으로
거인이 될 준비를 하라

11장

BIG :
크게 사고하라, 큰 그릇에 담아라

실수를 피하는 유일한 길은 투자하지 않는 것이다.
그러나 그것은 가장 큰 실수다.
존 템플턴 John Templeton

가치 판단을 할 수 있을 만큼 충분한 정보를 알고 있는 한 가지 주식이
잘 모르는 열 가지 주식보다 더 안전하다. 확신이 없는 대상으로
지분을 분산시키기보다는 위험하지 않다고 믿을 수 있는 증거를 보여주는
한 가지 종목을 대량 보유하라.
존 메이너드 케인스 John Maynard Keynes

기업에 있어 가장 큰 위험과 위협은 CEO 리스크이다. 기업이 잘되든 안
되든 CEO의 책임이다. 개인도 마찬가지다. 인생에 있어 가장 중대한 리스크
요인은 자기 자신이며, 가장 큰 잠재력도 자기 자신 안에 있다. 그러므로 자기
경영이 무엇보다 중요하다.

'BHAG'는 1994년 제임스 콜린스와 제리 포래스가 ≪성공하는 기업들
의 8가지 습관 Built to Last≫이란 책에서 처음 사용한 용어다. 크고 Big 위험하고

Hairy 대담한Audacious 목표Goal라는 뜻이다. 나는 무한경쟁 시대에 인간의 상상을 넘어서는 야심에 찬 목표를 가진 기업이 글로벌 성장을 이끌어내는 기제가 바로 BHAG라고 생각한다.

최근 이것을 제대로 실천하고 있는 사람으로 기업인 일론 머스크를 들 수 있다. 그는 2002년 5월 우주탐사기업 스페이스XSpaceX를 설립하고 화성에 인간이 살 수 있는 정착촌을 건설하는 것을 목표로 내걸었다. 2008년 민간 기업으로는 최초로 액체연료 로켓 '팰컨1Falcon1'을 지구 궤도로 쏘아 올렸다. 2021년 10월 기준 스페이스X 우주여행의 티켓 가격은 5,500만 달러약 560억원라고 한다. 상업용 위성발사 시장에서 비즈니스 기회를 개척하고 있는 것이다. 일론 머스크는 테슬라Tesla로 내연 기관차에서 전기차로의 혁신을 선도하며 마이크로소프트의 빌 게이츠를 제치고 세계 부호 순위 2위에 오르기도 했다. 최근에는 뇌신경과학 스타트업 뉴럴링크Neuralink를 통해 사람의 뇌에 컴퓨터 칩을 이식하는 기술에 대한 임상시험을 준비하고 있다고 밝혀 우리를 놀라게 했다. 공상만화에서 나올 법한 이야기를 '비전'으로 삼고 이를 현실화하고 있는 것이다. 도대체 그의 대담한 도전은 어디까지일까?

대다수 사람들은 은행 수익률보다 조금 나은 수준의 이익을 목표로 주식투자를 한다. 그러나 나는 '안정성'을 추구하는 주식투자로는 절대 부자가 될 수 없다고 생각한다. 반대로, 다른 사람들이 발견하지 못한 가치를 먼저 발견하고 선점해 기다리기만 하면 상상할 수 없는 속도로 부자가 될 수 있다. 나는 그간의 경험과 노하우를 바탕으로 개인 투자자를 위한 BHAG

투자 전략을 정립하였다. 앞서 머리말에서 밝혔듯이 나의 최종 수익률은 2,200배가 넘는다. 7년 만에 이루어낸 이 같은 수익률의 최초 시드는 300만 원이 채 되지 않았다. 개인 투자자들이 금과옥조처럼 여기는 투자계명들을 믿고 분할매수, 분할매도하고 안정성을 추구하며 투자했다면 과연 이 같은 수익을 낼 수 있었을까?

지금까지 큰 회사를 키워온 기업가들을 보면 공통점을 찾을 수 있다. 처음부터 말도 안 되게 큰 비전을 세우고, 어쩌면 모든 것을 잃을 수도 있는 리스크를 감수하며, 이를 엄청난 결정력과 추진력으로 실현한다는 것이다.

이러한 대표적인 인물로 소프트뱅크의 창립자이며 일본 투자계의 신화로 불리는 손정의가 있다. 처음 회사를 창업했을 당시, 그는 단 두 명의 직원만을 데리고 있었다. 그 두 사람 앞에서 손정의는 "나는 5년 뒤 100억 엔, 10년 뒤 500억 엔, 그 뒤에는 수조 엔 규모의 회사를 세울 겁니다."라고 말하였다. 여담이지만, 두 직원은 그를 허풍쟁이 정도로 여겼다 한다. 몇 년 후 그는 소프트웨어 도매업을 주로 하는 회사를 세우고, 자본금 1천만 엔 중 무려 800만 엔을 오사카 전자 전시회 참가비용으로 사용하는 초강수를 둔다. 그렇게 소프트웨어 제작사들에 자신의 회사를 홍보하였지만 사업 유치는 쉽지 않았다. 책상 두 개만이 놓여 있는 초라한 사무실, 게다가 나이 어린 사장을 보고 선뜻 계약하려는 회사는 없었다. 이 상황을 손정의는 자신이 만든 비전을 믿음으로써 극복하였다. 그의 대담하고도 놀라운 비전이 상대 회사의 마음을 돌려놓은 것이다. 손정의는 이처럼 큰 비전, 위험을 감수하는 대담한 투자로 유명하다. 그 회사가 바로 '소프트뱅크'사이다. 그는 여전히 "돈이 아니라 미래를 만드는 자본가를 지향"하며 "수상한 기업에 투자한다."라고 말한다. 안심할 수 있는 회사는 이미 성장이 끝난 회사에 불과하기 때문이다.

주식도 사업과 같다. 기존 관념의 틀을 깨고 거인의 어깨 위에서, 거인의 눈높이를 가지고 크게Big 사고해야 한다. 확신을 가진다면 위험Hairy 앞에서도 강심장이 될 수 있으며, 대담한Audacious 의사결정을 통해 엄청난 목표Goal에 다다를 수 있다. 그 목표는 이제까지 기대해온 일반적인 투자 수익을 넘어서는 것으로, 우리를 단지 슈퍼개미를 넘어 타인에 귀감이 되는 '거인' 투자자의 행렬에 들어가게 할 것이다.

이 같은 BHAG 투자 전략의 핵심의 첫 번째는 Big, '크게 사고하라, 큰 그릇에 담아라'이다.

장담하건대 '레버리지'와 '복리'의 마법을 똑똑하게 사용할 수 있다면 부자가 되는 길을 수십 년 단축할 수 있다. 그런데 후자복리는 다들 인정하면서도 전자레버리지에 관해서는 겁내고 언급 자체를 꺼려한다. 그 같은 사고의 틀을 깨야 한다. 자본주의 사회라는 큰 틀에서 보면 대다수 사업가와 부동산 투자자들은 레버지리를 사용하여 부를 쌓고 있다. 그런데 유독 주식투자에 대해서만 색안경을 끼고 보는 경향이 있는 듯하다. 이런 관념을 깨고 레버리지 활용에 대한 사고를 확장해야 한다.

나아가 부화뇌동하지 않는 단단한 투자를 지향해야 한다. 자신의 철학과 경험을 쌓아나가며, 기다리고 다듬으면서 투자의 그릇을 키워나가야 한다. 크게 담을 준비가 되었을 때 큰 수익이 발생한다는 것이 내 생각이다.

나만의 길을 가야 하는 이유

남들을 따라가면 안전하리라는 생각은 위험하다. 군중이 몰려들 때는 이미 끝물인 경우가 많기 때문이다. 남들과 같이 가면 남들처럼 된다. 실상 대다수가 가는 길은 무난한 길이 아니다. 오히려 험난한 길이었다. 주식시 장의 역사가 이를 말해주고 있다. 그러나 무턱대고 "남이 가지 않는 길을 가라."라고 하는 것은 어떤 위험이 있을지 몰라 망설여진다. 대중과 반대로 가기 위해서는 확실한 이유와 합당한 근거가 있어야 한다.

기존의 생각과 다른 길을 가려면 차별성 있는 투자 전략과 예측되는 결 과 값에 대한 자기 확신이 있어야 한다. 자신이 하는 판단에 대한 두려움이 크고 선택한 종목에 대한 확신이 없으면 다른 사람들의 심리와 행동에 많 은 영향을 받을 수 받게 없다.

소중한 자산을 남의 말만 듣고 투자하는 것은 정말 위험한 일이다. 이건 기본 중의 기본이다. 그런데 자신이 없기 때문에 다른 사람에게 기대어 투 자하려는 사람들이 너무나도 많다.

주식투자에 있어서도 마찬가지로 남을 지나치게 믿어 문제가 된 사례가 많다. 기존의 속설을 무비판적으로 받아들이는 것이 원인이었다. 주식투 자에서도 크고 대담하며 도전적인 목표BHAG를 갖자. 과감한 목표를 갖고 행동할 때 100억 주식 부자가 될 수 있다. 비범한 목표를 갖고 있으면서 보통의 방법을 시도해서는 절대로 '큰 부자'가 될 수 없다. 나는 기존의 문법이 아닌 파격적인 방법과 새로운 시도를 통해 수익을 극대화하고 있고 실제로 부자가 되고 있다. 이를 위해서는 나의 안목이 정확해야 한다. 그리고 투자하는 회사에 대한 절대적인 신뢰가 필요하다.

레버리지 사용 전에 반드시 기억할 것들

주식투자에서 레버지리 이야기를 다들 꺼리는 이유는, 아마도 너무 위험하기 때문일 것이다. (다음장에서 말하겠지만, 우리는 이 위험을 감수할 준비도 함께 갖출 것이다.) 그러므로 그 마법을 사용하는 사람은 정말 현명해야 한다. 우리의 투자 여정을 완전히 바꿔놓을 이야기를 시작하기에 앞서 반드시 기억할 부분부터 짚어보려고 한다.

신용·융자 잔고가 2012년 3.4조 원에서 2021년 말 23조 원 규모로 700% 이상 증가하였다. 신용거래에는 증권사에서 지정한 종목 등급에 따라 사고자 하는 주식의 현금 보증금이 다르게 적용된다. 가령 삼성전자 보증금률이 20%라고 하면 현금 20%만 있어도 삼성전자 주식 1주를 매수할 수 있다. 나머지 80%는 증권회사에서 현금으로 빌려 주식을 사는 융자다.

반대매매는 증권사에서 돈을 빌려 매수한 주식이 일정 수준 아래로 그 가치가 떨어지거나, 외상거래로 산 주식이 결제 대금을 납입하지 못할 때 증권

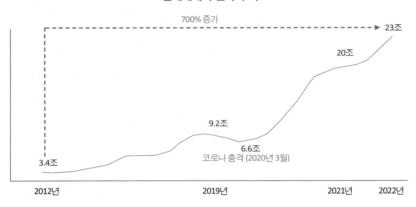

반대매매의 변화 추이

700% 증가

23조

20조

9.2조

6.6조
코로나 충격 (2020년 3월)

3.4조

2012년　　　　　　　　　　2019년　　　　　　2021년　2022년

사가 강제로 주식을 처분해 채권을 회수하는 방법이다. 매일 하루 평균 200억 원 정도가 반대매매를 당하고 있는 것이 현실이다. 많을 때는 하루 300억 원 이상 증권사 강제 매도 조치로 다수의 개인 투자자 계좌가 소위 '깡통 계좌'화되는 경우가 허다하다. 이런 상황인데도 반대매매를 회피하거나 막지 못하고 당하고 있는 것은 왜일까?

첫 번째, 너무 고통스럽고 무서워서 반대매매 상황 자체를 부정하는 심리가 크게 작용했기 때문일 것이다. 두 번째, 혹시 반전이 있을지 모른다는 일말의 기대감 때문이다. 그러나 현실은 반대매매로 인해 투자자 본인의 손실과 고통이 커질 뿐만 아니라, 쏟아지는 매물 때문에 증시도 추가 하락 압력을 받는다.

2020년 3월, 코로나19에 따른 경제 봉쇄로 앞으로 경기가 좋지 않을 것이란 전망에 따라 전 세계 주가가 급락하며 대규모 반대매매가 연일 계속되었다. 신용잔고도 3조 원 가까이 줄어들었다.

최근에는 미국 정부가 긴축 재정을 검토한다는 뉴스가 나오며 전 세계 주가가 급락하면서 반대매매로 주식을 다 팔아도 빌린 돈을 못 갚는 깡통 계좌가 속출하고 있다. 담보유지비율에 미달하면 증권사가 주식을 강제 반대매매한다. 담보유지비율이란 무엇일까? 보유한 돈을 빌린 돈으로 나눈 값을 말하는데, 대부분의 증권사는 평균 담보유지비율의 하한을 140%로 설정하고 있다. 예를 들어, 1,000만 원을 가진 투자자가 1,000만 원을 빌려 2,000만 원의 주식을 매수하면 2,000만 원/1,000만 원×100으로, 담보유지비율은 200%이다. 그런데 주가가 1,400만 원으로 떨어졌다면 담보유지비율은 1,400만 원/1,000만 원×100으로 140%가 된다. 140% 아래로 내려가면 반대매매 대상이 된다. 추가 납입하거나 매도하라는 문자 메시지가 온다.

반대매매 문자를 받고 계좌에 적용된 담보유지비율이 미달되면 2거래일 뒤 증권사는 해당 주식을 시초가에 하한가 매도한다. 특히 증시 조정기에 반대매매를 당하게 되면 타격이 크다. 매수보다는 매도가 많아 하방 압력이 크기 때문이다. 그래서 반대매매를 당하기보다 담보유지비율이 낮아지지 않도록 사전에 계좌를 관리하는 것이 좋다.

담보유지비율을 맞추는 방법은 다음과 같다.

첫째, 신용으로 매수한 종목 중 일부를 손절하는 방법이다. 경우에 따라 예수금이 마이너스되면 현금을 추가로 납입해야 하는 경우가 발생한다.

둘째, 현금을 채워 넣는 방법이 있다.

어차피 리스크를 감수할 마음이 없다면, 소소한 주식투자의 경우 자신이 가진 여윳돈으로 하는 것이 좋다. 다만, 투자자가 업사이드 큰 종목을 발견했다고 확신하는 경우 그때는 레버리지를 사용할 수 있다고 생각한다.

신용투자는 양날의 검이다. 내가 잘 알지 못하는 종목에 신용 투자하면 오히려 투자자가 위험해진다. 모르는 종목에는 절대 투자하지 말아야 한다. 하루는 신용을 쓰는 후배가 내게 전화해 자기 계좌의 담보유지비율이 위험한데 차라리 증권사 앱을 삭제하는 것이 나을지 물었다. 어떤 경우에도 내 계좌의 주인은 나다. 누가 나 대신 주식 관리를 해주지 않는다. 앱을 삭제하고 주식을 보지 않는다고 해서 피해지는 것이 아니다. 레버리지를 쓰는 투자자라면 적극적으로 담보유지비율을 관리해야 한다.

레버리지 투자의 절대 원칙

미스터 마켓주식시장의 변동성이 크면 술주정뱅이 같다고 표현한다. 등락률이 어찌나 큰지 머리가 아프고 어지러울 정도다. 이렇게 변동성 큰 시장에서 개인 투자자들이 무리하게 신용·융자를 사용하여 반대매매를 당하는 경우가 많다. 그래서 레버리지를 쓸 때는 더 엄격하게 원칙 투자를 하여야 한다.

레버리지의 복리효과는 올라갈 때 큰 수익을 주기도 하지만 내려갈 때는 자산을 사라지게 만들 수 있다. 그렇기에 레버리지를 사용할 때는 철저히 기업의 성장 가능성을 검증한 후 투자해야 함을 명심하자.

레버리지 투자에 나서기 전에 반드시 새겨야 할 두 가지 절대 원칙이 있다.

❶ 실적이 좋을 기업에 투자한다.
❷ 알지 못하는 기업에는 절대 투자하지 않는다.

이상과 같은 조건에 부합하지 않는다면 결코 투자해서는 안 된다.

투자 그릇을 키우는 매매 전략과 노하우

주식투자를 하면서 충동적으로 생각지도 못한 주식을 매수하거나 시장 급락이 나올 때 자신도 모르게 주식을 매도하는 경험을 해봤을 것이다. 공포와 탐욕에 부지불식간 매매 버튼을 누르는 것은 인간의 본성이다. 이는 사고 과정을 거치지 않고 하는 행동이다. 자기 의지와 상관없는 매매를 하지 않으려면 자기 자신과의 약속을 해야 한다. 주식투자 성과를 높이기 위해 다음과 같이 미리 약속하고 투자를 진행하면 성과가 좋아진다.

❶ 투자 전략과 시나리오에 의한 주식 매수를 한다.
❷ 투자 아이디어가 훼손되기 전까지 계속 보유한다.
❸ 단순히 시장의 수급 또는 가격의 변화만으로 매도하지 않는다.

돈과 관련하여 우리는 매수하고 나면 그때부터 지능이 떨어지는 경향이 있다. 의지와 상관없이 행동하곤 한다. 일종의 '원숭이'가 되는 것이다. 이런 문제, 즉 감정적이고 우발적인 행위를 방지하기 위해 확고한 투자 철학을 정립할 필요가 있다. 나 또한 '대박 종목'을 숱하게 잡았으나 순간적인 매매로 그 기회를 살리지 못한 경우가 많다. 차바이오텍, 네패스, 테스나, 인텍플러스 등 너무나 많은 종목을 단기 매매했다 큰 수익을 놓친 경험이 있다.

충분히 분석하고 매수하는 것은 주식투자의 기본이다. '투자하는 종목에 대한 가치를 훼손하는 행위가 발생할 때 매도하겠다.'라고 정하면 감정적인 매매 행위를 하지 않을 수 있다. 모의투자를 통해 연습하는 것도 좋지만 권장하지는 않는다. 실제로 돈이 들어가면 달라진다. 감정이 들어가기 때문이다. 실전 주식투자에서 자신만의 확고한 원칙을 정하고 훈련하면 투자의 질이 높아지는 것을 발견할 수 있다. 도저히 자신의 감정을 다스리지 못할 정도로 불안하면 투자를 하지 말아야 한다.

나는 시나리오에 의한 투자를 하는 방법으로 자기 나름의 리포트를 써보는 것을 추천한다. 처음엔 엉성하지만 몇 번 하다 보면 종목을 보는 안목이 생길 것이다. 일희일비하지 않고 투자할 수 있게 될 것이며, 무엇보다 주식투자 철학이 정립되기 시작할 것이다.

내가 지난 세 번의 주식투자에서 실패한 것은 한두 가지 문제 때문이 아니었다. 당시 내겐 주식투자 철학도 없었고 매매 전략도 없었다. 기업 분석도 없었다. 실패의 원인을 추적하면 어느 한 가지에서 비롯되지 않음을 알 수 있다. 총체적인 부실 그 자체였다. 실패하는 사람이 또 실패한다. 내 경험을 비추어 보면 말이다. 같은 실수를 반복하지 않기 위해 실패 원인을 찾아 이를 바로잡아야 한다. 한계를 인정하는 것이 발전에 크게 도움이 된다.

과거 매매했던 종목을 복기해보는 것도 하나의 방법이다. 이를 통해 잘못된 매매 습관을 바로잡을 수 있다. 또한 일관적인 매매를 위해 자신만의 매매일지를 쓰는 것이 좋다. 계획에 없던 종목을 충동적으로 매수하지 않을 수 있다. 주식투자를 하는 동안 많은 개인 투자자들을 만나며 그들이 보유한 종목에 대해 대화를 나눴다. 그런데 매수 이유를 물어보면 답변을 하지 못하는 경우가 허다했다. 충분히 고민하여 매수한 것이 아니라 주위에서 좋다고 하니 '순간적인 뇌동 매매'로 매수했기 때문이다. 기록하며 투자하자. 이를 생활화하면 반복적인 투자 실패를 방지할 수 있다.

PDCAPlan Do Check Action에 의한 투자는 충분한 분석과 계획에 의해 투자하는 것을 말한다. 계획에 의한 투자를 하고 투자에 문제가 있으면 이를 바로잡아 개선해야 한다. 이것을 통해 매수와 매도를 전략적으로 할 수 있다. 문제와 원인을 분석하고 개선하는 행위의 반복을 통해 투자 실력이 크게 향상될 수 있을 것이다.

PDCA 사이클
계획하고 Plan 실행하고 Do
확인하고 Check 조치한다 Act

❶ 종목에 대한 분석을 충분히 하고 매수·매도 계획을 수립한다. 매수 가격과 목표 가격을 정한다.

❷ 계획된 매수를 한다.

❸ 투자한 기업에 대한 모니터링을 한다. 측정한 '밸류에이션'대로 가고 있는지 모니터링한다. 예기치 않은 악재가 발생하거나 목표가에 도달하면 매도한다.

❹ 투자에 문제점은 없었는지, 투자의 어느 부분이 잘못됐는지 분석한다.

투자를 하며 자신이 한 투자의 잘된 점과 미흡한 사항을 기록하고 반성하고 개선하다 보면 당신의 수익은 기하급수적으로 커질 것이다.

적극적으로 신용매수를 활용하였는데, 주가가 오르면 담보유지비율도 오르기 시작한다. 통상 담보유지비율이 250% 이상 되면 주가가 과도하게 급락하지 않은 이상 반대매매는 발생하지 않는다. 따라서 앞으로 주가가 상승할 것이라는 확신이 있으면 대용금을 늘리기 위해 현금으로 매수한 주식을 일부 매도한다. 이때 상승분에 대하여 현금과 신용으로 재매수함으로써 수량을 늘린다. 나는 일정 이상 주가가 오르면 주식 담보대출도 받아 추가로 주식을 매수하였다. 그야말로 모든 것을 걸고 투자하였다. 확신이 없었다면 절대 하지 못했을 것이다. 투자에는 인고의 시간이 필요하다. 매출 증대를 위해 시설 투자를 하는 기업에 투자할 경우, 그 결실을 맺기까지 일시적으로 영업이익이 저조할 수도 있기 때문이다.

투자 수익금이 늘어나고 레버리지를 활용한 투자를 하면서, 신용이자 부담을 줄이기 위하여 증권사 지점을 방문하여 신용이자를 협의하였다. 통상 증권사의 신용이자는 8.5~11%인데 비하여 증권사 영업점에서는 4~5%대 이자 협의가 가능하였다. 투자금이 늘어나면서 이자부담을 줄이는 데 큰 도움이 되었다.

다음은 신용·융자를 활용하여 주식을 거래할 때 증거금 관련 내용이다. 증권사마다 다르나, 통상 일반형으로 등록한 사람은 증거금의 2배까지 매수가 가능하다. 이에 반해 공격형의 경우에는 대용금도 증거금에 포함되어 3~4배까지 주식 매수가 가능하다. 그리고 신용이자 정도와 보증금률은 증권사별로 다른 경우가 많으니 사전에 확인한 후 거래하는 것이 바람직하다. 주식담보대출금액은 신용·융자 기준에 따라 적용된다.

- **증거금** 주식 매입을 위해 필요한 일종의 보증금
- **예수금** 증권 계좌에 입금되어 있는 현금, 언제든 주식 매수에 사용할 수 있음
- **대용금** 현금 주식을 담보로 사용할 수 있는 금액

신용상품별 증거금 구성

나는 레버리지와 집중투자를 통해 시드머니를 급격하게 키웠다. 장기적인 관점으로 크게 성장할 것이라 확신하는 종목일 경우 과감하게 레버리지를 사용하였다. 자신을 믿어야 한다. 흔들림 없는 투자를 하고, 자신이 생각한 시나리오대로 주가가 상승한다면 큰 수익을 얻을 수 있을 것이라 확신을 가져야만 한다. 나는 주식투자를 한 것이 아니라 주식으로 사업을 한 것이라 말씀드리고 싶다.

column

후배로부터 온 편지

선배님 잘 지내시죠? 제가 주식투자를 시작한 지도 약 7~8년 정도 되었습니다. 요즘 세상에 월급만으로는 살기가 부족해서 재테크 수단으로 주식투자를 해보려고 책을 읽고 유튜브도 보며 공부했습니다. 실제로 그런 매체를 통해서 배운 것을 토대로 투자를 하기도 했습니다. 그런데 이론과 실제는 달랐습니다.

주식투자 경력도 짧고, 종목에 대한 확신이 부족하다 보니 한 종목에 많은 투자를 하기보다는 분산투자를 하였습니다. "계란을 한 바구니에 담지 마라."는 주식 격언처럼 리스크를 분산해보려 했는데, 장이 좋을 때는 상관없지만 장이 안 좋을 때는 다 같이 빠져버려서 오히려 관리도 어렵고, 마이너스 폭도 컸습니다.

그래서 최소한의 종목에 집중몰빵투자 하는 것을 선배님께 배웠습니다. 사실 저는 이게 '도 아니면 모'라고 생각해서 약간의 걱정이 있었습니다. 그러나 이제는 이 방법이 최대의 효과를 낸다는 걸 알게 되었습니다. 물론 그만큼 종목에 대한 분석과 확신이 있어야겠죠. 그렇게 고민해서 종목을 선택해 집중투자하니 분산투자를 할 때보다 수익이 더 극대화되었습니다. 또한 저점에서 매수해 시간이 걸리더라도 오랜 기간 보유하면서 주식 시황에 일희일비하지 않고, 마음의 안정을 갖고 투자할 수 있었습니다. 저점에서 매수해 보유하는 것이 답인 것 같습니다.

주식이 얼마나 빠질지 오를지 매일 걱정을 안 해도 되니까 편안한 투자가 가능해졌습니다. 게다가 생업이 바빠서 주식 장을 잘 못 보는데, 그래도 상관없이 투자할 수 있다는 것이 가장 큰 장점인 것 같습니다.

예전에는 빚을 지는 걸 싫어하여 오로지 현금으로만 투자를 했는데, 선배님 덕분에 신용도 쓰고 있습니다. 레버리지 효과가 정말 크더라고요. 만약 잘못된 투자를 한다면 박살날 수 있지만, 반대로 제대로 된 투자를 한다면 제가 가진 원금보다 몇 배의 수익을 낼 수 있으니, 종목에 대한 확신만 있으면 최고의 투자 방법인 것 같습니다.

물론 확신을 가지기까지 부단한 노력을 해야겠죠.

선배님을 만나 기존 제 생각을 전환하며 큰 깨달음을 얻었습니다. 정말 확신이 있는 것에 과감히 투자하는 법을 배웠고, 그 점에 감사드립니다. 아직 배포가 부족하여 망설이는 부분도 있지만, 점점 더 과감하게 투자하려고 노력 중입니다.

앞으로 계속 저 스스로 확신을 가지는 주식투자를 할 수 있도록 노력할 것입니다. 또 부동산뿐만 아니라, 주식투자로도 최고의 재테크를 할 수 있다는 것을 보여주고 싶습니다.

다시 한번 감사드리며, 앞으로도 많은 지도 편달 부탁드립니다.

감사합니다.

● 참고 : 후배가 내게 보내온 실제 편지를 일부 각색, 편집하여 실은 것이다.

기회는 좋은 인간관계에 의해서만 찾아온다

어느 증권사 지점장 이야기다. 2000년 초반에 주식투자를 시작했다. 남들이 "오늘 하루 승용차 값 뽑았다. 전세 값 벌었다."고 하는 말을 듣고 주식투자를 하게 되었다. 처음엔 귀동냥으로 투자하다가 여의치 않으니 계속에서 그의 아내에게 돈을 보내달라고 했다. 나중엔 전세금까지 날리고, 조급하니까 미수도 쓰게 되었다. 굉장히 아픔이 컸다. 그가 주로 매수한 종목은 남이 추천해준 것들이었다. 주가가 계속 빠져서 추천해준 사람에게 "이걸 어떡해야 하나?"라고 물어보면 "조금만 기다려, 조금만 기다려."라고 해서 그 말을 들었다고 한다. 그러다 투자금을 다 날리고 말았다. 그는 이제 절대 귀동냥으로 주식투자를 하지 않는다. 그가 깨달은 것이 하나 있다. "기회는 갑자기 하늘에서 떨어지는 것이 아니다. 확실한 인간관계에 의해서만 주어진다. 준비와 노력 그리고 좋은 인간관계에 의해서만 찾아오는 것이다. 준비 없이는 아무리 기다려도 오지 않는다."

처음의 실패 이후, 그는 심기일전하여 주식 공부를 열심히 하면서 좋은 종목은 고객들에게 추천했다. 고객들이 잘되며 그의 수익률도 좋아지게 되었다. 예전에 잃었던 것 이상으로 수익을 내고 지금은 경제적 여유도 찾았다.

일이 잘 풀리지 않을수록 혼자 있어서는 안 된다. 좋은 사람을 만나야 한다. 성공의 기회를 배우고 실패의 이유를 반성해야 한다. 성공하는 사람에게 도움을 줄 수 있는 것을 찾아 돕고, 실패담을 나눌 때 우리는 성장하게 된다.

Hairy :
위험을 즐기는
현명한 모험가가 돼라

기회라고 생각하면 과감히 승부를 걸어라. 그리고 승부를 두려워하지 말라.
내가 오늘날 이렇게 성공한 것은 실패를 통해 배웠기 때문이다.
조지 소로스 George Soros

분산투자는 무지에 대한 변명에 지나지 않는다.
워런 버핏 Warren Buffett

요행을 바라는 투기는 절대로 피해야 한다.
이병철

BHAG 투자 전략의 핵심의 두 번째는 Hariy, '위험을 즐기는 현명한 모험가가 돼라'이다. 기회란 어떤 목표를 달성하는 데 적절한 시기나 경우를 뜻한다. 기회를 통해 우리는 성장을 도모하고 판을 바꿀 수 있다. 한마디로 기회는 변화와 맞닿아 있다. 익숙한 것들과 이별하고, 낯설고 불확실한 것들과 조우해야 한다. 그런 의미에서 기회와 가장 어울리지 않는 것은 '안전 지향'이며, 떼려야 뗄 수 없는 것은 바로 '위험성'이다.

아무런 위험요소가 보이지 않는다면 그것은 반전의 기회가 아닐 확률이 높다. 위험을 동반한 기회가 진짜 기회이며, 우리에게 필요한 것은 그것을 회피하기보다는 현명하게 활용하는 방식이다.

주식투자를 통해 부자가 되기를 꿈꾸는가? 그렇다면 위험 앞에 몸을 사려서는 안 된다. 개미 신세를 벗어나고 싶다면 위험을 즐기며, 기회라고 생각되면 모든 것을 걸어야 한다. 물론 고심 없이 베팅하라는 뜻은 절대 아니다. 시행착오는 적을수록 좋으므로 생각하고 다시 생각해야 할 것이다. 즉 숙고할 줄 아는 현명한 모험가 타입으로 거듭나야 한다. 가장 위험한 삶은 위험을 회피하는 삶이다. 이건 진실이다.

분산투자는 허송세월만 늘릴 뿐이다

"일반 투자자가 자신의 통제 범위를 벗어나 과도한 분산투자를 하는 것은 잘못된 투자방법이다."라고 나는 확신한다. 대부분 사람들이 지나친 분산투자로 허송세월을 보내는 것을 지켜보았기 때문이다. 어떤 사람은 투자금액이 1천만 원도 채 안 되는데 보유 종목 수가 30여 개나 되었다. 이런 식으로 투자하다 보면 종목 관리가 전혀 될 수 없다. 그런데도 의외로 많은 이들이 분산투자를 마이너스 수익을 방지하거나 상폐 등의 돌발적인 상황으로부터 자신을 보호해주는 '만능 키'처럼 생각한다. 개인적으로는 이렇게 과도한 분산투자를 통해 수익을 거둔 경우를 단 한 명도 보지 못했다.

대다수 일반 기업은 연간 물가상승률 정도 성장할 수 있다. 그렇게 본다면 우리가 선택한 기업 대부분은 큰 시세를 내지 못할 종목일 가능성이 크다. 주가는 어느 정도까지 오르다가 모멘텀이 강력하지 못하면 더 이상 올라가지 못하는 특성을 지닌다. 정체되기 시작하면 상승하던 주가가 그때부터 방향을 바꿔 하락하는 경향이 있다. 만약 추가 상승 에너지가 없는 종목이라면, 우상향하지 못하고 횡보하거나 오히려 하락할 것이다. 이것이 분산투자의 맹점이다.

워런 버핏은 "기업을 분석할 줄 알고 가치를 평가할 줄 아는 사람이 분산투자를 하는 것은 미친 짓이다. 좋은 가격에 매수할 수 있는 '가치 있는 주식'은 시장에 그렇게 많지 않다."라고 말한다.

버크셔 해서웨이는 2016년 애플 주식을 사기 시작해 2018년 중반까지 매입하였다. 당시 투입했던 금액은 약 360억 달러 규모라고 한다. 2022년 현재 버크셔 해서웨이가 보유한 애플의 지분가치는 1,600억 달러를 넘어섰다. 투자를 시작한 지 6년 만에 1,200억 달러 이상을 벌어들인 셈이다. 이는 버크셔 해서웨이 포트폴리오의 40%에 해당한다.

일반 투자자가 너무나 많은 기업을 분석하고 투자하는 것은 어려운 일이다. 더군다나 그 기업이 일을 잘하고 있는지 아닌지 모니터링까지 하기란 거의 불가능에 가깝다. 주식투자하며 만난 사람들 중 많은 투자자가 너무나 많은 '산업 섹터'를 분석하고 연구하는 것을 보고 안타까웠다. 전기차, 반도체, 건자재, 제지, 의료기기, 음식료, 에너지, 우주항공, 자율주행 등 거의 모든 산업 섹터를 망라하여 연구하는 사람도 있었다.

개인 투자자는 애널리스트도 펀드매니저도 아니다. 다양한 분야에 관심을 가지다 보면 어느 한 군데서도 제대로 성과를 내지 못할 수 있다. 일례로, 내 지인 중 한 명은 여러 산업 섹터에 걸쳐 거의 전방위적인 포트폴리오를 가지고 있다. 그는 2021년 같이 좋은 장에서도 마이너스 수익률을 기록했다. 그의 계좌에는 그가 의도하지 않는 종목도 섞여 있었다. 지금과 같이 다방면의 산업 섹터에 대한 관심과 지나치게 많은 종목에 대한 투자를 계속한다면 "10년 안에 경제적 자유를 얻어 '파이어족'이 되겠다."는 그의 꿈은 실현되기 어려울 것이다.

피터 린치는 "많은 자금을 운영하는 펀드라면 분산투자가 불가피하지만 개인 투자자는 집중투자가 훨씬 효과적이다."라고 말한다.

주변을 잘 찾아보면 집중투자로 큰 수익을 내고 있는 사람들이 정말 많이 있다. 개인 투자자도 종목을 바라보는 인사이트만 계발하면 집중투자를 통해 얼마든지 큰 수익을 낼 수 있다. 다음은 독자 여러분도 익히 아는 투자자들의 사례이다.

가치투자자 강방천

IMF 당시 1억 원의 시드머니로 160억 원을 벌었다. IMF 초기에 영원무역과 대덕산업이 떨어지자 두 종목에 현금 1억 원과 신용 6천만 원을 합쳐 매수하였다. 이 두 종목을 매수한 이유는 재무와 이익구조가 튼튼했기 때문이라고 한다. 3개월 보유 후 매도하자 신용을 갚고도 3억 원이 되었다. 다음에는 증권주를 현금 3억 원과 신용 1억 8천만 원을 매수하였다. 이때 64억 원의 수익을 거뒀다.

슈퍼개미 김정환

자신의 전 재산이었던 전세금 7천만 원을 웅진코웨이에 투자하였다. 4천 원 대에 매수하고 이를 1만 8천 원 대에 매도하였다. 그리고 삼천리자전거 주식 44만 2,697주6.60%를 주당 3,520원에 매수하고 6개월 보유 후 주당 6천 원에 매도했다. 차익만 11억 원에 이른다.

슈퍼개미 박성득

대출로 빌린 돈 6억 원으로 중외제약을 현금 매수하고, 그것을 기반으로 담보대출을 추가로 받아 총 30만 주를 6천 원대에 매수하였다. 5년 만에 주당 2만 3천 원대에 매도하였다. 빌린 돈과 대출액을 갚고도 45억 원이 차익이었다.

라이언 투자자 박영옥

9.11 테러 때 그는 삼성증권에서 투자 전문위원으로 있었다. 당시에 '고려개발'이라는 회사에 투자했었는데 9.11 테러가 나면서 고객들이 다 팔아 달라고 할 때도 그 회사의 잠재력을 믿고 투자를 결심했다. 그는 고려개발을 3천 원대에서 7천 원대까지 매수하였다. 고려개발의 주가는 2001년 9.11 때 30% 하락하여 5천 원대까지 빠졌다가 그가 매수한 이후 2002년 초 8,350

원을 찍었다. 그리고 2003년 봄에는 4천 원대 중반까지 떨어졌다. 그는 해당 주식을 2004년 1만 2천 원~1만 5천 원대에 매도했다. 당시 대주주요건 3%였는데 4.7%까지 매수하여 세금을 냈다고 한다. "사업가 관점에서 기업을 바라보면 그런 시간이 굉장히 즐겁고 행복하다." 박영옥의 말이다.

개인 투자자 이정진 대표

그는 의류 사업을 하는 중소기업의 대표이다. 나를 만나기 전에는 한 번도 집중투자를 하지 못했던 사람이다. 애초 그의 포트폴리오는 20여 개가 넘는 종목들로 구성되어 있었다. 가지고 있던 것들을 다 정리하고 한 종목에 집중투자하기로 하였다. 휴마시스를 평단가 4천 원대에 40만 주 매집하고 1만 8천 원대에 매도하여 56억 원의 차익을 남겼다.

주식투자에도 '임장'이 필요하다

내 스마트폰 전화번호부에는 그동안 투자하였거나 현재 투자하고 있는 회사의 주식 담당자 전화번호가 빠짐없이 저장되어 있다. 나는 주주라면 자신이 투자하는 회사의 경영 상황을 알아야 하는 것이 당연하다고 생각한다. 왜냐하면 주주는 회사의 주인이기 때문이다. 그런데 아직도 회사 주식 담당자와 전화 통화하는 것을 어려워하는 사람들이 꽤 많은 것 같다.

슈퍼개미 김정환은 삼천리 자전거 주식을 투자해 얻은 수익으로 주식 부자가 되기 시작했는데 경쟁업체인 알톤스포츠까지도 파악하였다고 한다. 회사를 직접 방문해 관계자를 면담하는 것은 물론 주식 담당자와 수백 통의 통화를 하였다고 한다.

슈퍼개미 박성득은 그가 쓴 책에서 이렇게 말했다.

"2003년 봄, 나는 중외제약을 방문하기로 하였다. 회사에 가기 전 근처 구 멍가게와 커피숍, 다방에 들러 구두닦이와 종업원들에게 중외제약을 가리키며 저 회사가 무슨 회사인지 아느냐고 물었다. (중략) 회사 안에 들어가니 직원들의 눈빛은 반짝거렸고, 누가 왔건 무슨 일이 있건 바쁘게 제 할 일을 열심히 하고 있었다."

라이언 투자자 박영옥은 고려개발 투자와 관련하여 다음과 말하고 있다.

"천안 온천 개발 부지, 부산에 있는 땅, 용인에 있는 땅 등을 가보고 현장 소장들하고 얘기했고 근처 슈퍼마켓, 이발소, 심지어는 그 주변 절에 가서도 스님들과 차를 마시면서 그 주변의 상황을 파악하고 투자를 했다. 재무 안정성이 있고 크게 저평가되어 있다는 것을 잘 알았기 때문에 있는 돈 없는 돈 다 끌어 샀다."

부동산 투자에 있어 '임장'은 매우 중요하다. 임장은 '현장에 임'한다는 뜻으로, 부동산 투자자들은 주말이면 주택을 중심으로 인근 교통, 학군, 상권 등을 발품 팔며 살피는 임장을 한다. 엄청난 정성이다. 주말마다 임장 데이트를 하는 커플도 있다.

우리 회사 부대표가 부동산 투자에 굉장히 조예가 깊다. 그는 부동산 재테크로 경제적 자유를 얻었다. 나를 만나기 전까지 주말이면 임장을 하러 다녔다고 한다. 그런데 그렇게 발품 팔아 부동산에 투자하던 그조차도 단톡방이나 인터넷 카페 등에서 좋다고 하는 주식을 아무런 의심 없이 매수한 이력이 있다. 대다수가 그런 실정이다.

주식에도 임장의 개념을 적용해야 한다. 어느 기사에서 보니 워런 버핏은 자신이 투자한 회사들의 CEO들과 전화통화를 하는 데 많은 시간을 할애한다고 한다. 알지 못하는 회사에 투자하는 것만큼 위험한 일은 없다. 투자 결정을 위해서는 투자를 검토하는 기업에 대해 공부하고, 필요한 경우 주식 담당자와 통화는 필수이다. 잘 모르는 회사에 투자를 집행하면, 대외적 변수에 따른 주가 변동성이 클 때 불안감이 커질 수밖에 없다. 신용 레버리지를 쓰는 투자자라면 더 불안할 것이다.

레버리지 집중투자, CEO의 마인드로 접근하라

신용 레버리지 집중투자는 내가 가진 안목이 잘못됐다면 절대로 시도하면 안 되는 투자법이다. 수없이 시뮬레이션하고, 의도한 결과가 도출될 것인지 수십 번 확인해야 한다. 흔들림 없는 투자 전략이어야만 한다.

성공하는 CEO들은 본인이 잘 아는 분야에 대해 남들보다 깊은 통찰력을

결정했다면 모든 걸 쏟아부어라

남북조 시대에 북주의 선제宣帝가 죽었다. 재상 양견楊堅이 입궁하여 수습의 중책을 맡게 되었다. 한족인 그는 선비족이 세운 왕조인 북주를 빼앗아 한족의 나라를 세우려는 야심이 있었다. 양견이 모반을 꾀하고 있을 때 그를 고무하기 위해 양견의 부인은 그에게 편지를 보낸다. "호랑이를 타고 달리는 기세이므로 도중에 내릴 수는 없습니다. 만일 내린다면 맹수의 밥이 될 터이니 호랑이와 끝까지 가야 합니다. 부디 목적을 이루소서."

기호지세騎虎之勢를 말한다. 그는 황제 측 세력을 물리치고 쿠데타에 성공한다. 그가 수隋를 건국한 문제文帝이다.

신용 레버리지를 사용하는 것은 기호지세와 같은 일이다. 만반의 준비가 되었을 때 쓰는 것이다. 현재 가치가 저평가되어 있고 미래 성장성이 있는 종목을 매수해야 한다. 고점 대비 떨어졌다고 해서 매수하거나, 단순히 자신의 매수 가격보다 떨어졌다고 매도해서는 절대 안 된다. 주식시장에서 신용이나 담보대출 레버리지를 쓴다는 것은 호랑이 등에 올라타는 것이다. "여기에 올라타는 것은 모든 것을 거는 일이다."라고 생각해야 한다. 보는 안목이 있는 사람이 제대로 기호지세를 구별하고, 제대로 이를 해낸다면 최종 승자가 될 것이다.

가지고 먼저 뛰어들어 선점하는 특징을 가지고 있다. 설령 레드오션일지라도 남들보다 뛰어난 경쟁력을 가지고 최종 살아남는다는 공통점도 있다. 이들은 주위에서 어떤 말을 듣더라도 본인의 확신이 서지 않으면 절대 한 눈을 팔지 않고 백화점식 사업 확장을 하지 않는다. 흔히들 재벌이나 대기업을 보게 되면 여러 사업을 영위하지만 이 역시 사전에 치밀하게 사업성을 검토하여 뛰어든 것이다. 얕은 분석을 통해 뛰어든 사업은 대기업이라 할지라도 성공하지 못하는 사례가 수두룩하다.

본인이 경쟁력 있는 한 가지 사업에 모든 것을 걸고 집중적으로 키우는 게 성공 확률이 높을까, 아니면 얕은 지식으로 여러 가지 분야에서 사업을 확장하는 것이 성공률이 높을까? 아마 누구나 한 우물을 파는 것이 옳다고 답할 것이다.

이를 주식투자에 대입해보자. 대부분의 사람들은 투자금을 한두 종목에 집중하기보다 수많은 소량 금액으로 쪼개어 분산투자를 한다. 포트폴리오는 대부분 뉴스나 유튜브 또는 주위에서 추천한 종목으로 구성되어 있으며, 집중적으로 분석하기보다는 우량주라는 조언만 듣고 '나는 분산투자했으니 안심해도 돼.'라는 자기 암시로 심리적인 안정감을 찾으려 한다.

하지만 과연 이러한 분산투자가 크게 성공한 경우를 보았는가? 다양한 종목들의 관리가 안 되어 손실을 보거나 팔지 못하는 경우가 대다수이다. 그렇다면 왜 이런 현상이 생기는 것일까?

나는 '본인이 투자하는 종목에 대한 자신감의 결여, 깊이 있는 분석의 부재'가 원인이라 생각한다. 주식투자를 할 때는 그 회사의 CEO가 된다고 생각하고, 그 회사의 가치를 알 때까지 분석해야 한다. 그리고 본인의 확신이 섰을 때 집중적으로 그 회사의 지분을 늘려가는 게 바로 성공의 지름길이라고 당부하고 싶다.

나는 그런 회사를 발견하면 은행 신용대출을 최대한 이용하였다. 조급함을 덜기 위해 3년 치 이자를 미리 빼놓고 투자하였다. 여기에다 수익 극대화를 위해 현금과 신용융자를 활용하여 주식 매수를 하였다.

좋은 레버리지, 나쁜 레버리지

주식 레버리지가 반드시 위험하고 나쁜 것은 절대 아니다. 그러나 과도한 레버리지를 쓰는 경우 주식 하락에 의한 반대매매의 위험성이 매우 크다고 할 수 있다. 그래서 '담보유지비율 하락' 경고만으로 '멘탈'이 흔들려 뇌동 매매하는 개인 투자자가 많은 실정이다.

레버리지에는 좋은 레버리지와 나쁜 레버리지가 있다. 잘 활용하면 자산을 키울 수 있지만 탐욕에 눈이 어두워 이를 잘못 쓰면 패가망신할 수 있음을 유의하여야 한다. 아무리 좋은 레버리지라도 대응을 잘못하면 위험하게 될 수도 있음을 직시하고 이를 이용해야 한다.

좋은 레버리지는 혹시 모를 위기에도 대응이 준비된 레버리지라 할 수 있다. 자신이 투자하는 종목의 성장성을 신뢰하고 투자하여야 하며 외부적인 주가 하락 등에 대한 대처가 가능한 상태에서 레버리지를 사용하여야 한다.

나쁜 레버리지는 잘 알지도 못하는 종목에 투자하거나, 위기에 대한 대응이 전혀 되지 않은 상태에서 오로지 탐욕으로 가득 차 투자하는 것이다. 자칫 잘못하여 나쁜 레버리지를 사용하다 보면 소중한 재산이 순식간에 사라질 수도 있다.

피라미드 투자 방식의 2가지 원칙

누구라도 종목을 분석해 그 회사의 진정한 가치를 알게 되면 레버리지를 과감하게 쓸 수 있다. 아는 만큼 보인다. 알지 못하면 절대 사용할 수 없는 방법이다. 모르면 도박이고, 알면 사업이다.

레버리지 투자법은 종목에 대한 분석 능력이 있다면 빠르게 부자가 되는 데 가장 효과가 큰 매매 방법이다. 최초에 A라는 종목을 현금으로 100만큼 구매하고 신용으로 100만큼 매수한다. 그런 다음 현금 매수한 종목이 누적 150만큼 오르면 신용도 누적 150만큼 추매한다. 이런 식으로 현금 매수한 종목의 가치가 올라가는 대로 신용이 같이 짝을 이루어 매수하는 방법을 피라미드 방식이라 부른다.

여기서 주의할 점이 두 가지 있다. 첫 번째, 신용으로 추매 시 저점에서는 기존 종목을 계속 사야 한다. 초저평가 상태인 경우 가격이 올라도 계속 산다. 어느 정도 올랐다고 생각되면 일부는 저평가된 다른 종목으로 신용 매

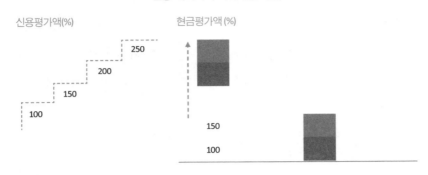

신용평가액(%)

250
200
150
100

현금평가액 (%)

150
100

수를 할 수도 있다. 가격이 어느 정도 오른 종목을 계속해서 신용으로 매수할 경우 주가 하락 시 담보유지비율 관리에 어려움을 겪을 수 있으니 이 점을 유의하여야 한다.

주식 용어

역금융장세 실적이 좋아진 기업들에 투자가 몰리며 시장이 활황을 맞은 가운데 경기 과열을 우려한 정부가 금리를 인상함에 따라 주가가 내림세를 보이는 장세. 흔히 금융장세 → 실적장세 → 역금융장세 → 역실적장세 순으로 온다고 알려져 있다. 금융장세에 관한 용어 설명은 8페이지를 참고.

두 번째, 담보유지비율 관리이다. 나의 경우에는 금융장세나 실적장세의 경우라고 생각하면 레버리지 또한 풀베팅해 사용한다. 그러나 역금융장세°에서는 현금으로 매수한 주식이 가치가 올랐다고 해서 절대 욕심을 내서는 안 된다. 신용으로 매수하더라도 담보유지비율이 200% 밑으로 내려가지 않는 선에서 신용을 사용한다면, 하락장에서도 위험 부담 없이 방어가 가능하다.

나는 신용 레버리지 투자로 두 번의 위기를 겪었다. 한 번은 2019년 미·중 무역전쟁으로 주가가 연일 폭락하던 때로, 5G가 뜨던 시기였다. 5G 소프트웨어 공급업체인 유엔젤도 수혜를 받을 것으로 기대해 4천 원 초반 대에 매수했다. 그런데 미·중 무역전쟁 여파로 연일 주가가 하락했다. 나는 주가 하락에 맞춰 신용 비중을 줄여 나갔다. 그리고 공포로 주가가 과도하게 빠져 3천 원선도 무너질 때부터 과감하게 신용 물량을 늘리기 시작했다. 내 생각대로 주가는 곧바로 상승했고, 6천 원선에서 매도하였다.

두 번째 위기는 코로나 시기에 맞았다. 디아이를 4천 원 초반 대에 매수했는데 4,900원까지 상승했다가 하락을 계속해 3,500원 밑으로 빠졌다. 증권사에서 반대매매 메시지를 보내왔다. 마이너스 통장과 시앗돌 대출을 활용해 반대매매를 막았다. 그 이후로 디아이는 계속 상승해 주가가 1만 원을 돌파하였다.

나는 주식투자를 하는 사람은 사업가여야 한다고 생각한다. 주식이 왜 위험자산일까? 우리가 하는 투자가 곧 사업이기 때문에 위험할 수밖에 없는 것이 아닐까? 내가 투자하는 기업은 향후 100%, 200% 상승할 것으로 확신하였다. 그래서 과감하게 투자를 집행했다. 그러다가 위기가 오면, 사업하는 사람이 위기를 막듯이 최선을 다해 대응했다. 이런 적극적인 투자를 통해 내 계좌 중 하나는 1년 6개월 만에 수익률 2,490%를 달성하였다180페이지 이미지 참고.

리스크 관리를 위해 여러 개 증권사 계좌로 나눴다. 신용을 풀최고한도로 써 수익을 극대화하는 동시에 리스크를 분산하기 위해서였다. 하나의 계좌가 담보유지비율이 낮아지면 다른 증권사의 현금으로 매수한 주식을 보내

첫 번째 계좌 (2020-05 ~ 2021-10)

구분	항목	금액
투자손익	투자손익합	1,290,572,591
	수익률(%)	2,904.12%
종평가금액	기초평가금액	44,439,379
	기말평가금액	1,196,443,880
주식평가	기초평가금액	44,431,935
	기말평가금액	1,309,100,490
매매금액	매수금액	3,046,252,415
	매도금액	3,115,494,050
	수수료/세금	10,768,376
입출금	입금액	200,335,598
	배당금	5,313,560
	출금액	344,217,248
	이자	32,571,318

두 번째 계좌 (2020-05 ~ 2021-11)

구분	항목	금액
투자손익	투자손익합	1,096,199,209
	수익률(%)	2,466.73%
종평가금액	기초평가금액	44,439,379
	기말평가금액	902,070,498
주식평가	기초평가금액	44,431,935
	기말평가금액	314,622,830
매매금액	매수금액	3,942,620,915
	매도금액	4,818,486,490
	수수료/세금	14,945,137
입출금	입금액	200,335,598
	배당금	5,313,560
	출금액	444,217,248
	이자	34,914,219

세 번째 계좌 (2020-05 ~ 2021-12)

구분	항목	금액
투자손익	투자손익합	1,106,736,100
	수익률(%)	2,490.44%
종평가금액	기초평가금액	44,439,379
	기말평가금액	9,130
주식평가	기초평가금액	44,431,935
	기말평가금액	9,130
매매금액	매수금액	3,942,620,915
	매도금액	5,145,402,000
	수수료/세금	15,729,569
입출금	입금액	200,335,598
	배당금	5,313,560
	출금액	1,356,815,507
	이자	35,894,706

위의 계좌는 2020년 5월 기초 금액 44,439,379원으로 투자를 시작하여, 1년 6개월 만에 수익률 2,490%를 기록했다. 특이사항으로 신용이자가 34,914,219원이 발생했다. 세 번째 계좌를 보면 기말 평가 금액이 9,130원이다. 이 계좌에서는 연말 역금융장세로 들어갈 것으로 예상하고 10월부터 현금 확보를 하기 시작하였다. 그리고 지금은 새로운 종목 등을 교체 매매한 상태다.

위기를 넘겼다. 그렇게 크게 베팅해 리스크를 감내할 수 있었던 것은 축적된 경험과 공부를 통해 코로나19 팬데믹 이후 금융장세가 올 것을 예측했기 때문이다.

레버리지를 계획하라 : 리스크를 통제하는 노하우

신용융자 20조 원이 넘어가는 '빚투 시대'에 우리는 살고 있다. 그러나 빚투 리스크에 대해서는 어렴풋이 알고 있을 뿐이다. 투자자가 어떻게 통제하고 관리해야 하는지 구체적인 고민이 필요하다. 이에 대해 무감각해서는 위기를 맞았을 때 극복하기가 쉽지 않다.

매일 쏟아지는 반대매매를 보면 가슴이 아프다. 숫자는 그냥 숫자가 아니다. 기업의 사업보고서에 들어가 있는 숫자를 읽으면 그곳에 일하는 사람들의 땀과 눈물이 보인다. 사업계획을 수립하고 열정적으로 일하였을 것이다. 우리가 보는 숫자 뒤에는 땀 흘리며 일하고 있는 임직원들의 모습이 있다. 마찬가지로, 금융투자협회가 공시하는 신용·융자 잔고와 반대매매 규모라는 숫자 이면에는 신용·융자를 하고 있는 개인 투자자들이 존재한다. 나는 그 숫자들을 볼 때마다 빚투 투자자들의 '두근두근'하는 공포를 느낀다. 밤새 미국 증시를 보며 불면의 밤을 보내는 사람이 분명 있을 것이다. 신용·융자에는 은행 대출금, 대학 등록금, 전세자금도 있을 수 있다. 수많은 사연이 있는 자금이 신용·융자 잔고에 들어 있을 것이다.

나는 "가난할수록 주식투자해야 한다."고 생각한다. 그러나 조급한 돈으로는 절대 주식투자시장에서 이길 수 없다.

돈이 없고 가난하면 투자하는 돈에 살며시 공포가 들어가게 된다. 나의 경우에 그랬다. 실제로 주변 사람들 또한 하나같이 매수 후 떨어지면 공포가 극대화되어 본전이 오자마자 매도하기 시작했다. 투자 판단력이 떨어지게 된다. 겁먹은 돈은 조금만 흔들려도 손절하고 본절하고 익절한다. 크게 먹지 못한다. 그래서 나의 경우 신용·융자를 쓸 때는 가급적 이율이 싼 신용을 사용한다. 오래 버틸 수 있도록 말이다. 기한에 쫓기지 않도록 기한이 없는 신용을 사용한다. 실제 기한이 도래했다 하더라도 담보유지비율이 높으면 증권사와 협의해 기한 연장이 가능하다. 신용 기한이 가장 짧은 증권사인 K증권조차도 협의하면 연장할 수 있다. 짧은 기간의 신용융자로는 절대 수익을 극대화할 수 없다.

신용을 쓸 때는 가급적 신용잔고율이 다소 높지 않은 종목을 선택하려고 한다. 신용이 많이 늘어난 종목의 경우 조정 시 매물 압박이 커질 수 있기 때문이다. 그러나 신용잔고율이 올라가고 있다면 이는 해당 주식의 주가가 오를 것으로 생각해 매수하는 사람이 증가한다는 뜻이기도 하다. 여러 가지 상황과 변수를 염두에 두고 매수 후 마이너스가 나더라도 견딜 수 있도록 설계한다. 현금과 신용융자를 적절히 사용하는 것이다. 어느 증권사 계좌로 몇 주 샀는지 상세한 투자 목록을 만들어 관리한다. 그래야 예측하지 못한 위기에도 대응이 가능하다. 그리고 과도하게 매수하다 보면 자칫하면 세금 문제가 발생할 수 있다. 대주주요건 말이다. 코스피는 1%, 코스닥은 2%가 대주주요건이다. 연말 기준 10억 원이 넘으면 양도세 대상이다. 세금 문제는 여러 가지로 신경 쓰이니 잘 관리해야 한다.

턴어라운드 종목은 오랜 적자로 부실한 기업이 많아 대다수 증권사에서 신용을 사용할 수 없는 경우가 많다. 그런데 그중에도 신용이 되는 증권사가 있다. 크게 상승할 것이라고 판단되는 경우 신용 레버리지를 극대화하기 위해 평소 여러 개 증권사를 이용한다. 예를 들어 신용·융자가 되는 증권사가 두 곳 있다면 그곳에서의 신용비중을 과도할 정도로 높인다. 나머지 증권사 계좌에서는 현금으로 주식을 산다. 혹시라도 주가가 밀려 담보유지비율이 기준 이하로 떨어질 경우 다른 증권사에서 현금으로 매수한 주식을 입고시킨다. 이렇게 하면 담보유지비율을 걱정할 필요가 없다.

무엇이든 기한이 정해져 있으면 부담스러운 법이다. 투자 또한 기한이 짧으면 짧을수록 부담이 커진다. 그래서 나의 경우 2년 이상 보유를 예상하고 투자한다. 현재도 2년째 들고 있는 신용·융자 종목이 있다. 내가 매수한 이후 100% 이상 상승한 종목이다. 이런 종목의 경우 신용·융자를 가지고 있다 해도 리스크가 전혀 없다. 오직 신용·융자 이자만 잘 내면 반대매매 당할 가능성이 없는 것이다. 가능한 싸게 사야 한다(그렇다고 해서 기회를 놓쳐서는 안 되지만). 투자자가 리스크를 통제하고 감당할 수만 있으면 무조건 이기는 게임이다.

13장

Audacious :
대담한 매매 전략으로
승부하라

개별 주식은 변동성이 높다. 한 해 동안 고점과 저점 간의 범위는 약 50%이다.
주식은 오르고 내린다. 시장은 오르고 내린다.
투자 기간이 1년이나 2년이라면 개별 기업에 투자해서는 안 된다.
피터 린치 Peter Lynch

돈을 빨리 벌고자 하는 유혹이 너무 큰 나머지
많은 투자자들이 대중에 역행하는 것을 두려워한다.
세스 클라먼 Seth Klarman

사면 찬티, 팔면 안티하는 사람은 수익을 내지 못할 것이다. 진정성이 있어야 어느 분야에서든 성공한다. BHAG 투자 전략의 핵심의 세 번째는 Audacious, '대담한 매매 전략으로 승부하라'이다.

주식을 매수하기 위해서는 일단 기업의 적정 가치를 정확하게 파악해야 한다. 그리고 매수 단계에서 얼마에 매도할지 대략 결정을 해야 한다. 또한 실적, 수급 등의 상황을 수시로 모니터링하고 당초 목표가에 못 미쳤다 해도 매도하거나 추가 매수를 하는 등 유연하게 대처할 수 있어야 한다.

각종 미디어들은 주식을 사고파는 방법에 대해 오로지 '분할매수, 분할매도'만 모범답안으로 제시하곤 한다. 그래서 무조건적으로 모든 종목에 이같은 방법을 사용하고 있는 투자자들이 꽤 많은 실정이다. 이는 정말 잘못된 매매법이다. 주식시장에서는 시기와 종목에 따라 다양한 매매 전략이 필요하다. 좋은 종목을 매집한다는 큰 방향 하에 아래와 같은 매매 방법을 상황에 따라 구사하면 수익률을 극대화할 수 있을 것이다.

상황별 매수 및 매도, 현금 보유 전략

분할매수, 분할매도

거래량이 적고 차트 변동성이 작은 종목에 적합하다. 지난 1년간 백만 주 이상 거래일이 손꼽을 정도로 거래량이 많지 않은 종목에 사용하는 매매법이다. 이런 종목은 대량으로 매집 시 본인 매수·매도량에 의해 가격이 변동될 수 있으므로 나눠서 사는 것이 바람직하며 가격 변동이 크지 않아 일정 기간에 나누어 진행해도 큰 무리가 없다.

전량매수, 전량매도

전량매수, 전량매도는 대량 거래가 유지되고 일간 가격차가 큰 종목에 매우 적합하다.

평균 거래량이 백만 주 이상으로 많으며 일간 변동폭도 타 종목 대비 크게 움직이고 있는 종목이 있다면 전량매수, 전량매도를 하더라도 문제가 없다. 이런 종목은 저점에 왔을 때 대량 매수해도 가격이 큰 폭으로 흔들리지 않는 대신, 저점에 머무는 시간이 짧기 때문에 필요시 과감하게 전량매수하는 것이 더 적합하다. 반대로 매도 시에도 고점이라 판단되면 원샷One shot으로 진행하는 게 수익을 극대화하는 지름길이다.

분할매수, 전량매도

장기간 저평가 상태로 소량 거래되다가 급등하는 사례에 적용된다. 거래량이 적을 때는 분할매수로 가격 변동을 최소화하여 매집한다. 호재로 급등 시 대량 거래와 함께 전량매도를 시행한다. 전량매도는 이외에도 대주주의 보유 주식 대량 처분, 대형 악재 등이 발생했을 때도 적용하며 이때에는 손실과 상관없이 빠른 시간에 정리하는 편이 손해를 최소화할 수 있다.

전량매수, 분할매도

턴어라운드 시황에 사용되는 기법이다. 주식이 폭락했을 때 대세 상승으로 전환되리라 판단되면 저점에서 대량 매수 후 상승 시 분할매도하는 방식이다. 또는 적자를 지속적으로 내던 기업이 흑자 전환으로 공지되는 시점에 가격이 상승하지 않을 경우에도 이 방법을 쓴다. 다만 턴어라운드 시점을 정확히 파악하는 것이 현실적으로 어려운 만큼, 리스크가 높기 때문에 적극 추천하지는 않는다.

현금 보유 전략

유동성장세 또는 금융장세에서 현금을 보유하는 것은 바람직하지 않다. 이때는 '올인' 전략이 좋다. 무조건 일정 이상 현금을 보유해야 한다고 주장하는 투자자가 있는 것은 사실이다. 그러나 상황에 따라 전략 또한 달라져야 한다. 급격한 금리 인상이나 대형 악재 등으로 폭락장이 예상될 경우, 일부 신용물량을 정리하고 현금 보유를 극대화하는 전략을 사용할 수 있다. 이 같은 현금 보유 전략을 사용하기 위해서는 환율, 금리, 세계정세 등 다양한 방면으로 상황을 파악할 수 있어야 한다. 예를 들어, 2022년 1월 말에 미국 증시 하락과 함께 국내 증시는 2600을 위협받을 정도로 폭락하였다. 주요 원인은 미국의 급격한 금리 인상 우려와 우크라이나 전쟁 위험 때문이었는데 이는 평상시에 거시 경제지표와 뉴스를 주시하지 않으면 놓칠 수 있는 부분이다. 또한 현금 보유 전략을 세웠다면, 신속하고 과감하게 시행해야 한다. 왜냐하면 주가는 예상치 못한 사이에 순식간에 폭락하므로 상황을 파악하더라도 머뭇거리면 현금 보유는커녕 반대매매 위험에 봉착할 수 있기 때문이다.

이런 기업은 매매하지 마라

주식시장에서 기피해야 할 기업들이 있다. 그런데 테마주나 급등주를 추종하다 보면 기업에 대한 분석 없이 매매하다 탈이 나기도 한다. 매년 12월

결산법인의 회계연도 감사시즌이 시작되면서 상장폐지 도마 위에 오를 종목들에 관심이 쏠리곤 한다. 12월 결산법인으로 3월 말 정기주총 일주일 전까지 회계감사 결과를 보고해야 한다. 한계기업의 경우 '한정의견' 혹은 '의견거절' 등 '비적정 감사의견'이 나오면 거래정지나 상장폐지로 연결될 수 있다. 다음은 피해야 할 기업이다.

한계기업

한계기업이란 재무구조가 부실하고 영업경쟁력을 상실해 더는 생존이 어려운 기업을 말한다. 통상 3년 연속 영업이익으로 이자비용을 감당하지 못하는 등의 수준에 이른 기업이 이에 해당한다. 즉 영업이익을 이자비용으로 나눈 이자보상배율이 3년 연속 1 미만인 기업으로, 3년 내내 이자 낼 돈도 벌지 못했다는 얘기다.

소득 수준과 임금 상승, 신기술 개발 등으로 경제 여건은 변화할 수밖에 없고 기업은 구조조정을 겪게 된다. 이러한 변화에 기업들이 적절하게 대처하지 못하면서 경쟁력을 잃고 한계기업으로 전락하는 경우가 적지 않다.

자본잠식기업 및 장기 영업손실 기업

자본잠식이란 기업활동 과정에서 손실이 누적되면서 회사를 설립할 때 기반이 된 종잣돈seed money, 즉 자본금마저 까먹는 상태를 의미한다. 주식회사의 자본총계가 자본금보다 작아진 것으로, 간단히 말해서 원래 투자 금액을 잃기 시작했다는 말이다. 주식회사가 원 투자금을 잠식하는 것은 매우 심각한 상황으로, '자본잠식' 선언은 사람으로 따지면 회생 불가능한 시한부 판정으로 여겨진다. 유가증권 시장 및 코스닥 시장 규정에 따르면 자본잠식률 50% 이상이면 관리종목 지정, 완전 자본잠식이면 상장폐지 요건에 해당된다.

또한 장기간 영업손실을 기록하는 기업도 주의해야 한다. 코스닥 시장 규정에서 최근 4사업연도 영업손실을 기록하면 관리종목 지정이 되고 관리종목지정 후 흑자 전환이 되지 않으면 퇴출된다.

따라서 투자자들은 기본적으로 기업의 영업상황 및 재무상황을 파악하여 이러한 위험한 기업에 투자하는 우를 범하지 말아야 할 것이다.

주식시장에서 자본 조달을 자주 하는 기업

일반적으로 주식시장에 상장된 기업은 중장기 성장을 위해 시장에서 자본을 조달하려 상장한 것이다. 특히 전통적인 장치 산업은 대규모의 시설투자 사이클이 존재하고 적절히 자본을 조달하여 투자하고 성장해가는 구조를 갖고 있다.

유상증자는 주식가치 희석 때문에 부정적인 평가를 받지만, 기업의 재무상태 보완 또는 기업의 성장을 위한 투자 목적으로 대주주가 참여하는 증자는 긍정적으로 인식된다. 늘어나는 주식 수만큼 기존 주주들이 보유한 지분가치는 희석되지만, 그 대신 기업의 재무구조가 좋아지고 기업 성장에 필요한 재원이 마련돼 결국 주가가 오를 수 있는 환경이 조성된다는 믿음이 바탕에 깔려 있기 때문이다.

하지만 대주주 참여가 아닌 일반 주주를 대상으로 한, 특히 기초체력이 약한 기업들의 자금 조달과 관련해서는 주주는 물론 투자자들도 각별한 주의가 필요하다.

유증에 실패할 확률이 높다고 판단하는 경우, 전환사채CB나 신주인수권부사채BW 발행으로 접근하는 경우가 많다. 대부분은 기관 투자자나 투자조합 또는 특정 개인 등을 대상으로 발행하게 된다. 채권이자를 보고 CB나 BW에 투자하는 투자자는 많지 않다. 만기 전에 주가가 오르면 신주 발행을 요구해서 주가 시세 차익을 내려는 것이 투자자의 목적이다.

특히 영업활동이 부진한 장기 적자기업, 영업이익으로 이자비용도 감당이 안 되는 한계기업 그리고 누적된 적자로 인해 자본잠식에 빠진 기업들이 주로 유상증자, CB나 BW 등의 발행으로 상장요건에 부합할 수 있는 재무 상태를 보완하려는 목적의 자금 조달을 자행하고 있다.

이러한 무분별한 자금 조달의 경우 기존 주주들의 지분가치가 훼손되어 투자자 입장에서는 매우 난처한 상황에 빠지게 된다. 더불어 최대주주가 몇 번씩 바뀌고, 실체를 알 수 없는 투자조합 또는 개인으로 최대주주가 변경되는 기업의 잦은 자금 조달은 결국 상폐로 이어질 확률이 매우 높다.

이외에도 배임이나 횡령으로 대표가 언론에 부정적인 이미지가 노출된 기업, 자신이 가진 주식 전량을 매도하여 주주들의 신뢰를 저버린 기업, 경영권 상속을 앞두고 있어 주가 부양 의지가 전혀 없는 기업도 피해야 한다. 내지인은 몇 년 전에 테마주에 투자했다가 사자마자 거래정지되고 곧 상장폐지된 경험이 있다.

아무리 테마주의 유혹이 달콤하다 해도 이런 리스크 있는 기업을 피하는 것이 소중한 자산을 지키고 재산을 증식하는 길임을 명심해야 한다.

매수는 기술이요, 매도는 예술이다

주식거래에 있어 대부분의 투자자는 매수보다 매도에 감정이 더 실린다. 왜냐하면 싫증이나 실망 등 좋지 않은 감정에 좌우되어 주식을 매도하는 것이기 때문이다. 잘못된 매도는 언제나 후회를 부른다. 주식을 매수하는 것도 중요하지만 매도에 더 신중해야 하는 이유다.

큰 수익을 얻는 투자자들은 하나같이 매도에 정성을 쏟고 있었다. 원칙과 기준을 정해 시스템적 매도를 하고 있는 경우가 많았고 긴 기다림에도 매우 능숙했다. 이에 비해 일반 투자자들은 매수에 공을 들여놓고는 자신이 매수한 가격에서 조금만 빠져도 감정 조절에 실패하여 손절하는 경우가 많다. 반대로 당초 매수했던 투자 아이디어가 훼손되었는데도 불구하고 손절매를 결정하지 못해 손실을 키우는 경우도 많이 보았다.

적정 밸류에이션을 평가하여 본질 가치보다 저평가이거나 앞으로 크게 성장할 주식을 매수하여야 한다. 그래서 매수할 때는 앞으로 매도할 가격까지 미리 정해야 한다. 상승 여력을 생각해 매수하고 지속 성장할 주식을 매수했다면 별도로 매도 가격을 고민할 필요가 없을 것이다.

모멘텀 종목 매도 전략

단기투자 또는 수급 매매의 경우 매수 시 매도 가격을 대략 설정하되 기술적 분석에서 나타날 수 있는 매도의 징후들이 나오면 곧바로 매도한다.

❶ 장대음봉이 나올 때 매도한다. 한 동안 주가가 오르다 상승에너지가 떨어지고 정체되며 더 이상의 주가 상승세가 없을 때 매도 시점인 경우가 많다. 거래량이 늘어나는데 오르지 않고 내리고 있다면 매수세만큼 매도세도 크다고 보아야 한다.

❷ 주가가 과도하게 올라 이동평균선과 괴리율이 너무 많이 벌어진 경우 매도를 고려해야 한다.

❸ 주가가 고점에서 정체될 때 매도를 고려하는 것이 좋다. 이때 흑삼병*이 나타나는 경우가 많다.

> **주식 용어**
>
> **흑삼병** 음봉이 3일 연속 나타나는 것으로, 대개 하락세로 전환될 가능성이 높음을 암시한다. 반대로 양봉이 3일 연속 나타나는 것은 적삼병이다.

장기투자 매도 전략

❶ 목표가에 도달했을 때 매도한다.

❷ 투자 아이디어가 훼손되었을 때 매도한다.

❸ 더 좋은 종목을 발견했을 때 매도한다.

주가의 제일 꼭대기 지점에서 매도하려고 지나치게 애쓰는 사람들이 너무나도 많다. 지나친 욕심은 위험하다. 고점을 마치 자기 본전인 것처럼 생각하다 오히려 큰 손실을 입는 사람들도 많이 봤다. 끝없이 매수가 들어오는 종목은 있을 수 없다. 계속 오를 것 같은 주식도 고점에 도달하고 내려가기 시작하면 하염없이 흘러내린다. 주식을 최고점에서 매도한다는 것은 있을 수 없는 일이다. 고점에 팔지 못한 것을 후회하고 스트레스받으면 투자가 괴로워진다. 나는 내가 팔았던 종목이 계속 오르면 내가 무엇을 잘못했는지 반성하고, 추가 상승 여력이 있다고 생각하면 재진입도 검토한다. 그래서 실제로 재매수해 크게 수익을 낸 경험도 있다.

생각이 한 쪽으로 치우치면 균형 잡힌 매매를 하기 어려워진다. 내가 잘못하고 있는 부분은 과감하게 수정하고 고쳐야 발전할 수 있다. 과거의 판단 때문에 앞으로 나가지 못한다면 발전하고 성장하기 힘들다. 현재까지는 그렇다 치더라도 앞으로는 어떻게 될 것인가? 오늘부터 잘하면 된다.

손절매는 말도 안 되는 짓이다

공포에 심리가 흔들리며 종합주가지수 등락폭이 커지고 있다. 이런 때에 공포로 손절을 반복하는 개인 투자자들이 많다. 최근에는 미국 연준FED의 금리 인상이 화두이다. "2022년 3월부터 3번 인상할 것이다."라는 예측 뉴스부터 "최대 7번 금리 인상설"까지 돌며 공포를 조장하는 소식들이 매스컴에서 연일 보도되고 있다. 그때마다 투자자들은 무서움에 주식을 내다 팔고 있다.

유튜브 채널 <무한배터리>에는 자신을 39살이라고 소개하며, "8년간 회사 생활하며 모은 5억 원을 단 8개월 만에 손실 본 사람이다."라고 말하는 영상이 올라와 있다. 그는 "누군가에게 작은 위안과 용기를 주기 위해 유튜브 방송을 시작했다."라고 하며, 주식으로 돈을 잃으면서 극심한 불면증, 공황장애를 앓고 있다 밝혔다. 다음은 그가 매매했던 종목 중 일부 내역이다.

2020.03.20. JW중외제약우 매수 24,570원 | 매도 18,458원 | 수익률 -25.06%

2020.03.20. 노루페인트우 매수 12,166원 | 매도 8,075원 | 수익률 -33.79%

그가 공개한 다른 종목들은 '매수가'와 '매도가'가 보이지 않아 생략하기로 한다. JW중외제약우는 2022년 1월 14일 현재 33,950원이다. 지금까지 보유했다면 수익률이 38%이다. 노루페인트우는 2022년 1월 14일 현재 19,350원이다. 매도하지 않고 계속 가지고 있었다면 수익률이 59%나 된다. 주식을 투자하는 이들에게 정말 잘못 알려진 원칙이 '손절매'하라는 것이다. 본질적인 가치를 외면하고 자기가 매수한 가격 아래로 빠졌다고 무턱대고 매도를 계속한다면 순식간에 가진 돈 전부가 없어질 수 있다.

주식 매매는 철저히 자신만의 기준에 따라 하여야 한다. 그저 매매 방법만 안다고 함부로 매매해서는 안 된다. 그런데 주식투자에 대해 전혀 공부가 안 된 상태에서 소중한 '시드머니'를 모아 원칙도 없이 '투기'했기 때문에 문제가 발생하는 것이다. 사실 너무도 많은 사람들이 이처럼 주식시장에서 매수와 매도를 반복하며 투기하고 있는 실정이다.

대부분의 투자자들이 손절매에 대하여 잘못된 생각을 하고 있다. 자신이 매수한 가격을 기준으로 삼아, 그보다 일정 비율퍼센트 이상 떨어지면 손절하는 것으로 말이다. 정말 말도 안 되는 행위다. 이렇게 하다 보면 자신이 가진 모든 자산이 없어질 수 있다. 고도의 스킬을 가진 손절매는 차트·수급·모멘텀 투자자 중 0.1%만이 할 수 있는 영역이다.

다시 한번 말하지만 매수했던 종목이 매수가 아래로 빠진다고 함부로 매도해서는 안 된다. 손절이란 '매수한 가격 밑으로 빠지면 파는 것'을 의미하는 말이 아니다.

"향후 성장할 기업인가 아닌가?"

손절 기준은 단 하나, 이상의 질문이어야 한다. 아니, 이것은 익절 기준일 수 있다. 매수 가격보다 오를 경우 매도하고 매수 가격보다 떨어질 경우 매도하고 있다면 당신은 원칙 없는 매매를 하고 있는 것이다.

주식시장에서 다음 사항을 지키고 투자한다면 당신의 자산은 지속적으로 커질 것이다.

❶ 손절할 주식은 사지 마라.
❷ 손절하지 마라.
❸ 그럼에도 불구하고 더 많이 올라갈 종목을 발견했다면 교체 매매하라. 이것은 손절이 아니다. 교체하는 종목은 업사이드 여력이 기존 종목의 손실을 상쇄하고도 충분한 종목이어야 한다.

❹ 외부적인 시황에 따라 '수량 늘리기' 전략을 사용할 수 있다. 일부 매도하고 저점에서 수량을 더 늘리는 방법이다. 자신이 있는 경우에만 해야 한다. 주식 전량을 매도해서는 절대 안 된다.

본인의 투자 실력이 상당히 올라오고 수급 매매나 모멘텀 거래에 자신 있는 경우에 한해 '수량 늘리기 전략'을 사용할 수 있다. 일반 투자자는 절대로 단타에 관심 가지지 말기를 권한다.

주기적인 주식시장 버블과 붕괴는 개인 투자자 그리고 그 가족들에게 엄청난 좌절과 상처를 줬다. 나 또한 손절로 힘든 시절을 보냈다. 우리는 정말 손절을 잘못 배웠다. 시중에 떠도는 검증되지 않은 방법을 무작정 따라 하는 투자를 해서는 안 되며, 오로지 자신만의 기준과 원칙에 따라 주식투자를 해야 한다.

매도에도 근거와 이유가 있어야 한다

"이 종목의 매수 이유가 있었나요?"

여기에 답변하지 못하면 당신은 뇌동 매매를 하고 있는 것이다.

"투자를 잘하는 지인이 추천해서요."

이렇게 말해도 뇌동 매매일 확률이 높다.

"투자 판단은 자신의 몫! 모든 책임은 자기 자신!"

아무리 투자를 잘하는 사람이더라도 매번 성공하는 투자를 할 수는 없다. 그래서 왜 사야 하는지를 스스로 묻고 공부해야 한다. 매수 이유와 근거가 있다고 판단될 때 매수해야 한다. 그렇지 않으면 주가가 조금만 흔들려도 견디기 힘들어진다. '투자'라는 행위는 '사는 것'에만 해당하는 말이 아니다. 매수가 중요한 것처럼 매도 또한 중요한 가치를 지닌다. 매수에 이유가 있어야 하는 것처럼 매도하는 행위에도 이유가 있어야 한다. 단지 하락한다는 이유로 매도한다면 이것 또한 뇌동 매매의 전형이 아닌지 의심해볼 일이다. 누구나 투자 실수를 할 수 있다. 기회를 놓치지 않으려면 이유와 근거가 분명해야 한다.

과거 내 투자에는 너무나도 많은 뇌동 매매가 있었다. 매수를 잘했으나 매도를 잘못한 사례가 너무 많았다. 만약 그때 팔지 않았더라면 나는 더 빨리 부자가 되었을 것이다.

14장

Goal (1) :
한 발 앞서
괄목상대할 기업을 찾아라

사람들은 당신이 그 일을 얼마나 **빨리** 했는가는 잊어도
얼마나 잘했는지는 기억한다.
하워드 뉴튼 Howard Newton

부자 옆에 줄을 서라.
산삼 밭에 가야 산삼을 캘 수 있다.
이건희

아무리 바닥에 사도 마이너스 나기도 한다. 견디다 보면 단단해지고 수익도 커진다. 하루하루 단타는 위험하다. 저평가주를 사서 존버하는 것이 수익 내는 비결이다. BHAG 투자 전략의 핵심의 네 번째는 Goal, '괄목상대할 기업을 찾아라'이다. 투자자의 지상 최대 목표는 괄목상대할 기업을 찾는 것이며, 최우선 투자 대상 또한 바로 그런 기업이어야 한다.

괄목상대刮目相對는 '눈을 비비고 상대를 대한다.'는 뜻이다. 중국 삼국시대

오나라에 여몽이라는 장군이 있었다. 이 장수는 무예가 뛰어났으나 가난해서 공부할 기회를 갖지 못해 매우 무식했다. 어느 날 오나라 왕 손권이 여몽에게 장수에게는 무예도 중요하지만 학문도 중요하다고 말하며 공부할 것을 권했다. 여몽은 전쟁 중에도 손에서 책을 놓지 않고 열심히 공부했다. 시간이 흐른 어느 날 학식이 뛰어난 노숙이 여몽을 찾아가 담소를 나누었다. 노숙은 여몽의 학문 정도에 깜짝 놀랐다. 이에 여몽이 이렇게 말했다.

"자고로 선비는 헤어진 지 3일이 지나면 눈을 비비고 다시 볼 정도로 달라져 있어야 한다."

오늘날 이 고사성어는 누군가의 학문, 기술, 실력이 크게 발전했을 때 자주 사용된다. 여몽도 대단하지만 그 변화를 알아챈 노숙이야말로 대단한 사람 아닌가. 상대의 변화를 눈치채고 이를 칭찬할 수 있는 사람이 많지 않다.

주식투자에 있어 큰 수익을 주는 곳이 바로 '괄목상대'하는 기업이다. 노숙처럼 치우침 없이 이를 발견하는 능력이 있다면 주식투자 성과가 급격히 올라갈 것이다. 남들이 모를 때 이런 기업들을 먼저 발견하고 매수하면 큰 수익을 얻을 수 있기 때문이다. 남이 하는 매수를 뒤늦게 따라 해서는 절대로 큰 수익을 얻을 수 없다.

내가 좋아하는 종목은 턴어라운드 기업이다. 그동안 계속 주가가 하락했으니 주가 상승 에너지는 엄청나다. 그동안 별 볼일 없던 기업들이 관심을 받게 되니 본질 가치 이상으로 주가가 올라가는 경우가 많다. 적자기업이라도 외면하지 말고 분석하면 좋은 기업을 만날 수 있다.

- 성장할 산업에 있는 기술력이 있는 기업
- 현금도 많고 사업 환경이 나쁘지 않음에도 적자가 나는 기업
- 현재 상황을 탈피하면 향후 회사가 성장할 수 있는 비즈니스 모델을 가진 기업

이제까지 시중에 나와 있는 여러 가지 투자방법들을 사용했으나 큰 성과를 얻지 못했는가? 앞으로 실적이 좋아질 기업에 투자해볼 것을 권한다. 현재는 별 볼일 없어 저가로 거래되고 있으나 향후 돈을 많이 벌면 분명히 주가가 올라가게 된다. 회사의 성장성을 믿고 내 생각대로 되고 있는지 확인만 하면 된다. 이렇게 투자하면 스트레스에서도 벗어날 수 있다.

주어진 환경이 바뀌고 실적이 나기 시작하면 어느새 주가가 오를 것이다. 먼저 산업을 보고 기업을 찾는 것이 좋다. 투자한 기업의 산업 사이클이 확대되면 이에 대한 언론의 관심이나 집중도를 받을 가능성이 높아진다. 예상보다 주가가 빨리 움직일 수도 있다.

신규 투자와 인력 채용을 주목하라

중소기업에서는 사람 한 명의 채용도 부담스럽다. 인력을 채용할 때 그 이상의 이익이 돌아오지 않으면 기업은 절대로 무리해서 고용을 진행하지 않

는다. 나 역시 공직 생활을 접고 회사를 창업해 보니 공무원으로 급여를 받는 입장과 사장으로서 월급을 주는 입장의 차가 너무나도 크다는 것을 절감했다. 받는 사람은 세금을 뗀 금액만 생각하므로 급여가 작다고 느낀다. 그런데 급여를 주는 사람은 4대보험·복리후생·사무실 운영비 등 추가 지출되는 게 한두 사항이 아니다.

공장 증설 또는 생산라인 확대도 마찬가지이다. 확실한 주문이 없으면 중소기업에서는 절대 라인 증설을 할 수가 없다. 잘못 투자하면 기업의 존폐가 결정되는 만큼 구매자의 확실한 의사가 없을 경우 증설은 현실적으로 불가능하다.

따라서 기업을 선택할 때 기존 공장 확장, 신규 공장 증설, 인력 충원이 이뤄지는 기업을 선별하면 성공 확률이 훨씬 높아진다. 흔히 말하는 원청의 확실한 구매 약속을 받은 영향으로 증설과 인력 채용을 하는 경우가 많다.

2021년도에 가장 뜨거웠던 종목 중 하나인 PCB업체를 예로 들어보자.

국내 PCB업체 중 대장주라 할 수 있는 심텍의 경우 2020년 2월부터 생산라인 증설 뉴스가 나오기 시작했다. 이때만 해도 주가 상승이 뚜렷하게 나타나지 않았다. 하지만 2022년 2월 해당 종목의 주가는 4만 6천 원으로 2020년 대비 3배가 올랐다. 만일 당시에 심텍 주식을 사서 2년을 묻었다면 3배의 시세 차익을 남길 수 있었을 것이다. 공장 증설 뉴스가 나왔을 때 흔히 호재로 인식되어 바로 주가가 상승하는 경우도 있지만, 이처럼 인고의 시간이 지난 후에야 주가에 반영되는 경우도 많다. 투자자들은 바로 이러한 사례를 포착해야 한다.

여기서 한 가지 질문이 있을 것이다. "왜 증설 뉴스와 함께 바로 주가가 오르지 않았을까?" 어찌 보면 당연할 수밖에 없다. 공장 증설을 위해 자본을 투자하면 그 당시에는 영업이익과 자본금이 줄어드니 실적에 반영이 안 되고, 1~2년이 지나야 실적 상승으로 나타나기 때문이다.

심텍 주가가 오를 것으로 전망됐다. 생산라인 증설과 새로운 기술의 도입으로 실적이 개선될 것으로 예상됐다. (중략) 25일 심텍 주가는 1만 3,850원에 장을 마쳤다. (중략) 심텍은 유상증자를 통해 미세회로 공정MSCAP이 적용된 생산라인을 17% 증설하기로 했다.

'심텍 주식 매수의견 유지, 반도체기판의 실적 증가 방향성에 주목'
<비즈니스포스트> 2020년 2월 26일

기업이 신규 사업에 진출해 성공하면 지속적으로 매출과 이익이 성장하고, 기업의 주가가 크게 상승한다. 장기적으로 수백 퍼센트의 수익을 안겨주기도 한다. 신규 투자나 신규 사업에 진출하는 기업을 초기에 잡아야 하는 이유다. 2~3년 이상 장기투자를 하며 지속적으로 모니터링할 필요가 있다.

반대로 신규 투자가 성공하지 못한다면 어떻게 될까? 관리비 등 비용 증가로 수익이 크게 떨어진다. 투자가 잘못되면 유동성에 문제가 생길 수도 있다. 기업의 사업구조를 잘 살펴야 하는 이유다. 돌다리도 두들겨보고 건너야 한다. 신중에 신중을 기하여야 한다.

바텀업, 생활 속에서 투자할 기업을 찾아라

바텀업 분석 방법은 특정 종목의 내재적 가치를 먼저 분석한 후 거시경제 지표를 분석하는 방식으로 알려져 있다. 그런데 현실적으로 이런 방식을 쓰는 사람을 나는 거의 보지 못했다.

나는 주로 성장성이 있다고 생각하는 산업 사이클 내에 있는 기업들을 중심으로 분석해 투자한다. 그 외에는 내 시야에 포착되는 종목들을 위주로 분석해 투자하고 있다. 지인이 추천한 종목이나 생활 속에서 만나는 기업 중 매력적인 것이 있을 때 분석하는 식이다. 굳이 따지자면 이 경우도 바텀업 접근법이라 할 수 있다.

피터 린치는 "자신이 잘 아는 산업에 투자하라."라고 조언한다. '생활 속에서 발견할 수 있는 기업'에 투자하라는 것이다. 쇼핑몰에 가면 어떤 제품이 인기 있는지 보기 위해 그는 아내와 쇼핑을 다니고, 딸이 어떤 제품을 좋아하는지도 살폈다. 이런 식으로 그는 던킨도넛츠, 월마트, 볼보 등의 종목을 발굴하였다고 한다.

비슷한 예로, 불닭 볶음면이 히트하자 삼양식품을 매수한 후배가 있었다. 나의 경우는 2020년 초에 골프존 GDR실내골프연습장을 끊었다가 골프존을 매수해 수익을 내기도 하였다. 심한 경우 TV광고를 보고 사람들의 관심사에 대해 이해하게 되어 주식을 사는 경우도 있다.

매년 초 정부에서 발표하는 정책을 보고 어떤 종목이 수혜를 받을 것인가를 고민하는 것도 크게 도움이 된다. 스타벅스 커피를 좋아하는 사람이 스타벅스에 투자를 결정하고, 넷플릭스에 가입해 OTT를 즐기다 넷플릭스 주식을 사는 일도 모두 생활 속의 투자라 할 수 있다.

일례로 나는 몇 년 전 예스24에서 도서를 주문한 후, 예스24 주식을 매수해 수익을 낸 바 있다. 투자 논리만 분명하면 생활 속 투자는 일반인의 입장에서 그리 어렵지 않게 접근이 가능하다.

그런데 생활 속 투자를 잘못 이해하여 눈에 보인다고 아무 종목이나 무턱대고 매수하는 경우가 있다. 매우 위험한 행위다. 얼마 전 내 지인은 TV에 나오는 어떤 광고를 보고 투자 논리도 없이 감정적으로 주식을 매수했다가 큰 손실을 보았다. 수익성 분석도 없이 광고를 하니 막연히 잘될 것이라는 생각으로 매수했던 것이다. 생활 속에서 찾은 종목이라도 반드시 수익성 분석을 통해 향후 성장할 것이라는 판단이 들면 그때 매수하는 것이 좋다.

나의 경우에 지인들과 주식투자 이야기를 많이 한다. 내 사무실에는 증권사 관계자들도 많이 찾아온다. 누가 주식 정보를 나눠주면 그걸 꼭 메모했다가 시간을 내 분석한다. 평소 오가는 대화 속에서 좋은 투자의 기회를 발견하기도 한다. 코스피와 코스닥에 있는 2,400여 개 종목을 전부 다 분석할 수는 없는 일이다. 자신의 능력으로만 종목을 발굴하는 것은 한계가 있을 수밖에 없다. 투자자가 주변의 정보를 편견 없이 받아들이고 열린 마음을 가질 때 점점 더 좋은 투자 기회를 맞이할 것이라 믿는다.

세월을 투자하라

슈퍼개미 손명완은 IMF 시기와 2001년에 주식투자를 하였는데 당시 대부분의 투자자가 그러하듯 감정에 앞선 투자를 하다 모은 돈을 날렸다. 그러다 2004년에 5천만 원으로 다시 주식투자를 시작했다. 에이디칩스를 매수했는데, 주가가 하락하자 투자한 금액이 계속 줄어들어 2~3천만 원 수준으로 떨어졌다. 기다려 본전을 넘자마자 바로 팔았다. 하지만 2천 원대에 매도한 주식이 1만 2천 원 대까지 상승하는 걸 보며 주식투자는 '기다림'이란 걸 배우게 되었다.

그 후 기업에 대해 공부를 시작했고, 그 이후 투자에서 12년간 무려 2천 배에 가까운 수익을 올려 1천억 자산가가 되었다.

아무리 저평가 주라고 판단하고 주식을 매수했다고 하더라도 마이너스 40%는 쉽게 떨어질 수 있다. 주식을 매수한 이후 주가가 떨어져 반 토막도 날 수 있다는 걸 감수하겠다는 마음으로 주식을 매수해야 한다. 매수 후 바로 오르면 얼마나 좋을까. 그러나 실제로 그런 일은 쉽게 일어나지 않는다. 나 역시 '내게 그런 행운은 없다.'고 생각하니 주식투자가 무척 편안해졌다.

"주식을 매수하고 반드시 시간을 투자하라!" 이 말을 한 번쯤 들어보았을 것이다. 말에는 힘이 있다. 힘이 있기 때문에 그 말의 힘에 우리가 영향을 받는 것 같다. 그러나 대부분 사람들은 주식을 매수하고 '시간 투자'하기를 힘겨워한다. 사고 나서 견디는 일이 쉽지 않은 것이다. 쉽게 실패하는 이유다.

그래서 나는 주변 사람들에게 이렇게 말하곤 한다.

"세월을 투자하라!"

앞으로 좋아질 회사를 사고 기다리면 반드시 수익을 줄 것이다. 그래서 차트를 볼 때는 월봉, 주봉, 일봉을 본다. 큰 그림에서 바닥이면 이는 매수 기회이다. 물론 재무와 사업 분석을 통해 앞으로 좋아질 것이라는 확신이 전제되어야 한다. 조급하면 절대로 버틸 수 없다.

년年을 투자하는 마음으로 주식을 매수하자.

분기分期를 투자하는 마음으로 주식을 매수하자.

월月을 투자한다는 마음으로 주식을 매수하자.

절대로 시간時間을 투자해서는 주식으로 부자가 될 수 없다. 혹시 '작은 부자'는 될 수 있을지 몰라도 '큰 부자'는 될 수 없다.

15장

Goal (2) :
사이클에 있는
산업에 투자하라

우리는 이미 가지고 있는 것에 대하여는 좀처럼 생각하지 않고
언제나 없는 것만을 생각한다.
쇼펜하우어 Arthur Schopenhauer

눈앞의 돈을 생각하는 매매보다는
더 넓은 투자 의미를 가져라.
고레카와 긴조是川 銀蔵

파도치는 바다 위 돛단배에서 물결을 바라보면, 누구라도 멀미를 느끼며 무서움에 난파당할 것이다. 멀리 보고 가야 목적지에 도착할 수 있다. 흔들리지 않는 투자를 위해 원칙을 가지고 투자해야 한다.

그 기본이 되는 것이 기업 분석이며, 기업 분석에 있어 가장 중요한 핵심은 실적이다. 거기에 수급에 따른 멀티플을 얼마나 적용받느냐에 따라 기업 가치가 결정된다.

기업의 실적은 P^{Price}와 Q^{Quantity}의 곱이다. 기업이 제공하는 재화나 서비스의 가격과 이에 대한 납품량을 곱하면 매출이 되는 것이다. 그런데 기업의 실질적인 이익을 계산하려고 하면 여기에서 C^{Cost}를 빼야 한다. 그래서 기업의 성과는 P, Q, C의 함수라고 부르기도 한다.

전방 산업이 성장할 것으로 추측되거나 업황이 좋아지는 것으로 보이는 기업의 제품이나 서비스의 수요가 증가하는지를 보는 것이 Q이다. 새로운 산업의 사이클은 Q의 확대와 관련이 있다. 1950년대 라디오는 한 달 치 월급으로도 못 사는 고가의 제품이었다. 1980년 초, 칼라 텔레비전은 서민들이 몇 달 치 월급을 모아 사야 할 정도의 초고가 제품이었다.

앞으로 잘 나갈 것으로 기대되는 전방 업체를 염두에 두면서 밸류 체인을 들여다보는 것이 종목을 선정하는 데 있어 효율성이 좋다. 사이클이 새로 시작되거나 성장하는 산업을 탑다운 방식으로 분석하는 것이다. 탑다운 전략은 주로 증권사에서 발간하는 산업보고서를 정독하며, 사업과 기술 변화의 관점에서 산업별 밸류체인 중 수혜가 예상되는 기업을 하나씩 검토하는 방식으로 진행한다.

산업보고서는 각 증권사 HTS, 한경컨센서스, 네이버 금융 리서치 페이지 및 일부 유료 사이트에서 제공한다. 산업보고서에서 봐야 할 것은 다음과 같다. 우선 산업과 기술이 변화하는 과정에서 구조적으로 물량이 증가한다거나 전방 수요가 증가하여 제품 가격이 상승하는 소재 또는 장비, 부품 등에 주목하고 해당 기업들을 찾아낸다. 이때 환율과 계절적 변동 등을 고려하되 산업 사이클의 관점에서 전방산업의 중장기 성장성이 있는지를 분석한다. 예를 들면, 반도체 산업에서 D램의 세대 전환 사이클 가운데 신규 장비 또는 고부가가치의 부품이 공급되는 기업을 찾는 것이다. 이를 알기 위해서는 평소 해당 산업에 대한 이해와 기술 변화에 대해 어느 정도 공부가 되어 있어야 할 것이다.

예를 들어보자. 2021년부터 DDR4에서 DDR5로의 전환이 화두였고 이제 본격적인 양산이 시작되고 있다. 관련된 테스트 장비 기업과 PCB 업체들의 주가가 상승하고 있다.

다른 예로는 스마트 폰과 관련해서 폴더블 폰의 출시와 모바일 기기의 OLED 채택을 들 수 있다. 폴더블 폰이 출시되면서 기존 스마트폰 대비 부품이 2배로 증가하는 상황이어서 해당 부품 공급사의 물량도 2배로 증가하는 상황이 발생하고 있다. 스마트폰, 태블릿 PC, 노트북 등 모바일 기기에서 사용하던 디스플레이가 LCD에서 OLED로 빠르게 변화하는 가운데 관련 기업의 수혜가 예상된다.

이렇듯 전방 산업의 변화에서 수혜가 예상되는 기업들 중 시장점유율 1위 기업, 주력 제품이 경쟁우위에 있는 기업, 기술력이 뛰어난 기업들 위주로 개별 기업 분석을 하는 것이다.

개별 기업 분석을 위해서는 우선 전자공시시스템에 공시된 해당 기업의 사업보고서 자료를 보면서 회사의 개요, 사업의 내용, 재무제표, 주주에 관한 사항, 임원 및 직원에 관한 사항, 계열회사에 관한 사항 등을 전반적으로 살펴본다. 그다음에는 해당 기업에 관한 증권사 기업 분석보고서를 검토하여 제품 및 기술 경쟁우위에 있는 기업을 골라낸다. 여기까지 검토한 후에 현재 주가와 실적의 괴리를 확인해야 한다. 수혜가 예상되고 실적이 나오고 있는데 시장에서 주목받지 못하여 기업 가치 대비 주가가 저평가된 회사를 찾아내는 것이 가장 중요하다. 시장 컨센서스 실적 수치와 적정 PER를 적용하고, 그 기업의 적정 시가총액을 계산한 후에 현재 주가 또는 시가총액과 비교하여 상승여력이 높은 기업을 투자 우선순위로 선정한다.

PQC의 증감에 따른 수익성 분석을 습관화하라

주식투자자로서 기업을 바라볼 때 어느 부분을 봐야 하느냐고 묻는다면 주저하지 않고 PQC라고 할 것이다. 제품과 서비스의 가격P, 판매수량Q, 비용c을 들여다보는 수익성 분석이 투자에 있어 가장 중요하다.

기업은 이익을 내는 것이 목적이다. 그래서 이익을 내지 못하는 기업은 주가가 떨어질 수밖에 없다. 기업이 돈을 버는지 판단의 기준이 되는 것이 P와 Q와 C이다.

전기차 시장이 커지면서 Q도 그럴 것이라는 기대감이 커지며 전기차 관련

기업들의 주가가 크게 상승한 것도 이 때문이다. 또, 우리의 작은 내수 시장에서 글로벌 시장으로 제품이나 서비스의 Q가 확대되리라 기대되면 주가가 크게 오르는 것을 알 수 있다.

　기업이 성장하려면 P가 오를 때 Q도 커져야 하며, C는 증가하지 않아야 한다. P와 Q가 커지는데, 원자재 가격 상승으로 부품 가격이 올라간다든가 임대료, 인건비 등 고정비가 상승하면 매출은 늘어나지만 영업이익은 떨어지게 된다.

　P와 Q가 같이 상승하는 섹터나 기업은 매출과 이익이 폭발적으로 증가하게 된다. 이를 위해서는 C가 잘 관리되고 있는지 보면 된다. 다음 3가지에 부합되는지를 본다.

❶ 큰 성장성을 가져야 한다.
❷ 비즈니스 모델이 매력적인 사업이어야 한다.
❸ 경쟁력이 있어야 한다.

　주기적으로 P와 Q가 함께 오르는 것을 사이클이라고 한다. 한 번으로 끝나는 것은 사이클이 아니고 주기적으로 발생하는 것을 사이클이라고 한다. 이 사이클의 중요성을 인식하는 투자자는 크게 수익을 낼 수 있다. 현명한 투자자는 사이클의 주기성을 잘 활용하는 사람이다. 이 사이클의 특징을 잘 알고 있다면 상승의 시작인지 끝인지를 알 수 있고, 하락의 시작인지 끝인지도 알 수 있다. 이 사이클을 안다면 상승 초입에 매수에서 기다리면 될 것이다. 사이클의 시작점에서 매수했다면 큰 수익을 내는 것이 당연하다.

산업 사이클을 이해하게 되면 주가의 흐름도 예측할 수 있다. 주가의 대세 상승은 신기술에서 자주 나온다. 기대감이 클수록 더 많이 상승한다. 주식은 꿈을 먹고 살기 때문이다. 예전에 IT 분야가 태동할 무렵 주식시장은 난리도 아니었다. 닷컴이라는 이름만으로도 상한가 가는 시절이 있었다. 조선주 사이클도 굉장했으며, 5G 관련주도 대세 상승을 보여주었다. 최근에는 2차 전지 관련주가 하늘 높은 줄 모르고 날아가고 있다. 이러한 종목에 올라타면 큰 수익을 얻을 수 있을 것이다.

새로운 산업의 도입은 다음의 단계를 거친다.

도입기

신기술이 알려지기 시작하는 단계로 상승폭이 크지 않다. 새로운 산업의 사이클 초기에는 사업의 성공 여부가 불투명한 사례도 잦아 단순히 테마주로 끝나는 경우가 많다. 신제품, 높은 투자 욕구, 손실 가능성 등이 특징이다. 전기차 관련주 또한 10여 년 전에 테마주로 폭등한 적이 있다.

성장기

산업이 태동하는 단계를 지나 본격적으로 산업이 상용화되는 단계이다. 소비자의 수용, 판매액 신장, 높은 수익 등이 특징이다. 주가가 본격적으로 상승한다. 대체로 2년 이상 오른다.

성숙기

신기술이 완전히 성숙한 단계이다. 낮은 판매신장속도, 가격과 이익의 하락 등이 나타난다. 상승률이 둔화되거나 정체되기 시작하면 주가가 더 이상 오르지 못한다. 주가는 우하향한다.

쇠퇴기

대체품 등장, 매출액성장률 감소, 생존을 위한 합병 등이 발생한다. 대체로 주가가 하락한다. 실적이 좋은 기업들은 선방한다.

산업 사이클이 주기적으로 확대되는 경우 그 전 사이클에 비해 주가가 더 크게 상승하는 경향이 있다. 그 전 사이클에 이은 다음 사이클에서는 용량이나 성능이 업그레이드되기 때문에 P와 Q가 크게 확대되곤 한다. 5G 사이클이 이를 입증하며, 케이엠더블류는 실제로 텐배거 종목이 됐다. 반도체 관련주도 다음 사이클은 더욱 큰 상승을 보여줄 가능성이 크다. 왜냐하면 메타버스, 로봇, 자율주행 등은 용량이 큰 반도체를 필요로 하기 때문이다.

사이클을 믿고 매수하는 종목의 경우 하나의 추세가 정해지면 이를 신뢰하며 기다리면 된다. 개별

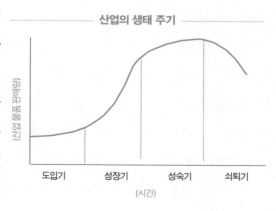

산업의 생태 주기

(매출 또는 이익)

도입기   성장기   성숙기   쇠퇴기

(시간)

종목은 정해진 방향에 따라 일관되게 진행하려는 속성이 크다. 우상향하는 주가의 지점을 연결하여 추세선이 우상향하면 상승 추세선이라고 한다. 상승 추세인 종목은 주가가 하락할 때마다 추세선의 지지를 받으며 우상향을 계속한다.

트렌드에 투자하라

개인 투자자 중에는 단지 망하지 않을 것 같다는 이유로 롯데, 삼성, 신세계 등 대기업 주식을 매수하는 경우가 많다. 주식으로 수익을 내기는 어려운 사람들이다. 이런 이유로 매수한 종목에서 수익을 낸 경우를 단 한 케이스도 보지 못했다. 그런데 이들 중 상당수가 소액을 투자하는 것이 불안한지 4~5종목이나 매수한다. 정작 계좌를 보면 대다수가 마이너스다. 다들 하필이면 고점일 때 샀기 때문이다. 언뜻 보기에 오르니, 계속 오를 것 같아 보여 매수했던 것이다.

망하지 않을 회사를 찾는 일은 그만두자. 투자자로서 우리의 관심사는 트렌드여야 한다. 트렌드가 곧 부富가 되고 미래가 될 것이기 때문이다. 우리는 이미 트렌드의 거대한 흐름 속에 살고 있다. 눈을 크게 뜨고 살핀다면 기회는 충분하다. 내 주변의 트렌드를 포착하기 위해서는 어떻게 해야 할까?

우선 일상의 소비를 트렌드에 연결하는 습관이 필요하다. 무엇보다 뉴스에 관심을 가지고 그 속에 변화된 미래가 어떤 모습으로 우리에게 다가올지

적극적으로 인식해야 한다. 미래 예측과 관련된 책을 읽거나 공부를 하는 것도 좋다. 지난 10여 년 동안은 애플, 넷플릭스, 테슬라, 페이스북, 아마존 등 글로벌 메가트렌드와 삼성전자, 카카오, 네이버 등 국내 메가트렌드 기업들이 디지털 경제를 선도하는 게임체인저로 활약했다. 앞으로 어떤 트렌드가 시대를 선도할 것인지 관심을 가지고 미래 선도형 기업들을 발견하는 안목을 키운다면, 당신도 큰 부를 손에 쥐게 될 것이다.

기업 분석 체크리스트

사업구조 및 성장성 관련

● 제품 경쟁력(또는 기술 경쟁력)은 어떠한가?

설명 회사 제품이 외산 제품 대비 가격 경쟁력 또는 기술적 우위가 있는지? 반도체 소부장기업의 소재, 부품, 장비의 국산화는 제품의 가격 경쟁력과 기술 경쟁력을 높게 평가받는 대표적인 사례이다.

사례 대표적으로 동진쎄미켐은 반도체 초미세공정 필수 소재인 극자외선EUV 포토레지스트PR 개발에 성공한 사례이다. 기술 난이도가 높아 전량 해외기업의 의존해온 제품을 국산화한 것이다.

● 경쟁 관계와 시장점유율은 어느 정도인가?

설명 기술적 난이도가 높아서 진입장벽이 있는 산업과 제품인지? 동종기업 중 고객사 내에서 시장점유율이 압도적인지?

사례 　리노공업은 독보적 기술력으로 반도체 검사용 테스트핀, 테스트소켓 분야에서 시장점유율 압도적 1위를 점하고 있다. 특히 비메모리용 검사부품에서는 기술적 해자를 구축하고 있어 경쟁자의 진입이 매우 어렵다.

● 고객사(매출처)는 어디인가?

설명 　반도체 소부장기업이라면 삼성전자, SK하이닉스 등 대기업을 고객사로 확보하고 있는지? 더불어 마이크론 등 글로벌 반도체 제조사에 모두 납품하고 있는지?

사례 　심텍의 경우 다변화된 고객사 확보로 안정적인 매출 성장이 가능한 기업이다.

● 회사가 속한 업황과 전방 산업의 성장성은 어떠한가?

설명 　반도체 소부장기업은 전방 산업인 반도체 투자 사이클에 직접적인 영향을 받기 때문에 반도체 산업 사이클이 호황인지 불황인지를 점검해야 하고, 반도체의 기술적 진화 또는 적용 애플리케이션이 확대되고 있는지 등을 점검해야 한다.

사례 　메모리 반도체의 경우 PC, 모바일용에서 서버용 시장이 크게 확대되면서 성장을 이어 왔고 향후에는 자율주행차, 메타버스 등 신산업의 등장으로 그 적용 범위가 확대되고 있어 성장성이 지속될 것으로 평가된다.

● 경기 사이클, 계절적 요인, 환율 상황에 어떠한 영향을 받는가?

설명 경기의 확장과 수축 국면에서 경기와 같이 움직이는 시클리컬 업종의 경우, 경기가 좋아지면 주가도 같이 상승하고 경기가 나빠지면 주가도 같이 하락하게 된다. 경기 확장기 국면에서는 수요가 급증하는데 공급은 제한적이다 보니 제품 가격이 점점 상승되고 마진, 즉 스프레드가 커져 영업이익이 폭발적으로 증가하게 된다. 따라서 경기민감주는 경기의 확장 국면인지 수축 국면인지를 파악해야 투자가 가능하다.

사례 2008년 금융위기 이후 차화정 장세, 2020년 코로나19 이후 금호석유화학, 롯데케미칼 등 정유·화학주의 강세 등을 들 수 있다.

손익 관련

● 매출은 전년(또는 전분기) 대비 얼마나 성장 가능한가?

설명 매출이 전분기 또는 전년 동기 대비 성장하고 있는지는 주가 측면에서 매우 중요하다. 성장 추세가 이어지고 있는지를 점검해야 한다. 또한 적자에서 흑자로 전환되는 턴어라운드가 나온다면 이는 매우 강력한 주가 상승의 시그널로 보아야 할 것이다.

● 매출이 성장 중이라면 CAPA는 충분한가?

설명 산업의 성장 등으로 매출이 급증하는 기업의 경우, 향후 증가할 매출 대비 현재 CAPA가 충분한지를 점검해야 한다. CAPA 증설 계획이 있는지, 자금 조달은 어떻게 할 것인지 등을 점검하고 대비해야 한다. 최근에는 CAPA 증설 투자 공시가 호재로 작용하여 주가 상승을 견인하기도 한다.

사례 2차 전지 소재 기업의 증설 투자 공시를 들 수 있다.

● 제품 가격(P) 또는 물량(Q)이 상승 또는 증가하고 있는가?

설명 시클리컬 업종의 경우, 경기확장기에 수요가 급증하여 P가 상승하고 스프레드가 크게 증가하면서 이익이 성장한다. 한편 고객사의 외주 물량 확대로 반도체 OSAT 기업의 Q가 크게 늘어나는 경우도 있다.

사례 정유화학주, 하나마이크론 등 OSAT 업체를 들 수 있다.

● 제품 가격 인하가 매년 어느 정도 진행되는가?

설명 국내 대기업 서플라이 체인에서는 고객사에 의해 매년 일정한 단가 인하CR: Cost Reduction가 이루어진다. 특히나 기술적으로 난이도가 낮은 저부가가치 부품에 대해서 CR은 필수적이다. 이러한 기업들에 대한 투자는 매우 신중하게 판단해야 할 것이다.

사례 최근 관리종목 지정 우려 공시된 유아이엘 같이 보급형 스마트폰의 홈버튼과 전원버튼 등 단순 사출 부품 생산기업을 들 수 있다.

● 원재료 및 인건비, 감가상각비 등 고정비(C)가 상승하고 있는가?

설명 환율 상승 등으로 원재료비가 상승하는 구조인지, 매년 일정 규모의 시설 투자로 감가상각비가 늘어나는 구조인지, 고정비 상승요인을 매출 증가가 커버하고 있는지 등을 수익구조 관점에서 점검해야 한다.

● 영업 외적으로 일회성 비용 등 감안해야 할 사항이 있는가?

설명   영업외적으로 투자자산 평가손실, 대손충당금, 외환차손 등 일회성 비용의 발생 가능성이 있는지 점검해야 한다.

● 회사가 예상하는 실적 가이던스는 어떻게 되는가?

설명   실적 발표 전에 해당 분기 실적이 전분기 또는 전년 동기 대비 얼마나 성장이 예상되는지 대략적인 분위기라도 알면 투자에 도움이 된다.

재무 관련

● 현금 및 현금성 자산은 적정하게 보유하고 있는가?

설명   시가총액 대비 회사가 보유한 현금 및 현금성 자산이 어느 정도 되는지 재무상태표를 확인하여야 한다. 현금이 많으면 많을수록 좋다.

● 매출채권 중 회수 불가능하여 대손처리할 금액이 있는가?

설명   사업보고서 및 재무제표 주석사항에서 매출채권에 대한 대손충당금이 설정되어 있는지, 매출채권 잔액 중 장기간 회수가 안 되는 채권이 있는지를 점검해야 한다. 1년 이상 장기간 회수되지 않은 채권잔액이 있다면 대손처리 가능성이 매우 높다.

● 재고자산 중 불용 재고가 있어 손실처리할 금액이 있는가?

설명　재고자산 회전율이 적정한지 점검해야 한다. 재고자산 회전율이란, 재고자산이 어느 정도의 속도로 판매되고 있는가를 나타내는 지표로 사용된다. 일반적으로 재고자산 회전율이 높을수록 기업은 양호한 상태이며, 이 비율이 낮다는 것은 재고자산에 과잉투자가 발생했음을 의미한다. 매출액 또는 매출채권 금액 대비 재고자산 금액이 과다하다면 불용재고로 인한 손실처리 가능성을 의심해야 한다.

● 개발비 및 영업권 등 무형자산에서 잠재적 손실처리 가능성이 있는가?

설명　개발비 및 영업권 등 무형자산의 적정성을 평가해야 한다. 제품화되지 못한 개발비는 일시에 큰 금액이 상각 처리되므로 신규 제품 개발이 정상적으로 진행되고 있는지, 문제가 있는지를 점검해야 한다. 또한 회사가 개발비의 회계처리를 자산항목으로 처리하고 있는지, 비용항목인 경상개발비로 처리하고 있는지를 살펴보아야 한다. 영업권 또한 과다하게 설정되어 있는 건 아닌지 보수적으로 평가하여 감안해야 한다.

● 유동비율 및 부채비율 등 유동성과 차입금이 적정한 수준인가?

설명　자기자본을 타인자본으로 나눈 값이 부채비율이다. 통상 부채비율이 100% 이하면 적정하다고 볼 수 있으나 부채비율은 적으면 적을수록 좋다. 유동비율은 이러한 부채 중에서 1년 이내에 상환해야 하는 단기부채에 대한 채무상환 능력을 측정하는 것이다. 유동비율은 200% 이상이면 적정하다고 볼 수 있다.

● 적절한 유보율과 배당 정책이 수립되어 있는가?

설명 유보율이란 영업활동에서 생긴 이익잉여금과 자본거래에서 생긴 자본잉여금을 합한 금액을 납입자본금으로 나눈 비율로, 기업이 동원할 수 있는 자금력을 측정하는 항목이다. 유보율은 높으면 높을수록 좋다. 또한 주주를 위한 적정한 배당 정책도 매우 중요하다. 주주 환원 차원에서 최소한 정기예금 금리 이상으로 배당을 한다면 주주 입장에서도 장기투자가 가능한 유인誘因이 될 것이다.

● 증자 및 CB, BW 등 자금 조달 계획이 있는가?

설명 매출과 이익이 성장하는 정상적인 기업의 경우, CAPA 확대를 위한 시설 투자 결정에 따라 유상증자 및 CB, BW 등 자금 조달을 한다면 이는 호재로 작용한다. 향후 더 많은 매출과 이익 성장을 기대할 수 있기 때문이다. 그러나 매출이 감소하고 이익도 적자인 회사가 대규모 증자 또는 잦은 CB, BW 등의 발행을 통한 자금 조달을 한다면 악재가 분명하다. 게다가 최대주주가 자주 변경된다면 소위 말하는 꾼들의 작전과 머니 게임이 벌어질 것이다. 이러한 기업에는 절대로 투자하면 안 된다. 경험적으로 결국에는 상장폐지가 되는 기업이 많다.

기타 사항

● 영업활동으로 현금흐름이 창출되는지 여부

설명 재무제표의 현금흐름표를 보면 대분류가 영업활동으로 인한 현금흐름, 재무활동으로 인한 현금흐름, 투자활동으로 인한 현금흐름으로 분류되어 있다. 이중에 가장 중요한 것은 영업활동으로 인한 현금흐름이다. 말 그대로 현금흐름 관점에서 영업활동을 통해 얼마나 많은 현금을 벌어들이고 있는지를 보여주는 것이다. 영업활동을 통해 현금이 창출되어야 원재료도 구입하여 매출을 기대할 수 있고 인건비 등 운영비도 충당하여 정상적인 영업활동이 가능한 것이다.

● PER, PBR, ROE, 이자보상배율 등 체크

설명 PER, PBR은 그 기업의 가치 대비 시장에서의 평가를 나타내는 지표이며, ROE는 투하자본 대비 이익률을 나타내는 수익성 지표이다. 이자보상배율은 영업이익을 이자비용으로 나눈 값이다. 다시 말해 기업이 벌어들인 이익으로 이자비용을 갚을 능력이 되는지를 말하는 것이다. 이자보상배율이 1 미만인 한계기업에는 절대로 투자하면 안 될 것이다. 벌어들인 이익으로 차입금에 대한 이자도 갚지 못한다는 말이기 때문이다.

● 인력 충원 및 신규 투자 사항

설명 매출과 이익이 성장하는 기업이 인력을 대규모로 충원하고 특히 핵심 연구인력 또는 신규 사업과 관련된 인력을 충원하고 있다면 그 기업은 향후 더 큰 성장을 기대할 수 있다. 또한 해당 산업의 호황기 초입에서 대규모 시설 투자를 결정한다면 향후 성장성은 더욱 높아질 가능성이 있다.

● 경영진의 성향과 평판 등에 관한 사항

설명 투자의 관점에서 경영진에 대한 평판은 매우 중요하다. 정성적인 판단의 영역이라서 평가하기가 어렵긴 하지만, 소위 말하는 오너리스크가 있는지 정도는 점검해야 한다. 경영진의 경력 또는 과거 뉴스 등을 통해 오너리스크가 있는지 여부를 파악한다.

만약 매년 좋은 경영성과를 내고 있다면 유능한 경영자일 가능성이 높다. 한편으로는 오너의 보수가 동종업계 대비 적정한지, 주주를 위한 배당을 꾸준히 실시하는지도 중요한 포인트가 될 것이다.

● 지배구조에서 상속 및 증여 등 이슈 여부

설명 상속 증여 등 승계 이슈가 있는 기업의 주가는 통상 승계가 마무리되기 전까지 상승하기가 어렵다. 대주주 입장에서는 세금을 최소화해야 하기에 적극적인 IR과 매출 성장을 추진하지 않을 것이기 때문이다. 이러한 기업은 승계가 마무리되고 2세 경영진이 전면에 등장하여 적극적으로 사업을 전개할 때를 기다려 투자 기회를 노려야 할 것이다.

기회를 놓치지 마라

자신이 하는 선택이 잘못되지 않을까 아무런 선택을 하지 못하는 사람이 있다. 선택하는 상황 그 자체가 머리가 아파 아무 선택을 하지 못하면 더 괴로운 상황에 처할 가능성이 크다.

그리스어로 시간을 의미하는 단어가 두 개 있다. 하나는 '크로노스'이고 다른 하나는 '카이로스'이다. 크로노스는 '물리적인 시간'을 의미한다. 해가 뜨고 지는 시간이다. 반면, 카이로스는 순간의 선택이 인생을 좌우하는 '기회의 시간'이며, '결단의 시간'이다.

카이로스의 시간은 언제나 택하는 사람에게 찾아온다. 선택하지 않는 사람에게는 오로지 크로노스의 시간만이 있을 뿐이다. 언제나 선택하는 자에게만 기회의 시간이 주어지며, 선택하지 않는 자에게는 물리적인 시간의 변화만 있을 뿐이다.

카이로스는 인간을 불쌍히 여겼다. 자신을 붙잡는 인간에 한해 기회를 주기로 한다. 그래서 그는 인간이 쉽게 발견할 수 있도록 벌거벗은 모습을 하고 있다. 그와 마주쳤을 때 바로 붙잡을 수 있도록 앞머리가 무성하고, 그가 지나가면 붙잡을 수 없도록 뒷머리는 대머리이다. 양손에는 칼과 저울을 들었는데, 이는 그를 만났을 때 신중한 판단과 과감한 결정을 하라는 뜻이다. 그의 등과 양 발목에 달린 날개는 최대한 빨리 사라지기 위한 것이다. 이러한 이유로 카이로스는 인간의 앞에 나타나지만, 인간이 함부로 잡을 수 없다.

카이로스는 도전하는 삶 속에서 만날 수 있는 신이다. 위험을 회피하고 도전하지 않으면 절대 카이로스를 만날 수 없다. 소극적이고 회피하는 삶에서는 우리 곁에 오지 않기 때문이다. 시간은 누구에게나 똑같지 않다. 하루 같은 1시간을 사는 사람이 있는 반면, 어떤 이는 하루를 1시간도 안 되는 가치의 시간으로 허비한다. 지금 우리가 살고 있는 공간에 크로노스와 카이로스의 시간이 연결되어 있는 것은 아닐까. 지금 당신은 카이로스를 만났는가?

주식시장에서 기회는 많다. 끊임없이 선택해야 하는 순간의 연속이다. 그러나 황금 같은 기회는 그렇게 많지 않다. 한 번 잡으면 길게 가야 큰 성과를 얻을 수 있다. 기회는 그 가치를 아는 자에게만 기회이다. 알지 못하는 사람은 기회인지 몰라 쉽게 놓친다.

제4부

부자 되는 투자자의 무기,
고수의 멘탈을 장착하라

16장

투자 멘탈 1원칙 : 위기를 경영하라

경계하고 경계하라.
너에게서 나간 것은 너에게로 돌아온다.
맹자

투자 위험을 최소화해야 한다.
확실한 신념과 예측력으로 결단을 내려야 한다.
고레카와 긴조是川 銀藏

투자로 부자가 되는 길은 생각보다 간단한다. 국내외를 막론하고 전설적인 투자자들이 모두 입을 모아 말하는 바와 같다. "초심을 잃지 않고 시장에 항상 겸손해야 한다. 그래야 시장이 주는 기회를 잡을 수 있다." 그런데 이 단순한 명제를 지키기가 생각보다 쉽지 않다. 한두 번 수익을 내는 경험을 하면 자신도 모르게 우쭐해진다. 전략을 잘 짜면 시장을 이길 수 있으리라는 착각에 빠져든다. 오죽하면 "한번 크게 벌어본 사람이 더 위태롭다."라는 말이 다 있을까.

개인 투자자의 가장 큰 적은 투자자 그 자신이라는 생각을 가져야 한다. '내가 부자 되는 데 있어 가장 큰 적은 나 자신이다.'라는 생각으로 투자자로서의 기본기와 철학, 정체성을 다져야만 한다. 그것이 투자의 고수가 되어 꿈꾸던 경제적 자유를 이루고 부자 되는 왕도이다.

한편 2020년 하반기 이후 일찍이 보지 못한 강세장에 초보 투자자들이 대거 시장에 진입하였다. 주변 사람들을 따라 주식계좌를 만들고, 덩달아 주식을 매매한 사람들이 대부분이었다. 그러다 보니 다양한 장세場勢와 위험에 대한 준비가 미흡한 사람이 부지기수다. 자칫 '잠깐 이기고 긴 시간 위태로워지는' 상황에 처할 수 있다.

4부에서는 투자 멘탈을 발전시켜 나갈 방법에 관해 설명한다. 수많은 기업 및 전설적인 투자자들의 사례를 살펴보고, 나 자신이 경험한 투자의 실패와 성공을 집약한 내용을 담았다. 개인적으로 투자 조언을 구하는 사람들에게 항상 강조하는 이야기이다. 주식시장에서 단기가 아닌 장기전을 준비하며, 큰 승리를 얻고자 하는 사람에게 피와 살이 될 것이다.

우선 투자 멘탈 중에서도 가장 중요한 '위기 경영'에 관해 알아보자. 투자자가 겪게 되는 위기에는 크게 두 가지 종류가 존재한다. 첫 번째는 시장 변동으로 인하여 외부에서 오는 위기이며, 두 번째는 투자자 개인의 잘못으로 인하여 초래되는 위기다.

시장 변화로 인해 초래되는 위기

오늘날은 위기가 일상화된 지 오래다. 위기는 '어떤 상태의 안정에 부정적으로 영향을 주는 정세의 급격한 변화'로 일반적으로 예측하지 못한 상태에서 발생한 사건이다. 잘못 대처할 경우 조직, 산업 또는 이해관계자들에게 부정적인 영향을 미칠 수 있는 중대한 위협이 된다.

요즘에는 국가나 기업뿐 아니라 개인 단위에서도 위기를 피하거나 해결하기 위한 위기 경영이 중요하게 다뤄진다. 예측이 어려운 불확실성의 시대이다 보니, 크고 작은 위험 요소가 그만큼 산재해 있는 까닭이다. 위기에 어떻게 대응하느냐에 따라 존폐와 흥망, 생존이 결정될 수 있다. 그렇다면 위기를 어떻게 관리할 것인가? 시나리오를 만들어 대응하는 것은 도움이 되지만, 그렇다고 모든 위기를 준비할 수는 없는 일이다. 예상치 못한 돌발 리스크까지 매뉴얼을 다 만들어놓을 수는 없기 때문이다.

철저한 시뮬레이션보다 더 중요한 위기 관리의 키는 '유연한 태도' 그리고 '철학이 있는 경영'이다. 그에 따라 목전에 있던 커다란 위기도 역전의 기회로 전복될 수 있다.

1982년 9월 미국 시카고에서 해열진통제인 타이레놀을 먹고 무려 일곱 명이 사망하는 사건이 발생했다. 누군가 타이레놀 병 속에 청산가리를 집어넣은 것이다. 이때 존슨앤존슨은 시카고뿐만 아니라 미국 전역에서 시판된 모든 타이레놀을 수거해 전량 폐기했다. 그 비용만 총 2억 5천만 달러에 달했다. 많은 사람들은 이 일로 존슨앤존슨이 끝날 가능성이 크다고 봤다. 그러나 소비자들은 존슨앤존슨의 진정성을 신뢰했다. 지금도 존슨앤존슨은 매년 미국에서 '가장 존경받는 기업' 중 한 곳으로 뽑히고 있다. 기업의 명운이 걸린 위기에 직면해서 이를 회피하지 않고 기업의 책임을 다하는 '진정성'을 인정받아 오히려 위기를 도약의 계기로 만들었다. 이것은 매뉴얼의 문제가 아니라 경영 철학의 문제다.

이처럼 위기를 극복한 기업이 있는 반면, 스스로를 위기에 빠뜨린 기업도 있다. 코닥은 필름 시장에서 압도적 1위였다. 1975년 디지털카메라를 처음 개발했으나, 기존의 필름 시장이 디지털카메라에 잠식될 것을 우려하여 이를 상품화하지 않았다. 그들만의 필름 시장을 지키겠다는 교만 때문이었다. 그러나 디지털 시대가 도래했고, 코닥은 침몰했다.

현실의 변화를 인식하고 적극적으로 대응한 기업들은 위기를 맞아 더 큰 기회를 잡았다. 그러나 현실에 안주하고 변화를 외면한 기업들은 위기를 맞고 역사의 뒤안길로 사라져 갔다.

주식투자의 세계로 돌아가 보자. 주식이란 위험자산이다. 모든 주식투자자는 일정 이상의 리스크를 지닐 수밖에 없다. 더군다나 시시각각 빠르게 변하는 시장의 움직임에 일일이 대응하기란 불가능하다.

위기를 예견하거나 핸들링할 수 있으리란 오만한 생각에서 벗어나자. 눈을 크게 뜨고 시장을 주시해야 한다. 변화를 감지한다면 유연한 태도와 철학이 있는 투자로 대응하자. 사업가의 마인드로 위기를 분석하고 최선의 선택지를 결정해야 한다. 투자자라면 위기 또한 '경영'해야 하는 것이다.

아무리 기업을 잘 분석해 매수하였더라도 시장 상황이 좋지 않으면 주가가 하락할 수 있다. 이 경우 기업의 본질 가치에 문제가 있는 것이 아닌 이상, 성급한 매도는 손실을 확정하는 것이기 때문에 시황에 자신의 멘탈이 영향을 받지 않도록 하는 것이 좋다. 나는 투자한 기업의 주가가 상승할 것임을 마음속에 암시하여 공포감을 완화시킨다. 이 방법은 내게 효과가 있었다.

투자자 개인이 초래하는 위기

개인의 경우 타인이 주는 정보에 의존하여 잦은 단타나 뇌동 매매를 하다가 시련을 겪는 경우가 많다. 증권사에 근무하는 지인들의 말을 들어보면 개미들의 손실은 잦은 매매로 인해 발생되는 거래세와 수수료가 대부분을 차지한다고 한다. 건별로는 부담이 작아 보이나 누적되면 정부와 증권사에 수수료와 세금을 바치는 꼴이 된다.

작은 잘못이 누적돼 큰 손실로 이어지는 경우는 또 있다. 대표적인 것이 반대매매다.

2021년 9월 신용잔고가 25조 원을 기록한 이후 국내 증시가 급락하면서 2022년 2월 7일 신용잔고가 21조 원으로, 4조 원 정도 줄어들었다. 주가 급락에 따라 하루 평균 150억 원가량의 반대매매가 발생하며 잔고가 급격히 줄어드는 데 악영향을 미쳤을 것으로 추정된다.

반대매매까지 가는 상황이 되면 얼마나 괴로울까? 왜 막지 못했을까? 나의 경험을 되돌아보면 '한탕주의' 때문이다. 그리고 도망가고 싶은 심정에 그 상황을 외면한다. 몇 번의 매매를 하고 손절을 되풀이하다 보면 계좌 잔고가 복리로 줄어들게 된다. 신용을 사용하다가 담보유지비율 부족으로 반대매매당하면 그 계좌는 복리로 녹아 없어지고 만다. 이를 만회하기 위하여 신용이나 미수까지 써서 급등주에 베팅하다 보면 더욱 위험한 거래로 빠져들게 된다. 반대매매 문자가 날아와도 모든 걸 체념하게 되는 것이다. 파국으로 치닫는 형국이다. 왜 이리 위험한 거래를 하게 되는 것일까?

급등주나 테마주를 매수하는 대다수 투자자는 타짜가 아니므로, 십중팔구 매도 타이밍을 놓치게 된다. 가치를 외면한 투자의 결과, 불안감은 점점 더 커지고 손절매를 반복한다. 주식투자에 있어 사소하거나 경미한 잘못들이 반복되다가 '반대매매'라는 대형사고가 발생하는 것이다.

'하인리히 법칙'이라는 것이 있다. 1:29:300 법칙으로도 많이 알려져 있다. 미국 여행보험회사 관리자였던 하인리히가 찾아낸 규칙이다. 대형사고가 발생하기 전에 그와 관련한 수많은 경미한 사고와 징후가 나타난다는 것이다.

"평균적으로 1건의 중대사고 전에는 29번의 작은 사고가 발생한다. 그전에 300번의 잠재적 징후들이 나타난다."

하나의 대형 사고가 한 번에 발생할까? 경미한 사고가 이어지다 작은 사고

부정한 투자는 실패로 귀결된다

공금 115억 원을 횡령한 혐의로 구속된 서울시 공무원은 100개에 달하는 주식 종목에 투자하다 횡령금 대부분을 날렸다고 한다. 그는 IT와 바이오 주까지 100여 개에 달하는 종목을 매매하였다고 한다. 정직하지 않으면 돈도 따르지 않는다. 조급한 마음에 제대로 분석했을 리 만무하다.

가 발생한다. 그리고 작은 사건들의 징후가 나타나고 큰 사고가 일어난다. 경미한 사고가 나타나는데도 이를 발견하지 못하는 이유가 무엇일까? 기업의 경우 위기 관리 시스템이 부재하거나 작동되지 않았기 때문이다. '설마 나에게 그런 일이 발생할까?'라는 식의 생각이 빚어낸 무사안일의 문제이다.

나만의 위기 경영 시스템을 만들어 작동하여야 한다. 그래야 문제가 발생할 때 대응하고 이를 해결할 수 있다. 막연히 '잘 되겠지' 하는 무한 긍정으로는 자신에게 닥치는 위기를 막을 수 없다.

위기 경영 시스템 ❶ 투자 아이디어가 훼손되면 매도하라

내가 투자한 회사 중 어느 회사의 공동대표가 각각 10만 주, 30여만 주를 처분하고, 국내외 기관 투자자에게 시간 외 대량 매도로 처분했다고 공시했다. 이 대표는 보유 주식 10만 주를 매도했고, 김 대표는 스톡옵션주식매수선택권 행사에 따른 고율의 소득세 재원을 마련하기 위해 보유 주식 34만 주를 매도했다. 이 회사는 11월 16~17일 이틀간 기업설명회IR를 진행했다. 대주주가 신뢰를 깨는 행동, 즉 주식 매도를 한 것은 기업설명회를 개최한 바로 그 날이었다.

나는 공시를 확인하자마자 곧바로 '보유하고 있는 주식 전량'을 매도했다. 그들이 있을 수 없는 행동을 한 것이라고 생각했기 때문이다. 이처럼 투자 아이디어가 훼손되면 곧바로 결정을 해야 한다. 수익이 나든 손실이 나든 마찬가지다. 이후 주가는 50% 넘게 급락하였다. 그들이 주주들의 신뢰를 회복하려면 오랜 시간이 걸릴 것이다.

얼마 전 어느 회사가 두 번의 붕괴 사고로 언론의 주목을 끌었다. 이 기업의 주주들은 사실 첫 번째 사고가 났을 때 곧바로 매도했으면 손실이 더 커지지 않았을 것이다. 실수와 실패는 반복된다. 처음의 잘못을 처절하게 반성하고 이를 개선하지 않으면 똑같은 일이 계속해서 발생할 수밖에 없다. 역사적 사실에서 이를 발견할 수 있다. 개인 투자자들도 이런 지점에서 교훈을 얻어야 할 것이다.

위기 경영 시스템 ❷ 자료와 보고서는 직접 읽어라

투자는 본인 책임이다. 소중한 자산을 남의 말만 듣고 투자하는 것은 정말 위험한 일이다. 이건 기본 중의 기본이다. 그런데 자신이 없기 때문에 다른 사람에게 기대어 투자하려는 사람들이 너무나도 많다.

한비자는 군주와 신하, 백성 모두가 이기적인 존재라고 했다. 그중에서도 군주는 신하에 의해 끊임없이 흔들리는 존재라고 보았다. 주식투자에서도 마찬가지이다. 남을 지나치게 믿어 문제가 된 사례가 많다. 최소한 다음 세 가지 사항은 항상 경계하라고 조언하고 싶다.

❶ 유료 리딩방을 믿지 마라.
❷ 경제방송 증권 추천주를 믿지 마라.
❸ 유튜브 추천주를 믿지 마라.

어떻게 하면 자신만의 기준을 가질 수 있을까? 피터 린치, 워런 버핏 등의 투자 철학에 관한 서적을 읽고 평소 주식 공부를 하는 것이 좋다.

또한 애널리스트가 쓴 증권사 산업리포트와 기업리포트를 많이 읽어야 한다. 사업보고서도 많이 보는 것이 좋으며, 기업 홈페이지에 있는 IR 자료도 봐야 한다. 증권사 리포트를 읽다 보면 기업 정보 보는 눈을 키울 수 있다. 리포트는 산업리포트, 기업리포트, IR 자료 및 사업보고서 순으로 읽는 것이 좋다. 이렇게 하다 보면 자신만의 원칙과 기준이 만들어질 것이다.

공포에 매수하고, 환희에 매도하라

남들이 공포에 휩싸여 매도할 때 매수하고, 환희하며 매수할 때 매도하여야 한다.

급락이 있으면 급등이 있다. 급등이 있으면 급락이 온다. 언제나 공포는 과도했다. 언제나 탐욕도 과도했다. 그런데 탐욕의 상황에서 탐욕을 느끼지 않고, 공포 상황에서 공포를 느끼지 않는 것이 개인 투자자들에겐 무척 어려운 일이다.

공포를 조장하는 기사들이 쏟아져 나오며 최고로 비관적일 때, 매수할 준비를 하고 있어야 한다. 외부 충격으로 주가가 폭락하는 등 공포가 극에 달할 때는 국내 기업들의 이익 성장성과 펀더멘털기초체력을 감안하여 저가 매수하면 된다.

위기 경영 시스템 ❸ 앎을 실전투자 활동에 적용하라

나는 '하이 리스크 하이 리턴'형 투자자이다. 증권사와 신용거래를 하려면 투자자는 자신의 투자 성향 진단표를 작성해 제출해야 한다. 증권사가 분류한 투자성향은 '안정형, 안정추구형, 위험중립형, 적극투자형, 공격투자형'

으로 분류되는데, 나는 공격투자형에 해당된다.

흔히 공격투자형이라고 하면 위험 앞에서도 앞뒤 잴 것 없이 투자하는 스타일을 생각한다. 그러나 내가 생각하는 공격투자형은 이와 다르다. 한번 결정하면 모든 것을 쏟아붓긴 하지만 어디까지나 시장 상황과 기업에 대한 분석 및 판단이 끝난 경우이다. 리스크를 제대로 인식한 후에야 리스크에도 불구하고 전속력으로 돌격할 수 있다.

주식투자를 하며 리스크와 관련해 마음에 새기고 있는 말이 있다.

"알면 위험하지 않고, 모르면 위험하다."

물론 모든 리스크를 다 알 수는 없는 노릇이다. 내가 모르는 일이 발생할 수 있다. 하지만 실제로 일이 발생했을 때 올바르게 처신할 마음의 준비만 되어 있다면, 위기를 기회로 만들 수 있다고 생각한다. 여기서 '안다는 것'은 앞으로 일어날 일을 예견하는 종류의 앎이 아니다. 역사와 시장에 대한 공부, 투자 철학 등을 바탕으로 구축한 인사이트, 즉 자기 확신의 '앎'을 의미한다.

한국 전쟁, 베트남 전쟁, 오일 쇼크, 9.11 테러, 리먼브라더스 사태, 코로나 19 팬데믹 등 세계적인 사건이 있을 때마다 단기적인 충격이 있었지만 미국의 주식시장은 계속 성장하였고, 지금도 오르고 있다. 전쟁이 나도 주식시장은 열렸다. 투자자의 인사이트만 올바르다면 리스크를 관리하면서 주식투자를 재미있게 할 수 있다는 생각이다.

능숙한 서퍼와 같은 마음가짐으로 투자의 바다에 올라타자. 파도가 치면 파도를 즐기고, 태풍이 치면 태풍을 즐기자. 때로는 '아, 이게 이렇게 무섭구

크게 보는 눈이 필요하다

라인업에서 보드 위에 앉아 파도를 기다리는 서퍼들. 모두가 약속한 듯 바다를 바라보며 침묵의 시간을 가진다. 서퍼는 먼 곳에서 너울지며 오는 파도의 형태를 보고 자신에게 다가왔을 때의 파도를 예측해서 자세를 잡은 채 준비해야 한다. 파도를 예측하지 못하면 파도는 빠르게 서퍼를 지나쳐 버린다. 즉 파도를 타기 위한 주요 요소 중 하나는 파도를 볼 수 있는 눈이다. 초보자들은 바로 앞쪽에서 일어나는 파도만 예측한다. 능숙한 서퍼는 먼 수평선 근처에서 오는 파도도 예측할 수 있다. 먼 곳을 바라보면 단기 파도에 휩쓸리지 않고 이를 극복해낼 수 있다.

나.' 실감하기도 하면서 말이다. 위험한 지경에 있음을 안다면, 스스로 위험에 빠지지 않도록 조심 또 조심할 수 있다. 그러나 위험 자체를 인지하지 못한다면 작은 파도도 재앙이 되고 말 것이다.

한편 앎이란 머릿속으로만 아는 것이어선 안 된다. 머릿속에 있는 정보와 실제 활용하는 지식내용이 같아야 한다. 즉 생각과 말과 행동이 일치해야 한다.

나는 지인들에게 추천하는 종목과 나의 포트폴리오가 가능한 100% 일치되도록 노력한다. 사람들은 보통 "혼자만 알고 있지 말고 좋은 종목을 알려 달라."고 말한다. 그런데 내 경우엔 오히려 좋은 종목은 남에게 알려주고 정작 내 포트폴리오에는 담지 못한 적이 왕왕 있었다. 전 재산을 투자할 만큼 좋은 주식이라고 생각하면서도, 이미 포트폴리오에 다른 종목이 담겨 있다 보니 매수하지 못하고 다른 사람에게 추천만 하고 말았던 것이다. 그래서 요즘은 다른 종목을 가지고 있더라도 (손실 중이거나 수익 중이거나 상관없이) 더 좋은 종목이 눈앞에 보이면 언제든 과감하게 종목을 교체하려 한다.

혹시 모를 불확실성을 리스크로 생각하고 행동으로 실천하지 못한 것이 오히려 내게 '리스크'였다. 내가 정말 사고 싶은 주식은 내 포트폴리오에 담아야 한다. 어차피 나는 단기가 아니라 장기로 투자 기간을 길게 잡고 있기 때문에, 단기 수익률에 대한 부담을 갖지 않으려고 하고 있다. 나의 조언을 구하는 지인들에게도 이렇게 말하곤 한다.

"단기투자 측면에서는 내 판단이 틀릴 수도 있다. 그러나 장기로 보면 내 선택의 성공 확률이 높았다."

나뿐만 아니라 주변인들 또한 크게 보고 투자하니 수익률이 좋아지고 있다. 앎은 행동으로 옮길 때 효용이 생기는 것이다.

주식 고수, 개미도 될 수 있다

2016년에 메가 히트를 친 영화 <부산행>에서 마동석은 공유가 맡은 캐릭터인 펀드매니저를 빗대어 "개미핥기, 개미들 피 빨아먹는"이라 말한다. 펀드매니저와 '개미핥기'라는 이미지를 연관시켜 논란이 된 바 있다.

"펀드매니저인 개미핥기가 개미들을 게걸스럽게 먹는다."라는 좋지 않은 생각을 하는 사람들이 여전히 많은 것 같다. 펀드매니저, 애널리스트가 공존 관계로 연결돼 있는 듯 보는 시각은 구시대적인 것이다. 주식투자하며 많은 사람들을 만났지만 펀드매니저, 애널리스트라고 해서 반드시 주식투자에 성공하는 것은 아니었다. 그들도 돈을 벌기가 쉽지 않았다.

가끔 이런 생각을 한다. 개미도 충분히 투자를 잘할 수 있는데 이런 관념의 세뇌로 인해 투자에 실패하는 것은 아닐까. 이런 것도 '가스라이팅'이 될 수 있다. 가스라이팅은 상황 조작을 통해 타인의 마음에 자신에 대한 의심을 불러일으켜 현실감과 판단력을 잃게 만듦으로써, 그 사람을 정신적으로 황폐화시키고 그 사람에게 지배력을 행사하여 결국 파국으로 몰아가는 것을 의미하는 심리학 용어다. 잠재의식적으로 성공을 예견하고서 어떤 일을 하게 되면 실제 성공하게 된다. 타인의 기대나 관심에 의하여 능률이 오르거나 결과가 좋아진다. 이른바 피그말리온 효과다. 그런데 이 반대도 있다. 주변의 부정적인 기대가 자신의 실적 하락으로 이어진다. 낮은 기대치는 저조한 성과를 낳는다. 마찬가지 맥락에서 "개인 투자자는 안 돼."라고 생각하다 보면 정말 안 되는 결과가 나온다. 스티그마 효과가 바로 그것이다.

"매일 힘들다."고 말하는 사장이 있었다. 잘되고 있다는 희망 섞인 말 한마디 없이 계속 짜증만 내고 있다. 하루 종일 죽는소리만 한다. 회사가 이익을 내도 직원들에게는 손해 보고 있다고 말한다. 이런 사장의 태도를 두고 그곳의 직원들은 "회사가 잘된다는 걸 알면 월급 올려달라 할까 봐 저러는 것이 아닐까?"라며 의심했다.

지금 그 회사는 없다. 몇 년 전 폐업을 했다. 사장이 "회사가 잘되고 있어도 힘들다."고 입버릇처럼 말하던 그대로 이루어졌다.

진정한 고수는 여유가 있는 사람이다. 자신의 선택에 자신 있기 때문에 여유가 있을 수밖에 없다. 하수가 아무리 발에 땀이 나도록 뛰어봐야 고수한테는 안 되더라. 주식투자를 잘하는 사람은 다음과 같은 사람이다.

첫째, 자산만의 투자 철학을 가지고 분석하여 투자하는 사람이다.

둘째, 잦은 매매를 하지 않는 사람이다.

내가 생각하는 고수다. 사람마다 다를 수 있겠다. 어느 분야에서나 고수는 보통 사람들과 뭔가가 달랐다. 고수만의 여유가 있었다.

17장

투자 멘탈 2원칙 : 부자들처럼 공부하라

망치만 가진 사람은 세상의 모든 문제가 못으로 보인다.
에이브러햄 매슬로 Abraham Harold Maslow

실수를 하지 않는 사람이 있다면 한 달 만에 세상을 가질 수 있을 것이다.
하지만 실수에서 배우지 못하는 사람은 빈털터리가 된다.
제시 리버모어 Jesse Livermore

나를 지속적으로 성장하게 하는 무기는 철학이다. 그렇다면 철학은 어떻게 발전되고 정립되는가? 특히 투자자로서의 철학은 어떻게 세울 수 있을까? 정답은 끊임없는 공부, 그리고 그것을 체화하는 데 있다.

우리가 살면서 해야 할 공부에는 수많은 종류가 있다. 그중 주식투자를 하면서 투자자가 마땅히 가져야 한다고 생각되는 '마음 자세'에 대하여 언급하고자 한다. 나는 주식투자자 관점에서 세 가지 공부가 필요하다고 생각한다.

대가들의 생각에서 배우는 '관점 공부', 평상심을 유지하기 위한 '마음 공부', 현명한 투자 판단을 위한 '기업 공부'가 그것이다.

관점 공부 : 대가들의 생각을 복사하라

우리나라 문화에서는 자신의 실적을 자랑하는 사람도, 실패를 전시하는 사람도 흔치 않다. 남의 경험에서 배우는 것이 쉽지 않은 이유다. 그래서 책을 읽어야 한다.

프란츠 카프카는 "책은 우리 내면에 얼어붙은 바다를 깨는 도끼여야 한다."라고 말했다. 자신의 경험을 통해 학습하는 것은 한계가 있다. 자신도 모르게 편견이나 잘못된 관성이 쌓일 수 있기 때문이다. 잘못된 정의定義를 배우면 매우 위험해질 수도 있다.

다행히도 우리는 책에서 위대한 사람들을 만날 수 있다. 실제로 위대한 투자자들 대부분이 책을 썼다. 워런 버핏은 본인이 직접 책을 쓰진 않았지만 그의 투자법 또한 다른 사람에 의해 쓰였기 때문에 책에서 버핏의 생각을 읽을 수 있다.

> **잠깐 상식**
>
> **지식근로자** 1968년, 경영학자 피터 드러커가 저서 ≪단절의 시대≫에서 처음 사용한 말로, 끊임없이 지식을 쌓고 혁신함으로써 부가가치를 창출하는 노동자를 가리킨다.

피터 드러커는 지식근로자*의 등장을 설파하며 "다음 사회에서 기업의 성공과 생존은 그 회사가 보유한 지식근로자의 성과에 점점 더 의존하게 될 것이다."라고 말했다. 그가 말한 지식근로자에 '주식투자자'도 해당된다고 나는 생각한다. 주식투자자는 성과로서 사회에 공헌하는 것이다. 지식근로자는 목표 달성 능력이 탁월해야 한다. 지식근로자는 자신도 모르게 주입된 관념과 타성을 깨는 기업가와 같은 사람이다. 그렇기에 기업가 정신으로 언제나 놀라운 성과를 도출한다. 독서를 하지 않고 지식근로자가 될 수 있을까? 학습하지 않는 투자자는 '얼어붙은 내면의 바다'를 깰 수 없을 것이다.

버핏은 그 스스로 "하루 500페이지씩 책을 읽을 때도 있다."라고 말할 정도로 소문난 독서가다. 찰리 멍거 또한 평생 학습을 실천하고 있다.

나 또한 주식투자 실패 후 쉬는 동안 다양한 인문학 서적을 읽은 것이 투자에 크게 도움이 되었다. 동양고전을 비롯해 각종 주식투자 책들을 봤다. 제시 리버모어를 비롯해 피터 린치, 앙드레 코스톨라니, 워런 버핏, 강방천 등의 주식 관련 책을 섭렵했다. 그리고 돈 공부에 관한 책들도 닥치는 대로 읽었다. 《부자아빠 가난한 아빠》, 《보도 섀퍼의 돈》, 《돈의 심리학》 등의 책은 특히나 흥미로웠다.

이병철, 정주영을 비롯해 성공한 CEO에 관한 책들도 많이 읽었다. 주식투자를 잘하기 위해서는 자기 경영을 잘해야 한다는 생각이다.

기업인의 관점을 가지지 않는 투자자는 성공할 수 없다는 생각을 했다. 변덕스러운 투자는 자기 확신이 없기 때문에 시장에서 생존하기 어려울 것이다. 충분한 검토와 준비 과정을 거친 투자만이 냉혹한 승부의 세계에서 크게 성공할 것임을 나는 확신한다.

마음 공부 : 하루의 시작에 '루틴'을 적용하라

성공한 사람들의 특징 중 하나는 군중심리에 휩쓸리지 않는다는 점이다. 위기일 때도, 낙관론이 최고조에 올랐을 때도 평상심을 유지한다. 그래야 상황에 휩쓸려 즉흥적으로 판단하지 않으며 훗날 후회할 결정을 내리지 않을 수 있기 때문이다.

이런 평상심을 유지하는 데 가장 큰 역할을 하는 부분이 루틴routine이다. 루틴은 아침에 눈뜨자마자 매일 일정하게 하는 일련의 행동인데, 슈퍼리치 대부분이 본인만의 특정 루틴을 보유하고 있다.

애플의 최고경영자 팀 쿡의 경우 7시간 동안 잠을 자고, 보통 오전 3시 45분에 일어난다. 그리고 애플 이용자들이 보낸 이메일이나 사용후기를 한 시간 정도 읽는다. 오전 5시부터는 외부 체육관에서 한 시간가량 운동하고 운동량을 기록한다. 운동이 끝나면 스타벅스에서 커피를 마시며 출근 전까지 더 많은 이메일을 확인한다.

워런 버핏은 전날 증권시장에서 좋은 수익을 내면 다음날 아침에 맥도날드에서 가장 비싼 맥모닝 세트를 시킨다. 그래도 가격은 한화 4천 원을 넘지 않는다. 반대로 손실이 나면 가장 싼 맥도날드 세트를 시킨다고 한다. 이를 통해서 매일 꾸준히 수익률을 점검하고 결과에 따라 인센티브를 달리하는 습관을 가지고 있다.

13년간 단 한 번의 손실 없이 2,700%라는 경이적인 수익률을 올린 피터 린치는 종목 발굴을 위해 가족들과 쇼핑을 자주 한다. 가족이 선호하는 브랜드를 파악하고 이를 실전에 반영하는 방법으로 큰 수익을 얻었다고 한다.

투자자나 CEO가 아닌 경우에도 성공한 사람들에게 루틴은 매우 중요한 역할을 한다. 독일의 철학자 임마누엘 칸트는 새벽 5시에 일어나 홍차를 마시며 하루 일과를 시작하였다. 그리고 아침 7시부터 9시까지는 강의를 하고 12시 40분까지는 집필에 몰두했다. 오후 1시에는 하루 한 끼의 식사를 했는데 이 자리에서 각 분야의 현장 종사자를 만나 몇 시간 동안 대담을 했다. 이후에는 산책을 했는데 얼마나 정확했던지 마을 사람들은 칸트가 마을 다리에 나타나면 오후 3시 30분임을 알았다고 한다. 이후 연구에 몰두하다가 밤 10시가 되면 정확하게 침대에 누워 하루를 마감했다.

여기서 한 가지 주목할 점이 있다. 투자나 각 분야에서 성공한 사람들은 매일같이 발생하는 외부 환경에 흔들리지 않기 위해 아침마다 사색의 시간을 가졌다는 점이다. 나 자신도 전혀 분주하지 않은 고요와 사색으로 가득 찬 아침을 위해 의식적으로 노력하고 있다. 이것이 성공적인 하루를 만드는 데 크게 도움이 된다고 믿기 때문이다.

나 또한 나만의 루틴을 가지고 있다. 오랫동안 실패하다 처음으로 5천만 원 넘는 수익이 나자 너무나도 기뻤다. '평상심'과 '절제심'을 유지하는 데 대한 고민을 했고 무엇보다 '내 그릇'의 크기에 대한 고민이 컸다. 그러다 나의 루틴 다섯 가지를 정했다. 지금도 이를 실천하고 있다.

❶ 나는 매일 아침 '환하고 밝은 빛'이 내 몸을 감싸는 상상을 하며 출근한다. 내 안이 따뜻해지고 밝아지는 느낌을 받는다. 오버하는 것 아니냐 하는 사람도 있을 것이다. 그런데 그런 상상을 하며 출근하기 시작하자 긍정 에너지가 생기기 시작했다.

❷ 그리고 "나는 행복한 사람입니다. 감사합니다."라는 말을 계속 마음속으로 되풀이한다.

❸ 하늘 사진을 자주 찍는다. 높은 하늘이나 탁 트인 지평선을 바라보면 작은 근심이 사라지고 여유가 생긴다. 사무실에서도 먼 하늘을 자주 보고 있다.

❹ 하루도 빠짐없이 책을 읽는다. 책을 읽으며 마음속에서 작가와 대화를 나누려 한다. 졸저拙著지만 두 권의 책을 써보니 책을 쓰는 일이 쉽지 않다는 것을 알게 되었다. 힘들게 쓰고 나니 '거기에는 내 영혼이 함께 들어가 있다.'라는 생각을 하게 되었다. 세상에서 제일 싼 것이 책값 아닐까 싶어서 책값은 아끼지 않고 지불하고 있다.

❺ 나 자신을 CEO라고 생각하고 있다. 그리고 1천억 대 부자가 될 것이라 자기 암시를 한다. '돈 그릇'이 커야 주가 등락에도 흔들리지 않을 수 있다.

주식시장은 등락이 너무 커 그 움직임에 압도당하는 사람은 머물기에 험하고 힘든 곳이다. 자기 나름의 루틴을 만들어 이를 즐기면 좋을 듯하다.

기업 공부 (1) 증권사 기업리포트의 행간을 읽어라

증권사 리포트를 곧이곧대로 믿어서는 안 된다. 증권사 투자 의견대로 매수했다가 고점 잡았다는 경우가 비일비재하기 때문이다. 2020년 1월 20일자 <시사뉴스온>에 따르면 "최근 한 증권사의 애널리스트가 특정 기업에 대한 기업리포트를 배포하기 전 지인 명의로 주식을 사두는 선행매매를 한 혐의로 구속 기소되었다."고 한다. 이처럼 증권사가 발간하는 기업리포트에 대한 논란도 많은 실정이다.

증권사 리포트는 위험하다. 그러나 참고할 수 있는 정보도 많다. 기업 탐방을 토대로 작성되기 때문이다. 일반 투자자가 접근하기 힘든 기업 상황이 상세하게 기술된 경우가 많다. 기업 상황을 파악하는 데 의미를 둔다면 매우 바람직하다. 기업의 업황, 실적 지표를 부담 없이 편하게 읽으면 된다. 최근에는 매수 의견이나 매도 의견보다 'not rated'가 많이 나오는 추세다. 이것은 증권사 부담이 커지고 있기 때문일 것이다.

> **주식 용어**
>
> **not rated** 투자 의견이나 목표를 제시하지 않는 것으로, 투자 의견 없음으로 이해하면 된다.

한편 외국계 증권사라고 해서 무조건 믿어서도 안 된다. 한비자가 말한 대로 그들 또한 주식시장에서 이득을 얻고자 하는 이기적인 존재일 뿐이다.

증권사 리포트가 나오는 횟수도 중요하다. 아무래도 잘되는 회사는 여러 증권사에서 관심을 갖는다. 그러나 발간 횟수가 줄어들기 시작했다면 매력이 떨어지기 시작했다는 증거다.

나는 리포트를 읽을 때 애널리스트가 뽑은 '타이틀'을 가장 유심히 본다. 실적이 좋아지거나 유망한 회사의 리포트에는 관심을 끌 만한 제목을 쓰는 경우가 많다. 그리고 그다음으로 중점 있게 보는 부분은 기업의 '실적 추이 및 전망'이다. 애널리스트에 따라 다르지만 향후 실적 전망까지 포함한 리포트라면 수치들도 관심을 가지고 읽는다. 실적이 좋아지는 기업이면 회사 전망을 공격적으로 기술하는 경우가 많았다. 이외에 기업 IR 자료도 같이 읽으며 행간에 숨겨져 있는 의미를 찾으려 애쓴다.

최근에 관심 있게 관찰 중인 기업이 하나 있다. 어느 증권사에서 "새로운 성장 동력이 절실하다."라는 제목으로 리포트를 발간하며 투자 의견을 중립(하향)으로 냈다. 나는 비즈니스 모델이 그만하면 괜찮고, 지금 하고 있는 사업이 조금만 좋아져도 충분히 재평가받을 수 있으리라 생각했다. 그래서 증권사 리포트 의견과 상관없이 조금씩 모아가고 있다. 그 리포트 하단에는 이런 말이 적혀 있었다. "신규 성장동력 확보하면 빠르게 리레이팅 가능해 지속적인 업데이트가 필요." 이처럼 증권사 리포트는 참고만 하고, 투자자가 자기 의견을 가지고 투자해야 한다.

가장 위험한 투자는 증권사를 비롯해 남의 의견을 무작정 따라 하는 투자다. 2020년 8월, 어느 외국계 증권사는 "메모리, 겨울이 오고 있다."라며 매도 의견을 냈다. 주가가 급락했다. 그런데 올해에는 "반도체 겨울이 온난화를 만났다."라며 시장 전망을 바꿨다. 이래저래 투자가 어렵다.

주식투자는 돈을 버는 일이다. 돈과 관련한 일은 프로의 영역이다. 투자는 본인 책임이다. 프로가 되어야 한다.

기업 공부 (2) IR 담당자와 소통하라

IR 담당자에게 처음 전화를 걸 때는 마치 내가 그 사람의 시간을 빼앗는 듯한 생각이 들었다. 그래서 전화 한 통화하는 것이 무척 부담이 되었다. 이후 몇 번의 통화를 하고 나자 주식 담당자와 소통하는 것이 수월해지기 시작했다. IR 담당자의 업무가 주주와 소통하는 것이라고 생각을 바꾼 후에는 담당자에게 전화해 질문하는 것이 어렵지 않은 일이 되었다.

사업보고서, IR 자료, 증권사 리포트를 읽다 보면 궁금한 사항이 생긴다. 회사의 기본적인 사항을 토대로 기업에 대한 의문점을 일목요연하게 정리하여야 한다. 회사의 사업보고서 및 증권사 보고서를 검토한 후 회사의 기본적인 사항에 대해 스터디가 되어 있어야 한다. 전혀 스터디가 안 된 상태에서 기본사항부터 질문하기 시작하면 전화를 받는 담당자도 짜증이 날 수 있으니 이를 유념하자.

주가가 빠지는 날이면 주식 담당자에게는 수십 통의 전화가 걸려 온다. 녹초가 되어 있을 것이다. 통화 자체가 어려운 경우가 많다.

그런데 평상시에도 아예 전화를 받지 않는 IR 담당자도 꽤 있는 것 같다. 나는 주주와 소통하지 않으려는 이런 기업에는 투자하지 않는다는 원칙을 가지고 있다. "주주와 소통을 하지 않으려는 기업이 과연 성장할 수 있을까?"하는 생각이 들기 때문이다.

전화를 할 때는 에티켓을 갖추어서 하는 것이 좋다. 다짜고짜 단도직입적으로 말하기보다는 인사부터 건네자. 막무가내로 말하는 사람과 소통하고 싶은 사람은 없을 것이다. 또, 단순히 주가 하락에 대한 질문을 하기 위해 전화를 걸지는 않는다. 특정한 이슈에 관한 궁금증이 있는 경우에 전화한다.

전에 다니던 직장에서 민원인이 너무 심하게 말하자 동료 직원이 이렇게 말했다. "다 먹고살고자 하는 일인데 정말 힘드네요." 밥 먹고살려다 보면 만만한 일이 하나도 없다. 전화를 받는 담당자도 사람이고 전화를 거는 사람도 사람이다. 그런데 짜증부터 내고 심하게 말하면 어느 누가 감정 상하지 않고 응대할 수 있을까. IR 담당자도 일종의 감정노동자이다. 주가가 떨어지면 항의성 전화를 하도 많이 받아 스트레스가 장난이 아닐 것이다.

"주가가 왜 떨어지나요?" 이런 질문에 IR 담당자가 답변할 수 있을까? "글로벌 지수에 영향을 받아 주가가 빠지는 것 같네요." 이렇게 답변한다고 해도 이상한 답변이다.

"올해 실적 얼마나 할까요?" 이런 질문에도 답하지 않을 것이다. 내부정보에 대한 질문도 마찬가지다.

기업 분석을 제대로 해 성공적인 투자를 하기 위해서는 다음 관점에서 분석하는 것이 좋다. 그리고 의문 가는 부분이나 최근 이슈가 있으면 담당자에게 연락해 물어본다.

기업을 분석하는 관점

사업구조 및 성장성 관련

- 제품 경쟁력(또는 기술 경쟁력)은 어떠한가?

- 경쟁 관계와 시장점유율은 어느 정도인가?

- 고객사(매출처)는 어디인가?

- 회사가 속한 업황과 전방 산업의 성장성은 어떠한가?

- 경기 사이클, 계절적 요인, 환율 상황에 어떠한 영향을 받는가?

손익 관련

- 매출은 전년(또는 전분기) 대비 얼마나 성장 가능한가?

- 매출이 성장 중이라면 CAPA는 충분한가?

- 제품 가격(P) 또는 물량(Q)이 상승 또는 증가하고 있는가?

- 제품 가격 인하가 매년 어느 정도 진행되는가?

- 원재료 및 인건비, 감가상각비 등 고정비(C)가 상승하고 있는가?

- 영업 외적으로 일회성 비용 등 감안해야 할 사항이 있는가?

- 회사가 예상하는 실적 가이던스는 어떻게 되는가?

재무 관련

- 현금 및 현금성 자산은 적정하게 보유하고 있는가?

- 매출채권 중 회수 불가능하여 대손처리할 금액이 있는가?

- 재고자산 중 불용 재고가 있어 손실처리할 금액이 있는가?
- 개발비 및 영업권 등 무형자산에서 잠재적 손실처리 가능성이 있는가?
- 유동비율 및 부채비율 등 유동성과 차입금이 적정한 수준인가?
- 적절한 유보율과 배당 정책이 수립되어 있는가?
- 증자 및 CB, BW 등 자금 조달 계획이 있는가?

기타 사항

- 영업활동으로 현금 흐름이 창출되는지 여부
- 인력 충원 및 신규 투자 사항
- 경영진의 성향과 평판 등에 관한 사항
- 지배구조에서 상속 및 증여 등 이슈 여부

— 이상 각 항목에 관한 자세한 설명과 예시는 215~223쪽을 참고할 것.

일관적인 관점을 가지고 기업을 분석하고 의문이 생기면 여러 가지 상황에서 고민해야 한다. 그리고 이해가 가지 않는 문제에 대해 주식 담당자와 소통하는 것이 필요하다. 사업구조를 이해하고 투자하게 되면 스트레스 없는 투자가 가능해진다. 이를 위해 사업보고서, IR 자료 등을 많이 찾아봐야 한다. 최근 자료가 없는 경우라면 지난 10년간의 애널리스트 리포트를 찾아 참고할 수도 있다. 사이클은 반복되기 때문이다.

18장

투자 멘탈 3원칙 :
주식시장에서
희망을 찾아라

시장에는 희망과 공포라는 오직 두 가지 감정만이 있다.
문제는 정말로 무서워해야 할 때 희망을 갖고,
희망을 가져야 할 때 공포를 느낀다는 점이다.
월가 격언

위험은 자신이 무엇을 하는지 모르는 데서 온다.
워런 버핏 Warren Buffett

돈을 무서워하는 사람은 주가가 올라도 겁을 내고 내려가도 공포를 느낀다. 당연히 주식투자로 돈을 벌 수 없다. 원하는 대로 모두 되면 스트레스도 없고 얼마나 좋을까. 재미있는 사실은 스트레스를 즐겨야 수익을 얻을 수 있다는 것이다.

익히 알다시피 우리 자본시장에는 많은 문제점이 존재한다. 시스템적인 문제가 존재하며, 지배구조와 소액주주를 대하는 기업의 태도에는 아직도 후진적인 부분이 분명히 있다. 이런 부분들이 한국 시장에 투자하는 데 리스크로 작용하기도 한다. 때로는 예상치 못한 악재가 발생하기도 한다. 그렇다고 해서 한국 증시를 등질 것인가? 나는 우리 시장에서 여전히 희망을 찾아야 한다고 생각한다. 그러기 위해 개인 투자자들 모두가 자본시장의 일원으로서 기능하길 두려워하지 않아야 한다.

이번 장에서는 대한민국 주식시장의 개인 투자자로서 키워나가야 할 투자 멘탈에 관해 이야기하려고 한다.

개인 투자자들의 멘탈이 붕괴되는 이유

코로나 팬데믹을 겪으면서 전례 없는 돈이 주식시장에 흘러 들어왔다. 우리 증시에서 동학개미가 2년간 145조 원의 주식을 매수하였으며, 주식을 매수하기 위해 대기 중인 고객 예탁금도 30조 원 이상 순증했다. 또한 해외 직접 투자도 2년간 50조 원 이상 늘어났다. 합해서 200조 원이 넘는 자금이 주식시장에 유입되었다. 그야말로 '머니 무브'가 화끈하게 일어난 것이다. 이처럼 국내 주식시장에 신규로 투자 자금이 크게 늘어났지만, 문제는 국내 주식에 투자한 사람들의 성과가 미국 주식시장에 투자한 사람들에 비해 매우 부진하다는 것이다. 그 이유는 무엇일까?

2021년 한국의 대표지수인 코스피는 3% 상승에 그쳤지만 미국의 대표지수인 S&P 500 지수는 27% 상승했다. 주식시장의 대표적인 가치 분석지표인 PER도 한국은 11배인데 비해 미국은 22배로, 배 이상 차이가 난다. 미국에 비해 한국이 저평가되는 이유가 무엇일까?

가장 큰 이유 중 하나는 역시 지정학적 리스크이다. 우리나라는 남과 북이 대치하고 있다. 북한의 미사일 무력 시위 등으로 증시의 변동성이 매우 큰 것이 원인이다.

두 번째, 우리나라는 수출로 먹고산다고 할 수 있다. 내수시장이 작기 때문에 글로벌 경기의 영향을 크게 받는다. 반도체, 2차 전지 등 변동성이 크고 수출에 의존하는 산업이 많아 안정성이 떨어진다. 그리고 인터넷 플랫폼, 바이오 및 게임 콘텐츠 등으로 국내 산업 구조가 조금씩 바뀌고는 있지만 여전히 철강과 석유화학 등 굴뚝 산업의 비중이 작지 않다.

세 번째, 주식투자를 바라보는 사회 분위기가 전반적으로 성숙하지 못하다. 그렇기에 주식투자를 도박이나 노름으로 보는 경향이 아직도 많다.

마지막으로 주주를 대하는 기업과 정부의 태도가 문제다. 소액주주는 안중에 없고 지배주주의 이익만을 위해 의사결정이 이루어진다. 최근 전 세계의 화두는 ESG이다. 환경environment, 사회social, 기업지배구조governance 중 우리나라가 가장 취약한 것이 지배구조이다. 한국 주식시장의 저평가를 해소하기 위해 자본시장 불공정성 등이 우선적으로 개선되면 주식시장 투명성 확보로 개인 투자자들이 마음 놓고 투자하는 환경이 조성될 것이다.

기업 중심으로 경제가 돌아가고 주식시장이 움직이니 일반 소액주주의 이익이 침해되더라도 지배주주의 이익에 부합되면 장기적으로 회사에 이득이라는 논리로 '물적 분할'과 같은 중요한 사안이 결정되고 있다. 최근에도

ESG 경영이란?

'ESG'란 기업의 비재무적 요소인 환경environment, 사회social, 지배구조 governance를 뜻하는 것으로, 'ESG 경영'이란 장기적인 관점에서 친환경 및 사회적 책임경영과 투명경영을 통해 지속가능한 발전을 추구하는 것이라고 할 수 있다.

친환경 경영 Environment / 친환경, 기후변화, 에너지 절약, 재활용

- 녹색제품 구매비율 확대
- 탄소, 온실가스 등 독성물질 절감
- 에너지 사용량 감소 및 효율 개선
- 폐기물 감소 노력

사회적 책임 경영 Social / 사회적 책임경영, 노동환경 개선

- 직원 및 고객 만족도 개선
- 산업재해 관리 및 직원 복지 개선
- 사회공헌사업 확대 및 강화
- 사회적 기업, 장애인기업 제품구매비율 확대

투명 경영 Governance / 투명 경영, 법과 윤리 준수

- 이사회 및 임원 선정 공정성 확대
- 불공정 부패 방지 강화
- 기업윤리 정책 개선

다음과 같은 사례들이 논란이 되었다.

- LG화학에서 배터리 사업부를 분할해 LG에너지 솔루션을 신설한다.
- SK이노베이션에서 분리막 사업부를 분할해 SK아이이테크놀로지가 상장됐고 배터리 사업부를 분할해 S온이 신설된다.
- 전기차를 근간으로 자율주행, UAM으로 구조적으로 변화하는 과정에서 자율주행 국내 탑픽 종목으로 꼽히던 만도가 자율주행 사업부를 따로 떼어내 만도모빌리티로 신설한다.
- CJENM에서 콘텐츠 제작 부분을 분할하고, NHN에서 클라우드 사업부가 분할된다.

이처럼 너무도 많은 물적 분할 사례가 이어지고 있다. 미래 성장성이 높은 기업에 투자하고도 일반 주주들은 주가 급락으로 큰 손실을 보고 대주주는 돈도 안 들이고 지배력이 더 커지는 아이러니한 상황이 생기고 있는 것이다. 왜 이런 상황이 발생하는가? 법이 잘못되어 있고 이사회와 감독 기관이 역할을 못해서이다. 상법에서 이사회는 회사의 이익을 보호하고 선량한 관리자의 의무를 다한다고 명시되어 있다. 여기서 회사의 이익과 주주일반 주주의 이익이 상충될 수 있다. 회사는 몇몇 지배주주로만 구성되는 것이 아니기 때문이다.

소액주주가 이사, 감사 등의 책임을 추궁하기 위해 제기하는 현재의 주주 대표소송은 소송의 증빙 의무가 주주에게 있고 배상금이 회사로 귀속되기 때문에 유명무실하다는 평가를 받고 있다.

주주의 권리와 이익을 침해하지 않았다는 것을 회사가 입증해야 하며, 배상금은 기업이 아닌 주주에게 돌아가야 한다. 또 경영진인 이사들은 법적인 제재뿐만 아니라 배상의무까지 지게 하는 방향으로 주주대표소송이 개정되어야 한다. 한발 더 나아가 모회사 주주가 자회사 혹은 손자회사 임원들을 상대로 손해배상을 낼 수 있도록 제도를 강화해 자회사 임원들의 책임도 강화해야 할 것이다.

돈이 필요하면 유상증자를 하면 된다. 그런데 대주주 지분율이 낮아지고 신규로 자금을 투자해야 되기 때문에 지배주주가 이를 하지 않으려고 한다.

물적 분할 자체를 금지하는 나라는 없다. 감독기관이 일을 잘하면 물적 분할을 해도 모회사 주주들의 피해가 적거나 오히려 이익을 공유할 수도 있다. 분할 후 불가피하게 상장할 때 모회사 주주들에게 주식을 부여한다든가 아니면 공모 시 우선 매수권을 주면 일정 부분 보상이 될 듯하다. 감독기관은 주식 공모 시 모회사 일반 주주 보호장치가 없으면 상장을 불허하는 강력한 규정을 명시하면 된다.

현재와 같이 이사회결의 후 주주총회 참석인원 2/3 찬성, 발행 주식수 1/3 찬성조건은 일반 주주의 이익을 보호하는 데 불리하다. 미국 주식시장을 보니 최근 물적 분할한 사례는 없었다. 성장 기업이 많은 미국에서 물적 분할이 없다는 것은 시사하는 바가 매우 크다. 오히려 주주 환원을 위한 자사주 매입과 주식 소각이 많았다.

얼마 전 시가총액 3조 달러를 찍었던 애플은 2021년 900억 달러한화 약110

조 원 규모의 자사주를 매수했다. 2012년 이후 매년 자사주 매입 및 소각을 진행해 2018년 194억 주였던 주식수가 현재 약 163억 주로 줄어들었다. 이 익 성장과 자사주 소각으로 주식 가치가 높다는 경고를 상쇄하며, 이로 인 해 오히려 주가 상승을 정당화하고 있다. 무척 부러운 일이다.

한국 주식시장, 희망의 증거를 발견하라

기존 대기업과 거래하는 하청업체 중에는 대기업의 횡포에 눈물을 흘리 는 경우가 많았다. 영업이익률이 1% 미만으로 간신히 명맥을 유지하는 회 사가 태반이었다. 이익이 조금이라도 늘면 원가 절감이라는 명목 하에 단가 후려치기 등으로 기업의 존폐가 위태로운 사례가 비일비재했다.

하지만 최근 들어 이러한 분위기는 급격하게 변화되고 있다. 각국 간 보호 무역이 거세지면서 대기업들도 국내 중소기업을 키우지 않으면 살아남을 수 없음을 절실히 깨닫고 있다. 정부에서도 상생을 기조로 하청업체에 대한 생 존권 보장을 강력하게 밀어붙이면서 대부분의 대기업은 상생 협력과 관련 된 부서를 신설하였다. 단가 후려치기 같은 과거의 악습은 더 이상 실행하지 못하고 있다.

최근 주식시장에서는 소형주 중 영업이익률의 급격한 향상과 함께 턴어라 운드 되는 저평가 종목이 꾸준히 나타나기 시작했다. 소위 작전주, 테마주가 아니라 기술력과 실적으로 성장성을 입증하는 스타 기업이 나오고 있다. 말 그대로 회사와 함께 평생을 갈 수 있는 인생 주식을 만날 수도 있는 일이다. 이처럼 과거와 달리 투자할 만한 중소기업을 작전과 테마에서만 찾을 수 있는 것이 아니라, 영업이익의 확대와 실질적 성장으로 발굴할 수 있다는 점에서 ESG경영에도 관심을 기울일 필요가 있다.

앞서 언급한 ESG에 관해 조금 더 자세히 살펴보자. ESG는 단연 전 세계적인 화두다. 요즘엔 ESG를 빼놓곤 얘기가 되지 않는다. 기업 경영의 기준으로 ESG가 요구되고 있기 때문이다. 우리나라 정부는 기업에 ESG 의무공시를 요구하고 있다. 기한은 2025년까지이다. 2025년부터 자산 2조 원 이상인 코스피 상장 기업은 친환경·사회적 활동을 담은 '지속가능경영 보고서'를 의무공시해야 한다. 그리고 2026년에는 의사결정 체계나 방식을 담은 '기업지배 구조 보고서'를 공개해야 한다. 유럽연합EU 역시 기업에 환경, 인권 문제 등에 관한 활동을 의무적으로 보고하도록 한다.

애플이나 마이크로소프트 같은 글로벌 빅테크 기업들은 이미 탄소중립이나 100% 친환경을 추구하고 있다. 오늘날 글로벌 가치사슬GVC에서 낙오되지 않으려면 협력업체 및 이해관계 그룹도 이에 함께해야 한다.

ESG 중 '환경'은 말 그대로 기업이 경영 과정에서 환경에 미치는 영향을 말한다. 사용하는 자원이나 에너지, 발생시키는 쓰레기나 폐기물의 양 등이 이에 속한다. 기후변화의 주범인 온실가스, 탄소배출량은 물론 자원의 재활용이나 처리 건전성이 포함된다.

'사회'는 기업이 기업으로서 마땅한 사회적 책임을 잘 수행하는지에 대한 항목이다. 주로 인권이나 지역사회 기여와 연결된다. 노동자의 처우나 다양성 존중, 기업이 관계 맺은 지역사회나 기관 등에 대한 영향을 포괄한다.

마지막으로 '지배구조'는 경영의 투명성이라 볼 수 있다. 의사결정 과정이나 기업구조, 인사 또는 경영 정책 등이 민주적으로 책임성 있게 운영되는지 판단하는 요소이다.

ESG는 기업을 판단하는 '지표'가 되기도 한다. 기업에 ESG가 화두인 이유는 법과 글로벌 체인망 외에도 있다. 바로 돈이다. 오늘날 벤처 캐피탈 및 금융기관 등 세계 주요 자산운용사들은 투자 결정에 대한 지표로 ESG를 적극 반영하고 있다. 기업의 지속가능성을 주요 기준으로 판단하겠다는 것이다.

ESG에 몰리는 투자 자산은 몇 년 사이 폭발적으로 상승했다. 독일 도이체방크는 ESG 투자 자산 규모가 2030년까지 약 130조 달러한화 약 14경 6,575조 원에 달할 것으로 예측하고 있다. ESG 기준에 만족되지 않는 기업은 투자 포트폴리오 검토에서 빠지게 될 가능성이 높다. 세계 최대 자산운용사 블랙록BlackRock은 ESG 종목을 지금의 2배로 늘리고, 화석연료와 관련한 매출이 25% 이상 발생한 기업에는 아예 투자하지 않겠다는 방침까지 밝힌 바 있다. ESG는 더 이상 선택이 아닌 필수적인 생존전략이다. 그래서 ESG로 돈이 몰리고 있다. 관련 기업에 주목해야 한다.

주주의 관심이 기업을 춤추게 한다

주주 행동주의는 주주들이 기업 의사결정에 영향력을 행사해 기업의 가치를 높임으로써 주주 가치를 높인다는 의미다. 주주가 주주 가치를 훼손하는 행위를 한 기업에 대해 이를 따져 묻는 것은 당연한 일이다. 우리나라 문화는 사실 기업의 성장과 주주 이익이 함께 하는 주식투자 문화가 아니라 오로지 '차익 투자'에 방점을 두고 있는 모멘텀 투자 문화인 것이 현실이다.

주주 이익 환원에 관심을 가지지 않은 기업들이 많은 데에 주주들의 무관심이 일조한 것은 사실이다. 주주가 대접받고자 노력해야 실제 대접을 받을 수 있다. 그래야 기업이 성장해 이를 주주들에게 환원하고 성장하려 애를 쓸 것이다. 대주주뿐만 아니라 소액주주도 기업의 주주다.

내가 만난 성공한 중소기업 CEO들은 남달랐다. 자신의 이익을 포기해 직원들에게 스톡옵션을 더 주는 CEO도 있었다. 경영 성과를 투명하게 공개하고, 영업이익의 일부를 직원들에게 성과급으로 제공하는 중소기업도 있었다. 눈앞의 이익만 바라보면 절대 성장하기 어렵다. 당장 눈앞의 단기 이익이 목적인 투자자들이 많아 소액주주가 뭉치기 어려운 것이 현실이다. 그래서 주주 행동주의 운동이 무르익기가 어렵다. 주주가 경영에 직접 개입하여 주주 가치를 끌어올려야 하는데 소수 주주권 행사에서 요구하는 6개월 이상 보유 요건을 갖춘 주주가 매우 드물기 때문이다.

소수 주주권 행사 요건

소수주주권	상장회사 (상법 제542조의6항 및7항)	주식회사 (상법)
주주 제안	발행주식 총수의 1% 및 6개월 이상 보유 (자본금 1천억 원이상 상장회사 0.5%)	발행주식 총수의 3% (상법 제363조의2)
임시주주총회 소집 청구	발행주식 총수의 1.5% 및 6개월 이상 보유	발행주식 총수의 3% (상법 제366조)
이사, 감사 해임 청구	발행주식 총수의 0.5% 및 6개월 이상 보유 (자본금 1천억 원이상 상장회사 0.25%)	발행주식 총수의 3% (상법 제385조, 415조)
회계장부 열람 청구	발행주식 총수의 0.1% 및 6개월 이상 보유 (자본금 1천억 원이상 상장회사 0.05%)	발행주식 총수의 3% (상법 제466조)
위법행위 유지 청구	발행주식 총수의 0.05% 및 6개월 이상 보유 (자본금 1천 억원이상 상장회사 0.025%)	발행주식 총수의 1% (상법 제402조)
집중투표 청구	자산총액 2조 원 이상인 상장회사의 경우 발행 총수의 1%	발행주식 총수의 3% (상법 제382조의2)
주주 대표소송	발행주식 총수의 0.01% 및 6개월 이상 보유 (증권거래 과정에서 주주 50명 이상의 피해가 발생할 때 1인 또는 다수가 대표로 수행하는 손해배상청구 소송)	발행주식 총수의 1% (상법 제403조)

최근 소액주주들은 의결권을 모아 임시주총 개최를 요구하고, 회계장부 열람, 주주 제안 등 적극적인 주주권을 행사하고 있다. 주주 가치를 훼손하는 의사결정에 반기를 들고 주주 가치 극대화를 위한 다양한 요구를 하기 시작했다. 소액주주들도 법적으로 보장된 권리를 적극적으로 행사하고 있다.

SK케미칼 소액주주들이 물적 분할 등에 반대하며 SK케미칼 본사와 국회 앞에서 트럭 시위를 벌이고, 싱가포르에 소재한 행동주의 펀드와 손을 잡아 화제가 됐다. SK케미칼과 소액주주들 간의 갈등은 SK케미칼이 전력, 스팀 등 유틸리티 공급 사업 부문을 분리해 SK멀티유틸리티라는 새로운 회사를 설립할 계획이라고 공시하면서 시작되었다. 소액주주들이 강력하게 반발하자 SK케미칼은 주주 가치 제고를 위한 중간 배당정책을 발표했다.

행동주의 펀드는 SK케미칼의 주가가 저평가받고 있어 이를 해소하기 위해 SK바이오사이언스 주식 일부를 시일 내에 팔라는 요구를 하고 있다. SK케미칼은 SK바이오사이언스 주식의 약 68%를 보유하고 있는데, 지분 50.1%만 남기고 나머지를 판 뒤 그 수익금으로 특별 배당을 주거나, 자사주를 매입·소각하는 등의 방식을 고려하라는 게 행동주의 펀드의 요구이다. 이에 SK케미칼은 "주주 가치 제고를 위한 다양한 방안을 검토하겠다."라는 원론적 입장이며 아직까지 다른 움직임은 보이지 않고 있다.

한편 글로벌 시장에서는 ESG 경영을 표방하는 행동주의 펀드가 늘어나고 있다. 일례로 '강성부 펀드'는 한진그룹의 핵심 계열사인 한진과 한진칼의 2대 주주로 올라서며 지배구조 개선을 요구한 바 있다. 국내 자산운용 업계에서도 ESG와 행동주의를 결합하는 움직임이 본격화되는 중이다.

한국 기업의 거버넌스 수준은 앞으로도 많이 개선되어야 한다. 주주들이 적극적인 관심을 가지면 기업의 경쟁력이 커질 것이다.

기업이 소액주주들을 제대로 대우하면 기업의 가치가 올라갈 것이다. 소액주주 또한 기업의 주인이라는 관점에서 기업의 성장을 함께하면 큰 결실을 거둘 수 있을 것이라 생각한다.

주주총회에 참석하라

주식투자하는 사람들 대부분이 주주총회에 참석하지 않는다. 대다수가 먹고사느라 바빠 주주총회 참석은 엄두를 내지 못하는 것이 현실이다. 과거에 나 또한 주총에 거의 참석하지 못했다.

그러나 투자에 대한 마인드를 정립한 후에는 별다른 바쁜 일정이 없으면 주주총회에 빠지지 않고 참석하려고 한다.

2021년에는 한 기업의 주총에 참석하였다. 막상 주주총회에 가보니 무척 한산하다는 인상을 받았다. 당시 나는 소액주주 연대 대표의 이름으로 여러 가지 사항을 요구한 바 있다. 우리의 요구사항은 분명했다. 잠정공시, IR 등 마땅히 기업이 주주 가치 제고를 위해 해야 할 사항들이었다. IR 담당자가 주주명단에서 내 이름을 확인하자 그곳의 부장이 나를 회의장 옆 별실로 안내했다. 그리고 담당 부장으로부터 우리의 요구사항을 수용하겠다는 회사의 방침에 대해 설명을 들었다. 20여 분 정도 지난 것으로 생각이 든다.

박수소리와 함께 웅성거리는 소리가 들렸다. 주주총회가 끝난 것이다. 주총 안건은 일사천리로 승인되었다. 나에 대한 대응까지 주주총회 시나리오에 모두 포함되었다는 것을 시간이 한참 지나고 알았다. 그들이 민감해 하는 사항에 대해 주총에서 내가 이의 제기를 해 분위기를 해칠까 봐 사전 봉쇄했다는 사실이 사뭇 실망스러웠다. 이번에 참석하는 주주총회에서 그들이 민감하게 생각할 질문을 할 것이다.

주주총회에서 자신의 존재감을 알리고 좀 더 깊이 있는 이야기를 듣는 것은 그다지 어렵지 않다. 미리 질문할 리스트를 만들어 참석하면 된다.

주주는 말 그대로 회사의 주인이다. 주주가 관심을 가져야 회사의 주인으로 대접받을 수 있다. 주주총회는 주주라면 누구나 참석할 수 있지만 모두 똑같은 주주가 아니다. 안타깝게도 이것은 현실이다. 주주가 주주로서 적극적으로 관심을 가지고 행동하면, 기업은 주주 가치를 제고하는 기업으로 거듭나게 될 것이다.

― 19장 ―

투자 멘탈 4원칙 :
실패와 정면으로 마주하라

기회가 왔을 때 일을 하라. 내 일생에는 한꺼번에 수많은 아이디어가 떠오르고
호기가 오랫동안 계속되던 시기가 몇 번 있었다.
만일 다음 주에 좋은 아이디어가 떠오르면, 나는 무엇인가라도 할 것이다.
하지만 그렇지 않다면, 나는 아무 일도 하지 않을 것이다.
워런 버핏 Warren Buffett

실패는 우리가 어떻게 실패에 대처하느냐에 따라 정의된다.
오프라 윈프리 Oprah Winfrey

실패는 반복된다. 실패가 또다시 실패를 부른다. 두 번 다시 실패하지 않으려면 다른 방법을 써야 한다. 우선 자신의 실패 원인을 분석하는 것이 우선이요, 그다음은 과감하게 방식을 수정해야 한다. 실패에서 교훈을 얻을 수 있으면, 과거 실패로 인하여 멘탈이 흔들리는 것을 막을 수 있다. 나아가 실패의 경험을 성공의 발판으로 삼아 도약한다면, 그 경험을 바탕으로 흔들림 없는 자기 확신의 투자가 가능해진다.

원칙 없는 뇌동 매매로 투자에 실패하다

1998년 백수인 상태에서 결혼을 했다. 나도 아내도 나이가 어렸다. 그때 시골에 계신 아버지가 돌아가셨다. 시골의 전답을 정리하고 형제들과 유산을 나눴다. 내 몫은 몇천만 원 정도로, 자세한 액수는 생각이 나지 않는다. 당시 무슨 생각으로 공부도 하지 않고 투자를 시작했는지 모르겠다. 도서관에 공부하러 가지 않고 증권사 객장으로 출근하였다. 당시 객장에는 사람들이 매우 많았는데 그곳의 사람들은 삼삼오오 모여 전광판의 시세를 쳐다보았다. 거기서 사귄 사람들과 식사도 하고 주식 관련 얘기도 나눴던 것 같다. 나는 주식투자에 관한 책 한 권 읽지 않고 매매를 시작했다. 당시 매수와 매도는 주문표를 접수 창구에 내면 되는 것이었다.

새롬기술, 한글과 컴퓨터 등이 폭등하고 있을 때지만, 이젠 이름도 생각나지 않는 '잡주'에 투자했었다. 그리고 어디서 들었는지 일정 금액 이상 하락하면 매도하는 '손절매' 원칙을 칼같이 지켰다. 결국 모든 돈을 잃었다. 더 이상 살 길이 막막했다. 그래서 공무원 시험공부에 전념했다. 2002년 공무원 7급 공채에 합격하고 2003년 발령을 받았다.

2004년 직장생활을 하며 여유가 생기자 또다시 주식투자에 빠져들었다. 투자금액은 3천만 원 정도로 기억한다. 당시 투자했던 종목은 신촌사료, 서울식품 등으로 대개 테마주에 투자했다. 원칙 없는 뇌동 매매로 두 번째 투자 실패를 겪었다.

2008년에는 아파트를 사고 담보대출을 받았다. 6,900만 원이었는데, 그

정도 겪었으니 이제는 주식투자를 잘할 수 있을 것만 같았다. 당시 매수했던 종목이 한솔홈데코였다. 그 종목은 테마주인 탄소배출권 관련주로 엮여 있었다. 2008년 리먼브라더스 사태로 주가가 계속 하락하였다. 당시 1,500원대에 매수했었는데 결국에는 700원대에 매도하였다. 그 후 매수했던 종목이 태양기전이었다. 터치패널 관련주로 스마트폰이 확대되고 있을 때라 관련 종목으로 확신했다. 매수가는 4천 원대였다. 그런데 매수하자마자 계속 하락하였다. 1,800원대까지 빠졌다. 그런데 매도했던 한솔홈데코는 2천 원 이상 상승하고 있었다. '차라리 가만히 있었으면 좋았을 텐데…' 하는 후회가 밀려왔지만, 인내할 수밖에 없었다. 존버할 수밖에. 터치패널주 테마가 뜨면서 주가는 바닥을 찍고 어느덧 상승을 계속하여 9천 원대까지 갔다. 이걸 팔면 거의 원금이다. 이때 지인의 말이 솔깃하게 다가왔다.

"순식간에 급등했으니 지금 조금 팔고 떨어지면 더 사는 게 어때?"

그 말에 흔들려 나도 모르게 전량매도를 하였다. 그리고 매수한 종목이 모린스였다. 이후 태양기전은 2만 원대까지 상승이 이어졌다. "기다려야 했었는데!" 후회했지만 어쩔 수 없었다.

모린스 또한 터치패널 관련주였는데, 초기 햅틱폰의 정압 방식 패널을 만드는 회사로 삼성 옴니아 스마트폰에 공급을 하였다. 얼마 후 애플의 아이폰이 나오면서 종전 정압식에서 정전식으로 터치 방식이 변경되자, 결국 모린스도 터치패널 방식을 정전식으로 변경해야 했다. 그런데 "모린스가 생산하는 새로운 방식의 패널은 수율收率이 나오지 않아 결국 도산 직전이다."라는 소문이 돌았다. 주가가 계속 빠지자 네이버 종목 토론방에 불안감을 호소하는 글들이 계속 올라오기 시작했다. 불안해진 나는 주식 담당자에게 혹시 회사에 문제가 있는지 물었다. 담당자는 "회사에 문제가 없다."라며 원론적이고 상투적인 어투로 답변했다.

주주는 너무 불안하고 힘든 상황인데 기계적인 답변을 하는 회사에 무척 실망하였다. 주식을 전량 처분하였다. 나는 '다시는 주식투자를 하지 않겠다.'고 다짐했다. 주식을 매도하자마자 거래정지에 이어 상장폐지된 것으로 기억된다. 매도하고 나니 대략 2천여만 원 건졌고, 담보대출을 받은 대출금을 갚느라 마음고생을 했다. 너무 쓰라린 기억이다.

2011년 대학원에 진학하였다. 충남대 대학원에서 '통일북한학'을 전공하고 논문 <남북한 경제협력 현황과 한계에 관한 연구>를 쓰느라 바쁘게 지냈다. 주식은 전혀 생각할 겨를이 없었다. 당시 주변 사람들에게서 공무원 업무와 직접 관련된 자치행정이나 행정학이 아닌 북한 관련 전공을 하는 이유에 관해 질문을 많이 받았다. 그에 대해 "단지, 통일 문제에 관심이 많아서 전공하고 있다."라고 말했다. 나는 '남이 가지 않는 길을 가야 기회가 온다.'는 신념이 있었다. 물론 통일 문제에 관심이 크기도 하였다. 논문을 마치자 퇴근 시간 후에 시간적 여유가 생겨 관심 있는 책들을 읽었다. 경영이나 고전 등 분야를 가리지 않고 닥치는 대로 독서를 한 것 같다.

세 번의 실패 끝에 내가 깨달은 것

2014년 어느 날, 불현듯 예전 주식투자의 문제점이 떠올랐다. 투자 실패의 원인은 조급함이 아니었을까 하는 생각이 들었다. 기다림이 없었고, 무엇보다 시간 투자가 없었다. 그때 실패의 원인을 고치면 주식투자를 잘할 수 있지 않을까, 생각했다.

당시 내 수중에 돈이라고는 비상금 230여만 원뿐이었다. 그 돈으로 웅진 씽크빅을 매수했다. 도서와 디지털 콘텐츠, 북패드태블릿PC를 결합한 '웅진북클럽'이 각광을 받고 있었기 때문이었다. 당시 이 투자로 14.80%의 수익을 얻었다. 조급함만 없애고 제대로 분석하여 투자한다면 큰 수익을 낼 수 있지 않을까 하는 생각이 들었다.

이때부터 분석을 철저히 하고 투자하기에 좋은 종목이라 확신이 생기면 대출을 이용하기로 했다. 조급성이 문제라 생각해 3년 이자를 통장에 미리 빼놓고 투자하기로 했다. 2015년 1천만 원을 대출했고, 수익이 나기 시작하고 확신이 생기자 2천만 원을 추가 대출했다. 이때 거둔 수익금이 47,374,205원이고 수익률은 176.33%였다. 수익이 어느 정도 나면 대출금을 상환했다.

2016년에 거둔 수익금은 57,369,829원이고 수익률은 54.37%였다. 2017년에는 초심자의 행운처럼 테마주 등에 무리하게 투자한 것이 화근이었는지 손실이 났다. 마이너스 54,052,799원에 수익률은 마이너스 34.93%였다. 2018년에는 51,349,618원 수익이 났다. 2019년부터는 좀 더 과감하고 공격적으로 투자를 시작했다. 은행 대출, 증권사 주식 신용대출 및 담보대출을 통해 투자와 리스크를 극대화했다. 이와 함께 수익도 급격하게 커졌다. 이때 생각했던 나의 투자 철학은 '기업가가 사업을 할 때 자기 돈으로만 하는 것이 아니듯, 성공할 사업투자에 과감하게 베팅하겠다.'는 것이었다.

2019년부터 시드가 급격하게 커졌다. 미·중 무역전쟁 와중에서 코스피지수가 마이너스였는데도 불구하고 수익률 243%를 기록했다. 이때 운용자산이 10억 원을 넘었다.

2019년 11월, 중국 후베이성 우한시에서 새로운 유형의 변종 코로나 바이러스가 발생되었다. 2020년 2월 18일 대구에서 코로나 31번 환자가 발생하였다. 이 날을 기점으로 우리의 일상이 바뀌게 되었다. 세계보건기구는 2020년 3월 12일, 이 전염병 사태를 코로나19 팬데믹으로 공식 지정하였다. 코스피 지수는 연일 추락하여 3월 19일에는 코스피 지수가 1457.64를 기록하였다.

나는 2020년 4월에 은행 대출을 받아 공격적으로 투자하기 시작하였다. 이때 매수한 종목이 휴마시스였다. 코로나 팬데믹으로 인해 진단키트주가 수혜를 받을 것으로 생각하였다. 5월부터는 더 공격적으로 투자하기 위해 10개 증권사 계좌를 추가로 만들었다. 증권사별로 신용한도에 제한이 있기 때문에 풀 베팅을 위해 생각해낸 방법이었다. 여기에는 나름의 위험 분산 효과도 있었다. 지금은 한화투자증권 등 7개 증권사를 주로 이용하고 있다. 신용 또는 담보대출 이자 협의가 된 증권사 위주로 거래한다.

코로나19 이후 금융장세였기 때문에 선택한 종목에 대한 공격적인 투자가 맞아떨어졌다. 성과가 탁월할 수밖에 없었다. 수익률이 최소 100%에서 1,000%를 넘어가는 계좌도 나왔다. 앞에서 밝혔지만, 한 계좌는 2,490%를 기록했다. 이렇게 2020년과 2021년, 기록적인 수익을 기록하며 나의 투자자산은 50억 원을 넘기게 되었다.

지금 하고 있는 투자 방법이 잘못되었다면 철저히 바꿔야 한다. 하루아침에 모든 것을 바꿀 수는 없다. 그러나 조금씩 바꿔간다면 당신의 계좌 잔고는 달라질 것이라 확신한다.

'무신불립'이다. 우리는 믿음 없이 단 하루도 살 수 없는 존재다. 지금 옆에 있는 사람과 현재 당신이 일하고 있는 직장에 대한 신뢰가 없다면 어찌 성과를 내고 성장할 수 있을 것인가.

투자도 마찬가지다. 투자하는 기업에 대한 확신이 있어야 절대 흔들리지 않는다. 세 번의 실패 끝에 깨달은 것이 있다. 기업을 보는 정확한 눈을 가지고 있느냐가 중요하다는 것이다. 나 자신이 편견과 아집을 지닌 사람이 아니어야 한다. 그러면서도 원칙과 기준이 명확해야 한다. 내가 시시때때로 원칙과 기준을 바꾸는 사람이면 절대 기회를 잡을 수 없을뿐더러 그 누구도 나를 믿고 갈 수 없으리란 생각이다. 투자를 하며 많은 사람을 만났다. 자기는 매도하려고 생각하면서 그 종목을 주변 사람에게 추천하는 사람이 있다. 얄팍한 마음과 술수를 가지고는 절대 돈이 따르지 않는다. 스케일이 커야 한다. 돈 그릇이 크지 않으면 절대 큰돈을 벌 수 없고, 이를 운용할 수도 없다.

소 잃고 외양간 고친다

우리 옛 조상들에겐 농사가 매우 중요했다. 농경 사회에서 소는 쟁기로 밭을 갈거나 수레를 끄는 등 활용도가 매우 크기 때문에 귀중한 재산이었다. 이러한 소를 잃는다니, 생각만 해도 아찔한 일이다. 그래서 소가 도망치거나 누가 소를 훔쳐가지 않도록 평소 외양간을 잘 관리해야 했다.

어떤 사람이 평상시 외양간을 엉망진창으로 관리했다. 외양간이 허술하다 보니 어느날 소중한 소를 도둑맞고 말았다. 이렇게 소가 없어진 후에야 외양간을 수리하니 이웃사람들이 말했다.

"소 잃고 외양간 고치네."

이 말에는 냉소가 담겨 있다. 때가 늦었다는 것이다. 소 잃은 후 외양간을 고친다고 해서 없어진 소가 돌아오지 않는다. 이 속담은 '평소에는 가만히 있다가 일을 당하고 난 후 뒤늦게 또 후회한다. 그땐 이미 늦은 것이다.'라는 뜻을 함축하고 있다. '나중에 후회하지 말고 사전에 준비를 철저히 하자.'는 좋은 뜻도 있다.

현실에서 우리는 '뒤늦게 후회하는 일'을 많이 겪는다. 소 잃고 외양간 고치는 격일지라도 재정비해야만 한다. 뒤늦었지만 그때라도 고쳐 쓰고 바로잡아야 할 것들이 너무 많다. 많은 사람들이 "이미 늦었다."며 '자포자기'하는 것을 너무 많이 보았다. 농사를 다시 지을 요량이라면 외양간을 고쳐야 한다. 외양간을 팔고 다른 일을 알아본다 하더라도 고쳐 팔아야 제 값을 받는다. 자기가 스스로 포기하면 기회는 영원히 없다. 어느 누구도 도움을 주지 않는다. 하늘은 스스로 돕는 자를 돕는다.

주식투자하다 실패했으면 자신이 무엇을 잘못했는지 실패의 원인을 분석해 이를 바로잡아야 한다. 다시 재기할 요량이면 자신의 잘못된 점을 고쳐야 한다.

"소 잃고 외양간 고쳐라."

이 책을 읽는 투자자들에게 꼭 해주고 싶은 말이다.

20장

투자 멘탈 5원칙 : 긍정의 힘으로 돈 그릇을 키워라

성공할 것이라 믿어라.
그러면 성공할 것이다.
데일 카네기 Dale Carnegie

꿈꾸게 하라.
상상력이 세계를 지배한다.
나폴레온 힐 Napoleon Hill

사람마다 가지고 있는 그릇의 크기가 있다. 그릇이 큰 사람이 큰일을 하고 큰 성공을 거둔다. 투자자도 마찬가지다. 돈 그릇이 크고 단단해야 큰 수익을 내는 큰 부자가 될 수 있다. 주식투자자로서 돈 그릇을 키우기 위해서는 무엇을 어떻게 해야 하는가? 나는 돈 그릇을 키우는 가장 핵심적인 요소로 두 가지를 꼽곤 한다. 첫 번째는 '긍정성'이며, 두 번째는 '인내심'이다. 특히 긍정성은 성공한 투자자와 사업가들의 공통적인 특징이다.

돈 그릇 키우기 ❶ 부자의 줄에 서라

홍콩 장강그룹 회장 리자청은 한때 세계 10대 부자 중 한 명이었다. 남다른 부지런함과 긍정적인 시각으로 사업을 해 부자가 된 사람이다. 해상, 항공, 유통, 부동산 등 홍콩에서 그가 손대지 않은 사업이 없을 정도다. "홍콩에서 1달러를 쓰면 그중 50센트는 리자청 주머니로 들어간다."라는 말도 있다.

MBC TV <서프라이즈>에 리자청과 운전기사 샤오밍의 일화가 소개돼 화제가 된 적이 있다. 샤오밍이란 남성은 30년 전부터 리자청 회장의 운전기사로 일했다. 괴팍한 회장 밑에서 성실하게 30년을 일한 후, 샤오밍은 리자청에게 사직 의사를 전달했다. 나이가 들어 더는 도움이 되지 않을 것이라고 생각했던 것이다. 리자청은 퇴직금으로 3억 원을 건넸지만 샤오밍은 이를 한사코 사양했다.

"36억 원 정도는 모았습니다."

"운전기사 봉급으로 어떻게 그처럼 거액의 돈을 저축했지?"

"회장님이 뒷자리에서 전화하시는 것을 듣고 저도 땅이나 주식을 조금씩이라도 구입해놓아 자산을 일구었어요."

'그릇'에 따라 담는 것이 달라지고, '누구를 만나는가'에 따라 한 사람의 인생을 좌우될 수 있다. 이 운전사는 대단한 사람이었다. 듣는 귀가 있었고, 이를 실천에 옮겼다.

월가의 전설 피터 린치는 고등학교 시절 아르바이트로 골프장 캐디 일을 하였다. 이때 골프를 치던 사업가들의 대화를 듣고 주식투자에 입문하였다고 한다.

현실에서 대부분의 사람들은 기회가 기회인지를 모르는 경우가 많다. 듣고 실천하는 사람도 드물다. 혹시 자신도 좋은 기회를 알고도 한 귀로 흘리는 사람이 아닌지 생각해봐야 한다.

돈 그릇 키우기 ❷ 긍정적인 생각으로 무장하라

고 정주영 회장은 KBS 특강 <나의 경영철학>에서 긍정적인 생각이 일을 해 나가는 데 있어 중요하다고 강조했다.

"모든 것을 가능하다고 생각하는 것이 모든 것을 가능하게 한다. 과거 부둣가에서 일을 하던 간에 내가 불행하다는 생각을 해본 적이 없다. 열심히 일을 했기 때문에 희망이 있었다. 아침에는 그날 할 일로 기쁘고 즐겁다. 과거에도 그랬고 지금도 일의 즐거움에 겨워 다섯 시 전에 일어난다. 일어나려고 노력하지 않아도 그날 할 일에 기쁘고 즐거워 저절로 눈을 뜨게 된다. 어려운 일이나 골치 아픈 일도 많다. 좋은 일이 있어서 좋은 일이 더 잘되게 밀고 나갈 적에는 더 한없이 잘되지만 또 어려운 일을 해결하는 그 기쁨은 다시 없이 좋다. 나는 평생을 흥분 속에 살고 있다. 이를 테면 소학교 학생들이 소풍 갈 때 흥분해서 일찍 일어나는 기분과 같이 지금도 그렇게 살고 있다."

정주영 회장처럼 모든 것을 긍정적으로 생각하고 생활한다면 모든 일이 잘 풀릴 것이다.

정주영 회장 어록

- 스스로 운이 나쁘다고 생각하지 않는 한, 나쁜 운이란 건 없다.

- 길이 없으면 길을 찾아라. 찾아도 없으면 길을 만들어나가야 한다.

- 무슨 일을 시작하든지 된다는 확신 90%와 반드시 되게 할 수 있다는 자신감 10% 외에 안 될 수도 있다는 생각은 단 1%도 가지지 않는다.

- 시련일 뿐이지 실패는 아니다. 내가 실패라고 생각하지 않는 한 이것은 실패일 수 없다.

- 사업은 망해도 다시 일어설 수 있지만, 신용은 한번 잃으면 그것으로 끝이다.

- 고정관념이 사람을 멍청하게 만든다.

- 위대한 사회는 평등의식 위에 세워지게 되어있다. 노동자를 무시하면 안 된다.

- 사람은 얼마나 누리며 사느냐가 문제가 아니다. 얼마나 많은 사람에게 좋은 영향을 얼마나 미치면서 사느냐가 중요하다.

- 목표에 대한 신념이 투철하고 이에 상응하는 노력만 쏟아붓는다면 누구라도 무슨 일이든 할 수 있다.

- 모든 일의 성패는 그 일을 하는 사람의 사고와 자세에 달려 있다.

- 이봐, 해보기는 해 봤어?

돈 그릇 키우기 ❸ 확신과 인내로 단련하라

아직도 주식투자를 불로소득이라고 생각하는가? 그러니 수익이 나지 않는 것이다. 우선 주식투자에 대한 인식을 바꿔야 한다. 자신이 자신의 투자를 책임져야 한다. 그리고 자신의 분석을 믿어야 한다. 싼 주식을 사서 그냥 기다려라. 그게 주식시장에 임하는 가장 훌륭한 자세다.

증권사 직원이라고 반드시 주식투자로 성공하는 것은 아니다. 사면 내리고 팔면 오른다. 주식투자를 하는 사람이라면 누구나 겪는 애로사항이다. 대다수 분석 없이 매수하고, 부정적 뉴스로 인한 조정에 지레 겁을 먹고 전량 매도하곤 한다.

내가 투자한 회사가 실적이 좋아지고 주가가 올라갈 것이라는 확신을 가진다면, 멘탈이 붕괴되는 것을 막을 수 있다. 멘탈 관리 기술에서 가장 중요한 것은 부정적인 생각을 없애는 것이다. 대외적 변수에 의해 주가가 떨어지면 스멀스멀 부정적인 생각이 머릿속에서 피어난다. 이때 부정적인 생각을 있는 그대로 인정하도록 한다. 그리고 실적이 좋으니 주가가 올라갈 것이라는 이미지를 마음속에 그린다. 긍정적인 생각을 해야 성장하는 기업과 오랫동안 동행할 수 있다. 인내하지 못하면 그 열매를 수확하지 못한다.

만족지연 이론과 관련하여 세 번의 마시멜로 실험이 있었다. 이 내용은 EBS에서 방송된 내용을 정리한 것이다. 1966년 첫 번째 실험에서는 4세 어린이 653명이 실험 대상이었다. 30초 만에 마시멜로를 먹은 아이와 연구자가 돌아올 때까지 기다린 아이는 대학입학시험 점수가 210점이나 차이가 났다. 연구진들은 어렸을 때의 참을성이 훗날 학업 성적과 사회적 성공에 영향을 미친다고 결론 내렸다.

1989년 두 번째 실험에서는 끝까지 기다린 아이들의 숫자가 많아졌다. 뚜껑을 덮어 아이들을 유혹으로부터 차단했다. 그랬더니 기다림의 시간이 1966년에 비해 평균 11분 더 늘어났다. 어떤 아이들에게는 기다림의 방법을 알려줬다. "마시멜로를 먹고 싶은 마음이 들면 다른 재미있는 생각을 하거나 저건 솜뭉치나 구름이라고 생각하렴." 기다림을 알게 된 아이들은 평균 13분을 참았다. 연구진은 '자제력의 차이는 기다리는 방법을 아느냐 모르냐에 달려 있다.'는 결론을 내렸다.

2013년, 세 번째 마시멜로 실험 결과가 발표되었다. 28명의 아이들이 크레파스가 놓인 책상에 앉았다. 색종이와 찰흙을 줄 테니 기다리라고 말한 후 한 그룹의 14명 아이들에게는 색종이와 찰흙을 줬고, 다른 그룹의 14명 아이들에게는 약속을 지키지 않았다. 그리고 마시멜로 실험이 이어졌다. 그 결과, 신뢰를 경험한 14명의 아이들은 평균 12분 이상을 기다렸고 그중 9명은 교사가 돌아올 때까지 마시멜로를 먹지 않았다. 교사가 약속을 지키지 않은 실험 그룹의 경우 기다린 시각은 평균 3분에 불과했고, 14명의 아이들 중 단 한 명만이 교사를 기다렸다. 아이들이 기다리지 않는 이유는 참을성과 자제력이 부족해서가 아니라 어른의 말을 믿지 않았기 때문이다. 아이들을 기다리게 하는 힘은 어른이 만든 신뢰에 달렸다는 것이다.

인내와 관련하여 앙드레 코스톨라니는 다음과 같이 말했다.

"주식을 사라 그리곤 수면제를 먹고 자라. 10년 뒤에 깨어나면 부자가 되어있을 것이다."

투자자들의 심리가 흔들리는 이유는 주가를 계속 처다보기 때문이다. 그러니 주가를 보지 않으면 수익을 크게 볼 수 있지 않을까 한다. 마시멜로 두 번째 실험에서 밝혀진 것과 원리이다. 문제는, 성장하는 기업의 경우 이 방법이 가능하지만 오히려 역성장하는 회사도 있어 이마저도 쉽지 않다는 점이다.

신뢰의 문제 또한 투자자들의 멘탈에 영향을 미친다. 기업이 문제를 일으켜 주가가 떨어지는 일이 허다하다. 기다리고 존버하면 주가가 올라가야 하는데 그렇지 않은 경우가 많다. 20년 전의 주가와 거의 차이가 없거나 오히려 못한 경우도 있다. 투자가 어려운 이유다.

우리나라의 경제구조 특성상 한국 주식시장은 대외 변수의 영향을 크게 받는다. 미국의 경제정책이나 고용지표 등 국내 증시를 뒤흔드는 요인이 많은 것이 현실이다. 그러므로 대외 변수로 인한 변동성이 큰 시기에는 기본적인 투자 원칙에 더욱 집중해야 한다. 현재 실적이 기대치에 부합하고 있고 앞으로도 실적이 잘 나올 기업을 골라 투자할 필요가 있다. 실적은 절대 배신하지 않는다는 것을 믿어야 한다.

마음을 바꾸면 투자 방식이 달라질 수 있다

한화투자증권실전투자대회는 2021년 9월 1일부터 10월 29일까지 두 달여 동안 개최되었다. 마침 중국판 리먼브라더스 사태로 회자된 부동산 개발업체 '헝다그룹'의 파산 위기가 촉발되며, 한국 증시에 좋지 않은 영향을 미쳤다. 이 와중에 8월 18일 FOMC 의사록이 공개되며 연내 테이퍼링 시작이 공식화되었다. 설상가상으로 8월 26일 한국은행은 기준금리를 0.5%에서 0.75%로 인상하였다.

대외 여건이 좋지 않은 상태에서 실전투자대회 기간 동안 한국 증시는 코스피 지수가 3,207.02에서 2,970.68로 -7.37% 하락하였다.

그래서 이 -7.37%라는 수치를 기준으로, 실전투자대회에 참여한 마이너스 구간 수익 고객과 플러스 수익 구간 고객을 나누어 보았다. 이 결과를 해석함에 있어서 회전율이 높기 때문에 마이너스 수익이 발생되었는지, 마이너스 수익을 커버하기 위해 매매를 하다 보니 회전율이 올라간 것인지 인과관계를 단정하는 것은 조심스럽다. 그럼에도 불구하고 이 통계를 기준으로 해석해보기로 한다.

첫째, 잦은 매매로는 수익을 내기 어렵다는 것을 알 수 있다. 전체적으로 플러스 수익 구간 고객 대비 마이너스 수익 구간 고객의 회전율이 매우 높은 것으로 확인되었다. 마이너스 구간의 평균 회전율은 585.51%으로 플러스 구간의 250.64% 대비 회전율이 거의 배 이상이다. 손실이 많이 난 사람은 매우 빈번한 매매를 하고 있음을 알 수 있다.

둘째, 투자 규모가 작을수록 그리고 손실이 커질수록 매매 횟수가 많아지는 경향이 있다. 마이너스 구간을 보면 1억 리그는 평균회전율이 242%이나, 1백 리그는 1.058%로 회전율이 4배나 많았다. 반면 플러스 구간에서는 1억 리그의 회전율은 250%이나, 1백 리그는 345.01%였다.

실전투자대회 기간 코스피 지수 대비 수익률 및 회전율

코스피 지수 대비	리그	평균수익률(%)	평균회전율(%)
마이너스(-) 수익	계	-17.12	585.51
	1억 리그	-18.20	242.72
	3천 리그	-16.14	455.23
	1백 리그	-17.02	1,058.59
플러스(+) 수익	계	0.14	250.64
	1억 리그	-0.34	188.67
	3천 리그	-0.10	218.24
	1백 리그	0.86	345.01

자료 제공 : 한화투자증권

일반 투자자의 잦은 매매가 손실을 가중시킨다는 것은 사실이다. 다른 증권사 투자대회 등에도 참석하며 느낀 점은 투자 규모가 클수록 잦은 매매를 하지 않아 평균수익률이 상대적으로 높다는 것이다. 즉 빈번한 매매는 손실을 가중시킴을 알 수 있었다. 스켈핑이나 데이트레이딩으로 고수익을 얻는 것은 소수의 트레이더만이 가능한 영역일 것이다. 일반 투자자가 할 수 있는 일이 있고, 할 수 없는 일이 있다.

타고난 트레이더가 아니라면 절대로 단기투자를 해서는 안 된다는 생각이다. 천부적인 트레이더가 될 수 없다고 생각하면 앞으로 좋아질 회사를 투자해 기다리면 무조건 된다는 믿음을 가져야 한다. 원칙과 기준이 무너질 때 우리의 투자가 위험해진다.

오랫동안 투자하며 손실을 보던 지인이 있다. 그런데 나를 만나며 투자법을 바꾼 후 수익을 내기 시작했다. 비결은 하나, 턴어라운드 하는 기업을 찾아 기다리면 된다. 실적이 좋아지면 주가는 오른다. 다만 그 과정을 인내해야 한다. 주식계좌의 잔고를 자꾸 쳐다봐서는 절대 안 되며, 기업의 가치를 믿어야 한다. 투자한 기업이 성과를 내기 시작하면 계좌 잔고가 기하급수적으로 늘어나는 것을 경험하게 될 것이다.

나는 주식투자의 자세와 태도를 바꾼 후 돈 그릇이 더 커지고 단단해지는 것을 경험하게 되었다. 내 주위 사람들도 모두 같은 경험을 하고 있다. 작은 수익에 흔들려 매매하던 습성을 고치며 큰 수익을 얻기 시작한 것이다.

작은 수익을 내는 데 집착하면 정작 중요한 큰 수익을 얻기 어렵다. 왜냐하면 빈번한 매매 습관이 있는 경우 정작 대박 종목을 오래 기다리기가 쉽지 않기 때문이다.

마음 가짐을 바꾸기만 해도 자세와 태도가 달라진다. 성공적인 삶을 경영하는 사람들 모두 생각이 남달랐다. 오늘부터 마음을 바꾸면 정말로 수익이 달라질 것이다. 수익을 반복해 내기 시작하면 복리로 계좌가 커질 것이다.

인지부조화를 인식하라

　이솝우화에 여우와 포도 이야기가 나온다. 자기가 마을에서 제일 똑똑하다는 자부심을 가진 여우 한 마리가 있었다. 어느 날, 이 여우가 길을 걷다가 높은 나뭇가지에 달린 포도를 보았다.

　"마침 배고팠는데 잘됐네. 맛있겠다. 나는 운이 좋아!"

　여우는 포도를 따려고 펄쩍 뛰었다. 하지만 닿지 않았다. 여우는 다시 한번 힘껏 뛰어올랐다. 이번에는 닿을 것 같았다. 그러나 아깝게 놓쳤다. 스스로 다짐을 했다.

　"나는 포기를 모르는 여우야!"

　수차례 뛰어보았다. 그러나 계속 실패했다. 결국 포도를 먹지 못하고 가던 길을 가기로 했다.

　"저 포도는 너무 시어서 맛이 없을 거야."

　스스로에게 위로의 말을 건넨 후, 여우는 식사로 무엇을 먹을까 생각하며 길을 재촉했다.

　여우는 처음엔 그 포도가 맛있을 것이라고 생각했다. 그러나 아무리 해도 포도를 손에 넣기 어렵다는 사실을 알았다. 그래서 그 사실을 인정하는 대신에 포도가 시어 맛이 없을 거라며 자신을 위로하고 있다. 이 같은 여우의 태도는 '인지부조화'로 설명할 수 있다. 신념과 실제 사실 간에 불일치나 비일관성이 있을 때 생기는 것으로, 실패를 인정할 수밖에 없는 상황에서 자기합리화를 하는 것이다. 나는 여우가 매우 현명한 반응을 보였다고 생각한다.

합리화는 마음의 불편함을 해소하고 세상을 편안하게 살아가는 방법 중 하나다.

그런데 많은 개인 투자자들이 처음부터 잘못될지도 모른다고 생각하며 투자하다 보니 '확증편향' 방식으로 문제를 해결하는 경우가 빈번하다. 사실은 외면한 채 그야말로 보고 싶은 것만 보는 식이다. 투기하는 사람이 너무 많은 이유다. 확증편향에 의한 매매가 많아지면 투자자의 몰락은 자명하다. 우리는 힘들더라도 끊임없이 분석해 사실관계에 기반한 투자를 해야 한다. 이런 투자 습관은 반드시 큰 성과를 가져다줄 것이다.

나는 워런 버핏을 좋아한다. 그의 투자법을 배우고 싶다. 그래서 내 필명이 '행복한버핏'이다. 2017년에 나온 ≪타이탄의 도구들≫을 읽은 후에는 작가 팀 페리스처럼 되고 싶다는 소망 또한 가지게 되었다. 팀 페리스는 작가이자 사업가이며, 여행가이기도 하다.

누구나 자신이 열망하는 대상 한 가지쯤 있을 것이다. 그런데 그 목표라는 것이 간절해야 그곳에 도착할 수 있다. 그래야 어떻게 갈 것인지 계획도 만들어지고 실행도 하게 되기 때문이다. 굳이 "계획도 만들어진다."라고 표현한 데는 이유가 있다. 왜냐하면 나의 경우, 간절히 바라는 계획들이 어째 나도 모르게 만들어졌기 때문이다. 언제나 누군가가 나를 도왔다. 첫 번째 책 ≪우리는 누구나 1인 CEO이다≫를 탈고했을 때, 출판사와 인연이 닿지 않으면 내 힘으로 출판하려고 했었다. 그런데 운이 좋았다. 출판사와 계약하여 정식 출간하게 된 것이다. 이어서 ≪기본으로 혁신하라≫는 출판사 제의에 의해 출간하게 되었다. 원래 두 번째 책은 생각하지 않았었는데 말이다.

인생은 예기치 않은 도전이며, 예측할 수 없는 방향으로 나아가는 보트와 같다. 시도하다 보면 일 자체가 저절로 에너지를 갖고 목표를 향해 저절로 계속 나아간다. 특별히 마음먹고 하려고 한 것도 아닌데 말이다.

원래 세 번째 책으로 주식투자 관련 책을 쓰려는 생각이 있었다. 내가 워낙 오지라퍼여서 이 사람 저 사람 투자 멘토를 하다 보니 평상시 많은 메시지를 기록하게 된 까닭이다. 그때 마침 '2021 원조의 귀환 한화투자증권 실전투자대회 1억 리그'에서 1위를 하며 세 번째 책이 예정보다 빨리 빛을 볼 수 있게 되었다. 한화투자증권에서 도움을 주신 덕분이다. 그리고 도서출판 예문에서는 내가 쓰고 있는 책에 대한 저술 방향만 듣고도 계약서에 도장을 찍어 주었다. 이 책을 쓰며 많은 분들에게 도움을 받았다. 자신의 경험담과 지식을 나눠주신 분들 덕분에 책의 내용과 구성이 무척 알차졌다. 너무나 감사한 일이다. 감사 말씀 드린다.

우리의 삶은 모두 레버리지로 이루어져 있다. 우리는 우리도 모르게 항상 누군가의 도움을 받으며 살고 있다.

앞에서도 밝혔지만 나는 2021년 11월에 공무원 명예퇴직을 했다. 그리고 한 달 후 경영 컨설팅 및 투자를 전문으로 하는 사업을 시작했다. 나는 나 홀로 창업이 아니라 동업을 선택했다. 오용석 부대표다. 그는 삼성전자 글로벌 인프라 총괄 TSP제조팀 파트장이었다. 연봉과 성과급 합쳐 2억 원이 넘었다고 하는데, 나와 함께 사업을 하려고 그것을 포기한 것이다. 동업도 일종의 '레버리지'다. 창업을 준비할 때 그는 "회사가 안정될 때까지 몇 년 동안 무보수로 일할 각오가 되어 있다."라고 말했다. 너무나도 고마운 일이다. 어쩌면 그 덕분에 용기를 내어 창업하게 되었는지 모른다. 오 부대표의 입장에서 보면, 임대소득을 통해 이미 경제적인 자유를 이룬 터라 사표를 내는 것이 가능할 수 있었다. 그는 부동산으로 재산을 일궜다. 초기에는 은행 대출을 적극 활용해 꼬마 상가를 지었다. 덕분에 일정 이상의 현금 흐름을 일궈 나와의 동업을 결심할 수 있었다.

수주가 조금씩 늘어나며 이를 담당할 직원들을 추가로 뽑았다. 몇몇 직원은 나와 부대표의 보수보다 많이 받는다. 최고 실력을 가진 분들을 채용하다 보니 인원 대비 인건비가 업계 최고 수준이다. 초기 비용 지출이 많고 재무 리스크 최소화를 위해 현재 나와 부대표의 보수는 거의 최저 임금 수준으로 받고 있다. 수익이 좋아지고 안정되면 그때 우리의 보수를 조금씩 늘려 가도 된다고 생각한다. 회사 대표와 직원의 관계도 레버리지 관계다. 일이 늘어나면 대표 혼자 감당하지 못하므로, 직원을 채용해 대신 일하게 하는 것이니 이게 바로 레버리지 아닌가. 이렇듯 우리 회사도 '1인 회사'에서 '다수가 근무하는 회사'로 어느덧 확장하고 성장할 것이다. 나는 우리 회사 실적을 모두 공개하고 그중 이익의 20%는 성과급으로 제공하려고 한다.

직업은 고귀한 것이다. 일을 통해 나와 내 가족이 생계를 유지하기 때문이다. 얼마나 감사한 일인가. 그런데 내 가족이 일하는 직장이 괴로운 곳이라면 생각만 해도 아찔하다.

나는 많은 중소기업 CEO를 만나며 많은 것을 보고 느꼈다. 똑같이 사업을 시작하지만 어떤 이는 성공하고 어떤 사람은 좌절한다. 이유가 뭘까? 직원을 '동반자'로 여기며 '높은 성과'를 내는 CEO가 있는가 하면, 직원을 '비용'으로 대하며 온갖 '갑질'로 씻을 수 없는 상처를 주는 사장도 있었다.

나는 내 직원이 내 위에 있는 '상사'인 것처럼 그들을 모시고 일한다는 마음으로 결실을 나누고 함께 성장할 것이다. 지금 현재는 미약하나 그 끝은 창대할 것이라는 꿈과 비전이 있기 때문이다.

연일 빠지는 주가는 투자자의 심리에 크게 영향을 미친다. 무엇보다 심리가 무너지면 심각한 상황이 유발된다. 개인 투자자는 최악의 상황에서 매도할 가능성이 커진다. 그렇게 되면 그다음을 기약할 수 없을지도 모른다. 대부분의 개미들은 주가가 최저가 상태가 되면 멘탈이 붕괴되어 손절하는 경향이 많다. 폭락 시기는 매수의 기회인 경우가 많았다. 그런데 현실은 개인 투자자의 매도 위기로 전락하곤 한다. 단지 손절이면 그나마 다행일지도 모른다. 강제 손절당하면 진짜 기회가 없어지는 것이다.

존 템플턴은 "최적의 매수 타이밍은 시장에 피가 낭자할 때다. 설령 그것이 당신의 피일지라도 말이다."라고 말했다. 나는 우리 투자자들이 이 말을 금과옥조로 여겨야 한다고 생각한다. 공포가 극에 달할 때, 그때는 언제나 매수 기회다.

시장이 제일 싫어하는 것이 불확실성이다. 투자는 큰 틀에서 접근하여야 한다. 지나치게 디테일하게 이것저것 따지다 보면 투자 자체가 어렵다.

투자는 불확실하기 때문에 투자이다. 확실한 것은 투자가 아니다. 그런데 대부분의 투자자들은 확실한 것에 투자하려고 하기 때문에 좀처럼 수익이 나지 않는 것이다. 지금은 긍정적으로 생각하는 것이 중요하다. 항상 시장에는 내리는 종목과 오르는 종목이 모두 존재한다.

러시아와 우크라이나의 긴장 관계가 어떻게 될 것인지 모르겠다. 미국의 금리 인상도 마찬가지다. 대외적인 환경이 어떻든 간에 실적이 좋아지는 기업은 주가가 오를 것이라 생각하고 그런 종목에 투자하면 된다. 절대로 '믿음'이라는 끈을 놓지 말아야 한다. 너무 불안하면 현금을 전부 빼기보다는 일부만 빼고 재진입 시기를 고려해 매수하는 것도 좋다.

타이밍을 잡을 수 있다고 생각하는 것은 오만일지 모른다. 자기 생각으로 매매하는 것이 가장 중요하다. 투자의 기본은 오로지 실적이 좋아질 회사를 매수하는 것이다. 올해보다는 내년, 내후년이 더 좋아질 회사에 투자해야 한다. 투자에 있어서 변할 수 없는 진리다. 그 투자 논리 하나로 견디고 견디자. 최근 기술적 지표, 보조지표 등 투자자의 의사결정을 보완하는 분석 기법들이 다양하게 나오고 있다. 그렇다 하더라도 변함없는 진실은 실적을 봐야 한다는 것이다.

첫째도 실적, 둘째도 실적이다. 무조건 실적 하나 보고 투자해야 한다. 실적 반영만 되면 무조건 주가가 오른다. 변동성이 너무나 클 때에는 나 자신이 믿을만한 그 무엇인가가 있어야 한다. 아무리 외부적 투자 환경이 좋지 않다 하더라도 실적이 뒷받침되거나 앞으로 좋아질 기업들을 보유하고 있으면 "아, 이거 버티자."가 가능하다. 실적이 전혀 없는 정치 테마주들을 보유하고 있으면 흔들릴 수밖에 없다. 실제 미국 지수가 빠져도 실적주들은 견디고 있지 않은가. 주식은 꿈을 먹고 산다.

자기만의 원칙이 없으면 사야 할 때 사지 못하고, 팔아야 할 때 팔지 못한다. 대부분의 개인 투자자가 이와 반대로 한다. 자기가 보유한 종목이 현재 과도한 주가인지 아닌지를 알아야 한다. 어쨌든 실적이 좋아질 수 있는 기업을 매수하자. 이왕이면 세상의 변화에 의해 구조적으로 좋아질 기업에 투자해야 한다. 세상의 변화에서 중심에 서는 기업 말이다. 내가 투자하는 기업이 탑티어라고 하면 더욱 좋다.

내가 아는 어느 증권사 지점장은 셀트리온의 주가가 40만 원이 되었을 때 고평가되었으니 매도를 권유했다고 한다. 그런데 한 고객이 그 조언을 이유로 그를 고발한다고 말해 마음의 상처를 받았다.

"그분들 안 팔아요. 아직도 안 팔고 있죠. 어떤 사람은 기분 나쁘다고 증권사를 옮겼어요."

그는 이어서 말했다.

"자신이 투자한 기업에 대해 확신을 가지는 것은 좋다고 생각해요. 그러나 확신을 넘어 마치 종교적 신념처럼 되면 투자가 위험해져요. 자기가 그 기업에 대해 연구해서 이 회사는 이런 점이 너무 좋다고 생각되면 계속 보유해야죠. 그런데 마치 어떤 것에 의해 세뇌된 듯 투자하니 무척 아쉬워요."

그는 안타까워하며 말하였다.

나는 주식투자도 사업처럼 불확실성에 대한 투자이므로 둘 사이에 유사점이 많다고 생각한다. 우리 투자자들은 일종의 사업가이다. CEO는 상황이 바뀌면 과감히 기존의 사업을 버릴 수 있어야 한다. 매몰비용의 오류처럼 한 번 시작했다고 해서 끝장을 보는 것은 사업가의 자세가 아니다. 기존의 사업을 버리지 못해 그것에 의해 스스로 무너진 기업인이 얼마나 많은가.

우리도 기업가정신을 가지고 투자하면 어떨까. 투자 아이디어 분석과 점검을 통해 유연하게 투자하면 주식시장에서 큰 성과를 얻을 수 있으리라 믿는다. 이 책을 읽는 투자자 분들 모두 큰 부를 이루기를 기원한다.

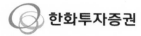
한화투자증권

대한민국 원조
2022년에도 계속 됩니다

실전 투자 대회

2022.04 ~ 2022.06 (일정 변경 가능)

※자세한 사항은 홈페이지를 참고하세요.

▣ 투자자 유의사항

- 당사는 이 금융투자상품에 관하여 충분히 설명할 의무가 있으며, 투자자는 앞서 그러한 설명을 충분히 들으시기 바랍니다.
- 투자자는 금융투자상품에 관한 계약을 체결하기 전에 상품설명서 등을 반드시 읽어 보시기 바랍니다.
- 이 금융투자상품은 예금자보호법에 따라 예금보험공사가 보호하지 않습니다.
- 금융투자상품은 자산가격변동, 환율변동, 신용등급 하락 등에 따라 투자원금의 손실(0~100%)이 발생할 수 있으며, 그 손실은 투자자에게 귀속됩니다.
- 주식거래 수수료는 MTS 거래 시 국내 기준 0.15%(정률), 해외 기준 0.25%(정률,미국기준)이며 미국 주식 거래의 경우 매도 시 0.00051% 제비용이 부과됩니다.
  기타 자세한 사항은 홈페이지 등을 참고하시기 바랍니다.

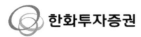 **한화투자증권**

비대면 계좌 개설하고
푸짐한 혜택
받아가세요

국내주식	해외주식
지원금 및 쿠폰 등 시즌별 다양한 리워드 제공	지원금 및 쿠폰 등 시즌별 다양한 리워드 제공
평생 수수료 혜택	수수료 혜택 및 환전 우대
신용공여금리 할인 혜택	신용공여금리 할인 혜택
타사 주식 입고 시 캐시백 제공	타사 주식 입고 시 캐시백 제공

※자세한 사항은 홈페이지를 참고하세요.

▣ 투자자 유의사항

- 당사는 이 금융투자상품에 관하여 충분히 설명할 의무가 있으며, 투자자는 앞서 그러한 설명을 충분히 들으시기 바랍니다.
- 투자자는 금융투자상품에 관한 계약을 체결하기 전에 상품설명서 등을 반드시 읽어 보시기 바랍니다.
- 이 금융투자상품은 예금자보호법에 따라 예금보험공사가 보호하지 않습니다.
- 금융투자상품은 자산가격변동, 환율변동, 신용등급 하락 등에 따라 투자원금의 손실(0~100%)이 발생할 수 있으며, 그 손실은 투자자에게 귀속됩니다.
- 주식거래 수수료는 MTS 거래 시 국내 기준 0.15%(정률), 해외 기준 0.25%(정률,미국기준)이며 미국 주식 거래의 경우 매도 시 0.00051% 제비용이 부과됩니다. 기타 자세한 사항은 홈페이지 등을 참고하시기 바랍니다.

한국금융투자협회 심사필 제22-00730호(2022.03.11~2023.03.10)